à son élève et ami
Frédéric Villot.

CONSEILS

à mes

Élèves, ou Traité

élémentaire

D'HARMONIE

servant d'introduction

à la Panharmonie

MUSICALE

PAR

HIPP. R. COLET,

Professeur au Conservatoire R.al de Paris.

A.V.

PRIX 12.f NET.

Publié A PARIS, par **O. LEGOUIX,** *Boulev.t Poissonnière, 27.*

1847

PRÉFACE.

Les accords sont formés par divers intervalles frappés en même temps.

La mélodie est formée par divers intervalles entendus toujours isolément, c'est-à-dire, les uns après les autres.

Pour bien composer l'harmonie ou la mélodie, il faut connaitre à fond la théorie des intervalles, leur enchaînement régulier et leur effet.

Toute l'harmonie est donc dans l'étude des intervalles.

Telle est la pensée qui m'a guidé dans la Composition de ce nouveau Traité d'Harmonie élémentaire.

Paris, ce 15 Mai, 1847.

H^{te} COLET.

Nota· Ceux qui ont l'habitude de l'enseignement ne blâmeront pas les répétitions que j'ai faites à dessein dans cet ouvrage didactique. Les élèves, trop préoccupés du chapitre nouveau qu'ils vont étudier, au lieu d'avoir à relire dans les pages précédentes les préceptes qui leur sont encore nécessaires pour l'intelligence des nouveaux, aiment mieux les retrouver répétés et convenablement arrangés par le maître.

CONSEILS A MES ÉLÈVES,

OU

TRAITÉ D'HARMONIE ÉLÉMENTAIRE,

PAR

HIPPOLYTE RAYMOND COLET

Professeur au Conservatoire Royal.

INTRODUCTION.

DE L'HARMONIE ET DE LA MÉLODIE.

Lorsque sur un Piano, par exemple, on frappe deux ou plusieurs sons en même temps, on fait de *l'Harmonie* ou des *Accords.*

Si on frappe ces mêmes sons les uns après les autres, on fait de la *Mélodie.*

Les combinaisons simultanées des sons, lorsqu'elles sont isolées, prennent le nom d'*Accord.*

Elles forment l'harmonie, lorsque des accords différents se succèdent selon les règles fondées sur la pratique, Exemple•

On comprend, en examinant l'exemple précédent, qu'il ne peut y avoir succession d'accords différents, sans qu'il s'y mêle une espèce de mélodie. Ainsi, lorsque d'un accord à un autre, la note *Mi* par exemple, on passe à la note *Fa*, il y a deux sons différents frappés l'un après l'autre, et parconséquent mélodie.

La Mélodie et l'Harmonie sont donc presque toujours réunies. Cependant on appelle plus spécialement mélodie, une phrase de musique qui forme un chant, Ex:

(LUCIE)

La Mélodie peut s'écrire à deux, trois et quatre voix, et même à un plus grand nombre de parties. Dans ce cas, il y a deux, trois, quatre mélodies, ou un plus grand nombre, qui doivent s'accorder ensemble, quoiqu'elles soient différentes. Chacune des parties, prise isolément donne alors des successions mélodiques qu'on nomme *Mélodie* ou *Chant*. Toutes les parties du morceau au contraire, si elles sont prises simultanément, donnent des successions d'accords qu'on nomme *Harmonie*, Ex:

Si on chantait chacune de ces trois parties isolément, on ferait simplement de la mélodie; On ferait en même temps de l'harmonie, si on en chantait deux ou trois simultanément.

L'harmonie ne sert quelquefois qu'à faire l'accompagnement d'un chant principal, Ex:

Les notes d'un accord peuvent être frappées de deux manières: *simultanément* ou *successivement*; lorsqu'on les frappe simultanément on fait de l'*harmonie plaquée*, des *accords plaqués*; si on les frappe successivement, on fait de l'*harmonie brisée*, des *accords brisés*, &.

On tire les plus grands effets de l'une et l'autre manière.

LIVRE PREMIER.

ÉTUDE SPÉCIALE DES INTERVALLES, POUR APPRENDRE SIMPLEMENT À RECONNAÎTRE LEUR CARACTÈRE, LEUR NOM, ET LE NOMBRE DE TONS ET DE DEMI-TONS DONT ILS SONT COMPOSÉS.

CHAPITRE PREMIER.

DES INTERVALLES.

INSTRUCTIONS.

Si on tient sur le Piano, avec la main gauche, toujours la même note, un *Ut* par exemple, et si la main droite, en partant de ce même *Ut*, jusqu'à son octave supérieure, parcourt successivement les touches blanches et les touches noires telles qu'elles sont disposées sur l'instrument, on aura fait tous les intervalles usités en musique, Ex:

PIANO.

CONSEILS.

Il est plus difficile qu'on ne pense de reconnaître rapidement dans la pratique de l'harmonie tous les intervalles dont on se sert dans les différents tons employés en musique. Des élèves, déjà excellents musiciens, sont fort souvent très embarrassés, non seulement pour donner sans hésitation leurs noms et leurs qualités aux intervalles qu'on leur propose, mais surtout pour trouver sur le papier les intervalles qu'on leur demande de former en partant d'une note quelconque.

Les intervalles composent les accords, les accords composent l'harmonie; il est donc de la plus grande importance que l'élève connaisse parfaitement tous les intervalles avant d'étudier les accords; c'est pourquoi je lui conseille de suivre avec le plus grand soin les conseils que je vais lui donner.

CHAPITRE II.

DE LA GAMME = DES INTERVALLES NATURELS = TONS ET DEMI-TONS.

INSTRUCTIONS.

Le moyen le plus facile d'étudier les intervalles, c'est de les rapporter à la gamme majeure; voici comment: je choisis, par exemple la gamme d'*Ut* majeur,

L'élève, avant tout, doit reconnaître rapidement l'intervalle que chacune des deux notes fait avec la tonique.

Les intervalles se forment toujours en s'élevant de la note proposée ou choisie jusqu'à celle qu'il convient de désigner; ainsi, en partant de *Ré*, la tierce est *Fa*, et non le *Si* qu'on ne pourrait trouver qu'en descendant au-dessous du *Ré*.

DE LA SECONDE ET DE LA TIERCE.

INSTRUCTIÓNS.

La seconde note de cette gamme ✳ qui est un *Ré* forme un intervalle de seconde contre la tonique *Ut*. Ainsi, les deux notes qui forment une seconde ne sont séparées que par un degré plus ou moins grand.

La première note de la gamme s'appelle *Tonique* parcequ'elle détermine le ton. On est dans le ton d'*Ut*, de *Ré*, de *Mi*, parceque la première note de la gamme est un *Ut*, un *Ré*, ou un *Mi*. (Je ne puis pas dans un Cours élémentaire d'harmonie m'étendre sur l'origine de la Gamme; je veux employer les formes les plus simples, les plus faciles à comprendre, sans pourtant m'éloigner jamais de la vérité.)

La seconde note de la gamme s'appelle second degré, et aussi *Sus-tonique*, parcequ'elle est placée immédiatement au-dessus de cette tonique.

La troisième note *Mi*, (dans la gamme que nous venons de donner), forme un intervalle de *Tierce* contre la tonique *Ut*. On voit que les deux notes qui composent la tierce sont séparées par deux degrés, d'*Ut* à *Ré*, et de *Ré* à *Mi*. On appelle ce *Mi* troisième degré et aussi *Médiante*, parcequ'il tient le milieu entre le premier et le cinquième degré.

CONSEILS.

Avant de parler des intervalles suivants, il est important que l'élève reconnaisse sans hésiter ces deux intervalles de seconde et de tierce dans tous les tons. Le Maître prendra donc successivement chacune des gammes usitées en musique, et en partant toujours de la tonique, il prescrira à l'élève de désigner les intervalles de seconde et de tierce.

Je conseille à l'élève de s'acquitter de ce travail avec le plus grand soin, quoique notre but ici ne soit point d'enseigner le Solfège, il ne sera pas inutile chaque fois qu'on passera à une nouvelle gamme, de demander à l'élève combien cette gamme a de dièses ou de bémols à la Clef. On comprendra plus tard l'utilité de ce travail.

EXPLICATIONS.

Toutes les Gammes usitées en musique sont la reproduction de la gamme d'*Ut* à différents degrés plus ou moins élevés. Elles ont le même nombre de notes, les mêmes demi-tons et les mêmes tons, placés aux mêmes places; la seule différence, c'est qu'elles se chantent plus ou moins haut. Voilà pourquoi, dans la gamme de *Ré*, par exemple, pour qu'elle soit exactement semblable à celle d'*Ut* par ses tons et ses demi-tons, on place un dièse devant le *Fa*, et un autre dièse devant l'*Ut*.

Je n'ai pas l'intention d'expliquer ici pourquoi le premier dièse se place sur le *Fa*, le second sur l'*Ut*; pourquoi le premier bémol se place sur le *Si*, le second sur le *Mi*, &. Je place ces démonstrations dans un autre ouvrage.

TRAVAIL PRÉPARATOIRE.

On indiquera les tons et les demi-tons dans la gamme d'*Ut*, Ex:

Remarque. Il est impossible que l'élève en commençant un Cours d'harmonie ne sache pas déjà reconnaître un ton et un demi-ton. Dans tous les cas il est facile au maître de lui faire comprendre cette différence avec le piano.

EXERCICES.

Le Ton est composé de deux demi-tons, le demi-ton est l'intervalle le plus petit appréciable par l'oreille. Nous parlerons plus tard du Quart de ton.

Le Maître frappera sur le Piano ou écrira sur le papier des secondes, formant tantôt un ton et tantôt un demi-ton; et chaque fois l'élève devra dire si c'est une seconde composée d'un ton ou d'un demi-ton; lorsqu'il répondra avec précision, on frappera sur le Piano plusieurs secondes, et il devra répondre sans avoir regardé le piano. Dans les débuts il faut exercer l'oreille autant que les yeux. On n'abandonnera ces exercices que lorsqu'ils seront parfaitement sus.

J'en reviens au travail préparatoire. Après avoir indiqué les tons et les demi-tons dans la gamme d'*Ut*, (on sait que nous ne parlons encore que des gammes majeures), on prend la gamme de *Ré*, par exemple, et l'on fait comprendre à l'élève comment il est nécessaire de placer un dièse devant le *Fa* et l'*Ut*, afin que les tons et les demi-tons soient toujours mis aux mêmes places. On fait aussi ce travail avec les gammes de *Mi* b, *Mi* ♮, *Fa*, *Fa* ♯, &.

CONSEILS = EXERCICES.

Lorsque l'élève connaîtra bien toutes les gammes, avec les dièses et les bémols dont elles sont armées, (on place à la clé les dièses et les bémols dont on est obligé de se servir, pour rendre chaque gamme conforme à celle d'*Ut* par la place des tons et des demi-tons, c'est ce qu'on appelle armer la clé), on lui proposera verbalement ou sur le papier, des notes dont il devra trouver les secondes et les tierces naturelles: Ainsi, dans la gamme d'*Ut*, Ré forme une seconde naturelle, et *Mi* une tierce naturelle, parcéque ces notes se trouvent naturellement ainsi dans la gamme d'*Ut*; mais *Ré* b, et *Mi* b, ne donneraient plus une seconde et une tierce naturelles en *Ut* majeur.

Lorsque l'élève répondra bien à toutes les questions qu'on lui adressera verbalement, ou qu'on lui posera sur le papier, pour les secondes et les tierces naturelles, on frappera sur le Piano des intervalles de secondes et de tierces majeures; l'élève devra rechercher seulement d'abord si ce sont des secondes ou des tierces, puis il désignera en même temps les notes qu'on lui fait entendre.

Il est important aussi que l'élève ajoute devant les notes qu'il désignera pour former les intervalles demandés, les dièses ou les bémols qui leur seront nécessaires. Ainsi, quelle est la seconde naturelle de *Mi*? il faudra répondre, C'est *Fa* ♯, et non c'est *Fa* simplement. Quelle est la tierce de *La*? C'est *Ut* ♯.

Remarque. La première note d'un intervalle, celle sur laquelle on doit former cet intervalle, doit toujours être regardée comme la tonique d'une gamme majeure, pour le travail, bien entendu, qui nous occupe ici.

DE LA QUARTE.

INSTRUCTIONS.

La note qui suit le *Mi* dans cette gamme d'*Ut*, forme une quarte avec la tonique. On l'appelle Quatrième degré à cause de la place qu'elle occupe; On la nomme aussi *Sous-dominante* parcequ'elle est placée immédiatement au-dessous de la Cinquième note qu'on appelle dominante.

On voit qu'il faut quatre notes, *Ut*, *Ré*, *Mi*, *Fa*, pour former une quarte, et trois degrés, d'*Ut* à *Ré*, de *Ré* à *Mi*, et de *Mi* à *Fa*.

Je dois faire remarquer qu'un intervalle est formé toujours d'un degré de moins que le nom qu'il porte. Ainsi la quarte n'a que trois degrés, la tierce deux, et la seconde un. Le Maître devra s'appesantir sur cette remarque jusqu'à ce que l'élève la comprenne bien.

CONSEILS.

On fera pour cette quarte le même travail que pour les deux intervalles précédens.

EXERCICES.

1º *Verbalement:* Quelle est la quarte de *Fa?* C'est *Si* ♭, parcequ'en *Fa* le *Si* est bémol. Quelle est la quarte de *Sol?* C'est *Ut*, parcequ'en *Sol*, l'*Ut* est naturel.

Quelle est la quarte de *Mi*♭? C'est *La* ♭, parcequ'en *Mi*♭, le *La* est bémolisé.

Le Maître continuera ces questions jusqu'à ce que l'élève y réponde parfaitement.

Remarque. On sait que nous ne nous occupons que des intervalles naturels, et que la quarte, qui fait l'objet de ce travail, est aussi la quarte naturelle, telle enfin qu'elle est donnée par les notes naturelles de la gamme où l'on va.

2º *Sur le papier:* Je pose la note *Si*♭, et je demande à l'élève d'écrire sa quarte naturelle; C'est *Mi*♭.

J'écris la note *La* ♭, et je demande quelle est sa quarte naturelle; C'est *Ré*♭.

Le Maître poursuivra cette étude, jusqu'à ce que l'élève s'y soit rendu familier. On ne fait un Cours d'harmonie solide et prompt, qu'en ne négligeant aucun des détails élémentaires.

3º *Sur le Piano:* Il s'agit de trouver la quarte naturelle. Je donne, par exemple, la note *Ré* sur le Piano; l'élève doit frapper immédiatement la quarte naturelle de cette note, c'est à dire le *Sol.*

On poursuivra ce travail jusqu'à ce que l'élève trouve sans hésiter sur le Piano la quarte demandée.

4º *Sur le Piano, sans que l'élève le regarde:* Premièrement, on frappe successivement plusieurs quartes, les unes diminuées, les autres augmentées, d'autres enfin naturelles; lorsque c'est une quarte augmentée ou diminuée, l'élève doit répondre *inconnue;* quand c'est une quarte juste, il doit la désigner.

Secondement, l'élève, après le travail qui précède, au lieu de dire simplement, c'est une quarte naturelle, devra désigner le nom des notes qu'il entend, et les dièses ou bémols dont elles sont précédées.

Le Maître doit insister sur le dernier exercice, qui est aussi difficile qu'utile.

RÉCAPITULATIONS.

On reprendra les intervalles de seconde et de tierce, et l'on refera le même travail, puis le Maître mêlera dans ses questions les secondes, les tierces et les quartes, jusqu'à ce que l'élève réponde avec précision à toutes ses questions.

EXAMEN.

Quel est le moyen le plus facile de reconnaître les intervalles?

Comment s'appellent la première, la seconde, la troisième et la quatrième note de la gamme?

Qu'est-ce qu'un ton? qu'est-ce qu'un demi-ton?

Qu'entend-on par intervalles naturels?

Comment doit-on regarder la note proposée pour former un intervalle quelconque?

Combien faut-il de notes pour former un intervalle de 2de de 3^{ce} et de 4te?

De combien de degrés se compose tel intervalle?

Comment formons-nous à présent les gammes qui ne sont pas celles d'Ut?

Combien y a-t-il de tons et de demi-tons dans une gamme majeure, et où les place-t-on?

Que signifient ces mots, armer la Clé?

OBSERVATION.

L'élève, à chaque examen, devra faire une rédaction écrite pour répondre aux ques-tions que nous lui adressons. Ce travail nécessaire ne le dispense pas de répondre aussi aux questions orales, sans regarder, bien entendu, la rédaction qu'il aura déjà faite. Cette observation s'appliquera à tous les examens.

DE LA QUINTE.

INSTRUCTIONS.

La note d'une gamme qui joue le plus grand rôle dans l'harmonie est sans contredit la cinquième, qu'on appelle à cause de cela *Dominante*; c'est la quinte, comparée à la tonique; on l'appelle aussi cinquième degré. Il faut cinq notes, (Ut, Ré, Mi, Fa, Sol), et quatre degrés, (d'*Ut* à *Ré*, de *Ré* à *Mi*, de *Mi* à *Fa*, et de *Fa* à *Sol*), pour la former. C'est, à mon avis, la note la plus facile à reconnaître après la tonique.

CONSEILS.

J'engage le Maître à préluder dans plusieurs tons sur le Piano, et à donner souvent une dominante que l'élève devra à l'instant reconnaître. Le Maître s'arrêtera tantôt sur sur la seconde, la tierce, la quarte, et tantôt sur la dominante, l'élève devra chaque fois désigner la note, en lui donnant son nom, sa qualité, et en déterminant la place qu'elle occupe dans la gamme où le Maître s'est arrêté: il donnera aussi le nom de la gamme. N'oubliez pas que nous ne parlons que de la gamme majeure, et que vous ne devez préluder que dans le ton majeur.

EXERCICES.

On fera pour cet intervalle de quinte les mêmes exercices que pour les intervalles précédents.

1º Questions adressées verbalement.

2º Questions posées sur le papier.

3º Questions faites au moyen du Piano.

4º On se servira encore du Piano, mais sans que l'élève le regarde.

RÉCAPITULATIONS.

On refera ces exercices avec tous les intervalles précédents, en y mêlant la quinte.

EXAMEN.

Le Maître reprendra encore ici l'examen précédent. L'élève ne saura jamais assez bien les premiers élémens de l'harmonie. Il faut avant tout, je le répète, connaître à fond tous les intervalles usités en musique.

Remarque: Tous les intervalles que nous recherchons ici, sont naturels; ainsi la quinte comme la seconde, la tierce et la quarte sont des intervalles naturels.

DE LA SIXTE ET DE LA SEPTIÈME.

INSTRUCTIONS.

La Sixième note de la gamme forme un intervalle de sixte avec la tonique, et se nomme *Sixième degré*, ou *Sus-dominante*, parcequ'elle est placée immédiatement au dessus de la dominante. Il faut Six notes pour la former, *Ut, Ré, Mi, Fa, Sol, La*; et 5 degrés, d'*Ut* à *Ré*, de *Ré* à *Mi*, de *Mi* à *Fa*, de *Fa* à *Sol*, de *Sol* à *La*. Nous prenons toujours les degrés tels qu'ils sont donnés par la gamme; il nous importe encore peu qu'ils soient composés par des tons ou des demi-tons.

La Septième note forme contre la tonique un intervalle de septième, et se nomme *Septième degré*; on l'appelle le plus souvent la note *Sensible*, parcequ'elle donne la sensation du ton.

Remarque: Je ne veux point, dans un Cours élémentaire d'harmonie, rechercher comment la note sensible, aidée de la sous-dominante, détermine la tonalité d'une manière absolue. L'important ici, c'est d'arriver à la pratique de la manière la plus sûre, la plus prompte et la plus rationnelle. J'écris pour les élèves, et non pour ceux qui savent, et je suis heureux de me trouver en contradiction ici avec la plupart des traités d'harmonie récemment publiés.

Il faut Sept notes pour former la septième, *Ut, Ré, Mi, Fa, Sol, La, Si*, et six degrés, d'*Ut* à *Ré*, de *Ré* à *Mi*, de *Mi* à *Fa*, de *Fa* à *Sol*, de *Sol* à *La*, et de *La* à *Si*.

EXERCICES.

On agira pour ces deux nouveaux intervalles, comme pour ceux qui précèdent. On posera des questions *verbalement*, sur le *papier*, et avec le *piano*. L'on n'abandonnera ce travail que lorsque l'élève répondra sans hésiter, et avec précision.

RÉCAPITULATIONS.

On reprendra ensuite tous les intervalles précédents, et on les mêlera indistinctement à ces deux derniers.

EXAMEN.

On refera avec beaucoup de soin l'examen déjà indiqué.

RÉSUMÉ.

Il résulte de ce que nous venons d'enseigner que les notes de la gamme prennent les noms suivants:

En disposant les intervalles que nous avons vus de la manière suivante, on les reconnaîtra facilement.

Nous avons dit que nous comparions toujours à la tonique les intervalles qu'on cherchait dans la gamme; c'est ce que représente l'exemple suivant.

CONSEILS.

Le Maître désignera une note quelconque pour tonique, un *La* par exemple. L'élève prendra alors deux portées musicales, comme dans l'exemple précédent, et il écrira d'abord Sept *La* dans la portée inférieure. Ex:

Puis il posera la gamme de *La* dans la portée supérieure en ajoutant devant certaines notes les accidents qui sont nécessaires pour rendre cette gamme semblable à celle d'*Ut* par la placé des tons et des demi-tons.

L'élève posera ensuite à la Clé tous les accidents trouvés, Ex:

EXERCICES.

On fera ces exercices pendant quelque temps.

Remarque: La Portée musicale dont on se sert dans la musique moderne, est formée de Cinq lignes; on appelle interlignes le vide qui reste entre les lignes.

Les lignes de la portée se comptent de bas en haut, Ex:

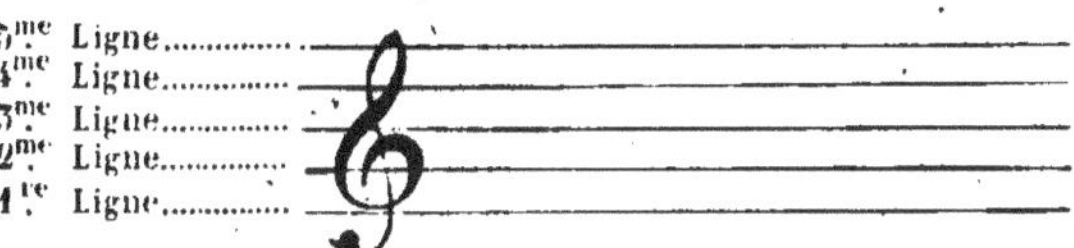

DE L'UNISSON ET DE L'OCTAVE.

INSTRUCTIONS.

Un intervalle est formé par la distance qui sépare deux notes; d'après cette définition, l'unisson n'est point un intervalle, puisqu'il est représenté par deux mêmes sons, Exemple.

L'Octave est la répétition d'une note quelconque à la distance de huit notes, Ex:

OCTAVES:

Remarque: Si on ajoutait un accident quelconque devant une seule des notes qui forment l'unisson ou l'octave, l'on créerait d'autres intervalles, Ex:

Dans le premier exemple, ce n'est plus un unisson, UNUS SONUS, Car d' *Ut* naturel à *Ut* dièse, il y a la différence d'un demi-ton.

Dans le second exemple, ce n'est plus l'octave dont nous parlons, puisque l'*Ut* bémol n'est pas la répétition exacte d'*Ut* naturel.

EXERCICES.

On travaillera ces deux intervalles verbalement, sur le papier et avec le Piano, ainsi que nous l'avons fait pour les intervalles précédents. Il n'est pas difficile de reconnaître un unisson, une octave, mais pour rendre ces exercices plus utiles, on obligera l'élève à nommer sans regarder les notes qu'on frappera sur le Piano, et qui formeront l'unisson ou l'octave.

Nous recommandons au Maître et à l'élève de faire accorder, leur instrument avec soin, et de le tenir toujours au véritable diapason.

CHAPITRE III.

DES CONSONNANCES.

INSTRUCTIONS.

Règle générale. Les intervalles Consonnants (ou consonnances) sont tous ceux qui ne font pas entendre une seconde ou une septième, (N'oubliez pas que nous ne connaissons que les intervalles naturels.) Les Conssonnances sont donc la *tierce*, la *quarte*, la *quinte*, et la *sixte*, auxquelles on doit ajouter l'unisson et l'octave.

INTERVALLES CONSONNANTS.

.QUARTE HARMONIQUE.

Parmi ces Consonnances, la Quarte est celle qui donne l'effet le moins satisfaisant lorqu'elle est frappée isolément; on ne peut l'employer que sous certaines conditions que nous ferons connaître quand il en sera temps. Une suite de Quartes serait insupportable, Ex:

L'effet serait aussi mauvais en descendant qu'en montant.

CONSEILS.

Il faut que l'élève frappe des Quartes naturelles sur le piano, jusqu'à ce qu'il en connaisse parfaitement les qualités harmoniques; car la quarte frappée mélodiquement est d'un effet très agréable, Ex:

Il en sera de même en descendant, Ex:

Remarque. La Quarte a suscité de nombreuses discussions parmi les maîtres; il suffit de connaître quant à présent l'effet qu'elle donne dans l'harmonie, et de savoir plus tard comment on peut l'employer. (Je le redis encore, je ne veux pas entrer dans des dissertations longues et scientifiques, pour un traité élémentaire d'harmonie.)

.QUINTE HARMONIQUE.

INSTRUCTIONS.

La Quinte, plus harmonieuse que la quarte, s'emploie de temps en temps. Son effet cependant, lorsqu'elle est isolée, est loin d'avoir du charme, Ex:

Une suite de Quintes naturelles produit un effet aussi dur, plus désagréable peut-être qu'une suite de quartes, Ex:

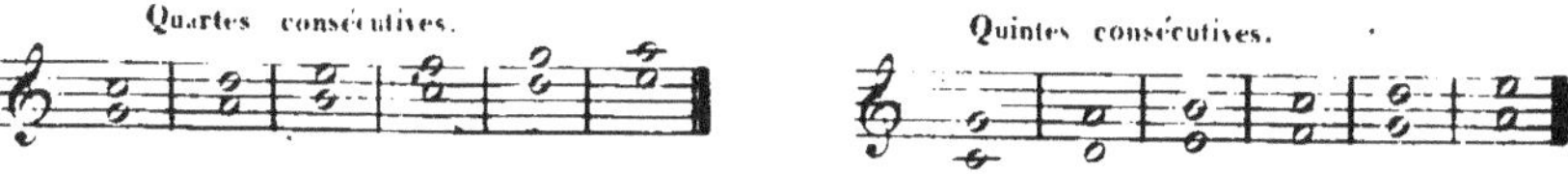

Beaucoup de personnes trouveront qu'une suite de quartes naturelles isolées est encore plus désagréable à entendre qu'une suite de quintes naturelles isolées. Nous ferons connaitre à l'élève, quand il le faudra, comment on doit se servir des quartes et des quintes naturelles dans l'harmonie. Les Quintes, employées mélodiquement produisent aussi un bon effet, Ex:

CONSEILS.

On frappera des Quintes naturelles sur le Piano, jusqu'à ce qu'on en connaisse bien l'effet harmonique. (J'engage le maître à ne point parler encore à son élève des quintes et octaves défendues; toutes ces explications viendront en leur lieu.)

UNISSONS.

INSTRUCTIONS.

L'unisson, comme je l'ai dit, n'est pas un intervalle, il n'est pas harmonique. L'harmonie est formée par des intervalles différents qu'on frappe ensemble; c'est de cette diversité de sons, de cette variété d'effets que se forment les accords, d'où naît l'harmonie; or, dans l'unisson qui ne donne qu'un seul et même son, il n'y a aucune variété, et parconséquent point d'accord, point d'harmonie, Ex:

Ces deux portées musicales ne donnent pas un duo, une harmonie à deux voix, mais bien une seule et même mélodie chantée par deux parties.

L'unisson est donc l'opposé de l'harmonie. Une suite d'unissons ne peut pas produire un mauvais effet; la mélodie, que l'on reproduit à l'unisson, comme dans l'exemple ci-dessus, conservera toutes ses propriétés bonnes ou mauvaises; seulement elle sera chantée par un plus grand nombre de voix.

OCTAVE HARMONIQUE.

INSTRUCTIONS.

L'octave possède à peu près les mêmes qualités que l'unisson; cependant il y a une espèce d'harmonie entre deux mêmes sons, joués à l'octave l'un de l'autre, Ex:

Une suite d'octaves isolées ne donne aucune harmonie; elle double seulement à une distance d'octave la mélodie choisie, de sorte qu'elle produit le même effet que celui de la mélodie qu'on double, Ex:

Les Octaves semblent agrandir la mélodie qu'elles doublent, et lui donner aussi plus de force. C'est pourquoi les octaves consécutives et isolées ne peuvent jamais produire un effet dur. Il en est de même des unissons.

CONSEILS.

On frappera sur le Piano des octaves, jusqu'à ce qu'on en connaisse bien l'effet:

SIXTE HARMONIQUE.

INSTRUCTIONS.

La Sixte naturelle produit une harmonie très douce, c'est un intervalle charmant qu'on emploie souvent et sans qu'il soit besoin de prendre des précautions extraordinaires; une suite de sixtes est toujours d'un effet agréable.

CONSEILS.

On frappera sur le piano des sixtes naturelles; le Maitre aura soin qu'elles ne soient pas confondues avec les sixtes mineures dont nous parlerons bientôt.

TIERCE HARMONIQUE.

INSTRUCTIONS.

La Tierce naturelle est le plus beau, le plus fier, le plus tendre, le plus harmonieux de tous les intervalles; c'est le nerf de l'harmonie. Les accords se font avec des tierces; sans la tierce, il n'y aurait pas d'harmonie possible.

(On pourrait, en forme de sotte plaisanterie, me répondre par une suite de sixtes; mais la Sixte n'est qu'une modification, un renversement, si vous le voulez, de la tierce, renversement dont je ne veux point parler encore.)

Rien n'est plus joli, plus agréable à entendre qu'une suite de tierces. On peut, comme pour les sixtes, employer à volonté les tierces, sans qu'il soit nécessaire de prendre des précautions pour les préparer.

CONSEILS.

On frappera des tierces naturelles sur le Piano; on aura soin que l'élève ne les confonde pas avec les tierces mineures.

EXAMEN.

Qu'appelle-t-on Consonnances?

Quel est l'effet harmonique de la Quarte naturelle? Diffère-t-il de son effet mélodique?

La Quinte est-elle plus harmonieuse que la quarte? Quelle différence y a-t-il entre une suite de Quintes mélodiques et de Quintes harmoniques?

Qu'est-ce que l'harmonie? L'unisson est-il un intervalle? Peut-on faire une suite d'unissons?

Quelle différence y a-t-il entre les Unissons et les Octaves? Une suite d'octaves isolées produit-elle un mauvais effet?

Quel effet produisent les Sixtes?

Quel est le caractère de la Tierce? Est-ce un intervalle important dans l'harmonie?

CONSEILS.

L'élève avant de passer au Chapitre suivant, fera un examen général de tout ce qui précède.

CHAPITRE IV.

DES NOMS QU'ON DONNE AUX INTERVALLES NATURELS DONT NOUS VENONS DE PARLER.

INSTRUCTIONS.

DE L'UNISSON.

L'unisson conserve toujours le même nom.

DE LA SECONDE.

La Seconde naturelle dont nous venons de parler s'appelle dans la pratique *Seconde majeure*

DE LA TIERCE.

La Tierce naturelle dont nous venons de parler s'appelle dans la pratique *Tierce majeure*

DE LA QUARTE.

La Quarte naturelle dont nous venons de parler, s'appelle dans la pratique *Quarte juste* ou *Quarte parfaite*.

DE LA QUINTE.

La Quinte naturelle dont nous venons de parler, s'appelle dans la pratique *Quinte juste* ou *Quinte parfaite*.

DE LA SIXTE.

La Sixte naturelle dont nous venons de parler, s'appelle dans la pratique *Sixte majeure*.

DE LA SEPTIÈME.

La Septième naturelle dont nous venons de parler, s'appelle dans la pratique *Septième maj:*

DE L'OCTAVE.

L'octave conserve toujours le même nom.

DÉDUCTIONS.

Ainsi la Seconde majeure de *Mi* est *Fa* ♯, parceque dans la gamme de *Mi* le *Fa* est naturellement dièsé.

La Quinte parfaite de *Mi* ♭ est le *Si* ♭, parceque dans la gamme de *Mi* ♭, la quinte *Si* est naturellement précédée d'un bémol.

Il suit de là que seconde naturelle et seconde majeure, tierce naturelle et tierce majeure, quarte naturelle et quarte juste ou parfaite, quinte naturelle et quinte juste ou parfaite, sixte naturelle et septième majeure sont synonymes.

Il faut remarquer que la seconde, la tierce, la sixte et la septième prennent le titre de *Majeures*, tandis que la quarte et la quinte prennent la qualité de *Parfaites* ou *Justes*.

Ainsi, lorsqu'on connait bien la formation des gammes majeures, et les accidents qui leur conviennent, il est très facile de trouver les intervalles majeurs ou parfaits.

CONSEILS.

Ce Chapitre est de la plus grande importance; je conseille au Maitre de s'y arrêter, jusqu'à ce que l'élève trouve le plus rapidement possible les intervalles majeurs ou parfaits, c'est-à-dire les intervalles naturels.

Toute note proposée d'abord pour la formation d'un intervalle quelconque doit être regardée momentanément comme la tonique d'une gamme majeure. Si je demande à l'élève quelle est la Quarte parfaite (ou naturelle) de *Si* ♭, il doit prendre d'abord ce *Si* ♭ comme la tonique d'une gamme majeure; or en *Si* ♭ majeur, il y a deux bémols à la Clé, l'un qui se pose sur le *Si* et l'autre sur le *Mi*. Donc la quarte parfaite de *Si* ♭ est *Mi* ♭, puisque le *Mi* est naturellement précédé d'un bémol dans la gamme de *Si* ♭.

La Quinte parfaite d'*Ut* ♯ est *Sol* ♯; Pourquoi?

La Tierce majeure de *Mi* est *Sol* ♯; Pourquoi?

La Quinte parfaite de *Ré* ♭ est *Sol* ♭; Pourquoi?

La Septième majeure de *Ré* est *Ut* ♯; Pourquoi?

La Septième majeure de *Si* ♭ est *La*; Pourquoi?

La Septième majeure de *Fa* est *Mi*; Pourquoi?

La Sixte majeure de *Fa* ♯ est *Ré* ♯; Pourquoi?

La Sixte majeure de *Mi* est *Ut* ♯; Pourquoi?

On pourra donc adresser à l'élève des questions de deux manières; on lui demandera de former des intervalles en partant d'une note quelconque; puis on lui proposera des intervalles formés, en lui demandant comme ci-dessus pourquoi il a fallu prendre telle note pour faire tel intervalle.

FORMULES.

1º Quelle est la Quinte parfaite de *La* ♭? ou bien, en partant de *La* ♭, trouvez la quinte parfaite.

2º La Tierce majeure de *La* est *Ut* ♯; Pourquoi?

Remarque. Nous nous servirons plus souvent du mot *parfait* que du mot *juste*, en parlant de la Quarte ou de la Quinte.

TABLEAU MUSICAL DES INTERVALLES NATURELS.

CHAPITRE V.

DES TONS ET DES DEMI-TONS

DONT SE COMPOSENT LES INTERVALLES MAJEURS OU PARFAITS.

Nous avons déjà dit qu'un intervalle quelconque se composait toujours d'un degré de moins que le nom qu'il portait; ainsi, une Quarte est formée de trois degrés, Ex:

On voit que cette Quarte parfaite est composée de trois degrés, de *La* à *Si*, un; de *Si* à *Ut*, deux; d'*Ut* à *Ré*, trois. On doit remarquer encore que tous les degrés n'ont pas la même étendue; ainsi, de *La* à *Si*, il y a plus de distance que de *Si* à *Ut*. Il n'est pas nécessaire, pour mesurer les intervalles, que tous les degrés aient la même étendue.

On nomme ces degrés *tons* et *demi-tons*. Le ton renferme deux demi-tons.

La Seconde majeure est composée d'un ton, Ex:

La Tierce majeure est composée de deux tons, Ex:

La Quarte parfaite est composée de deux tons et un demi-ton, Ex:

On ne devrait pas dire, au lieu de *deux* tons et un *demi-ton*, que la quarte parfaite est composée de *deux tons et demi*, parcequ'il n'y aurait alors que deux degrés au lieu de trois, Ex:

Il faudrait supprimer le *Mi* et faire du *Ré* au *Fa* une seule et même étendue qui renfermât un ton et demi.

Il y a donc une grande différence entre un *ton et un demi-ton*, et *un ton et demi*.

En disant un ton et un demi-ton, on constitue deux degrés différents, Ex:

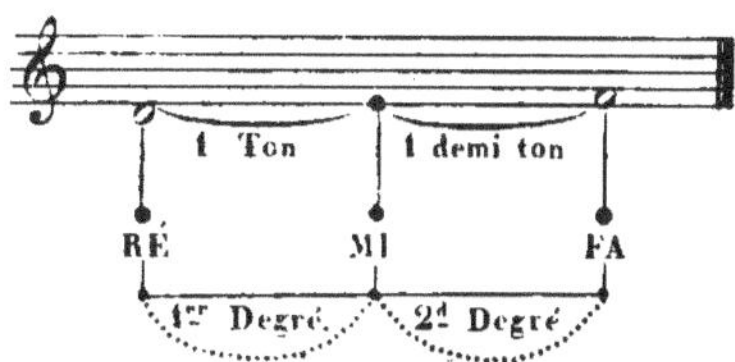

En disant un ton et demi, on ne constitue qu'un seul degré, dont l'étendue il est vrai est la même que celle de l'intervalle précédent; mais cette étendue n'est interrompue par aucune note intermédiaire, et ne subit aucune division, Ex:

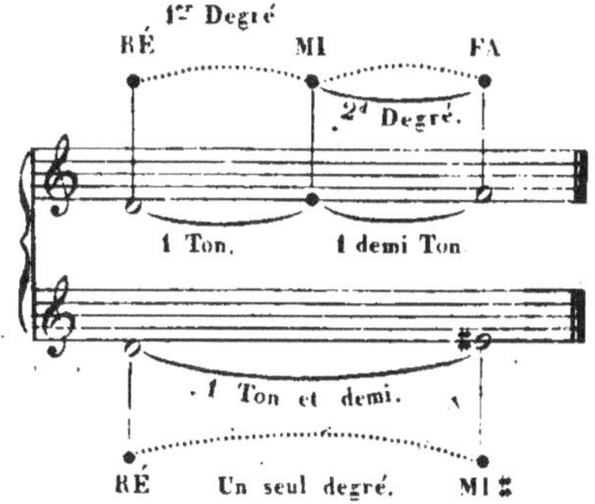

L'élève saura plus tard que ces deux intervalles, *Ré Fa* et *Ré Mi #*, produisent un effet bien différent, quoiqu'ils se fassent avec les mêmes touches sur le Piano. En *Ré* mineur, on peut faire l'intervalle *Ré Fa*; celui de *Ré Mi #* doit se faire avec la gamme de *Fa #* mineur. Mais on ne doit pas s'arrêter à ces dernières considérations; le plus important, dans ce chapitre, c'est de bien savoir qu'un ton et un demi-ton forment deux degrés, tandis que ces expressions, un ton et demi, donnent l'idée d'un intervalle qui n'est formé que d'un seul degré.

Quelle différence y a-t-il entre *un ton et un demi-ton, et un ton et demi?*
Quelle différence y a-t-il entre *deux tons et demi, et deux tons et un demi-ton?*
La Quinte parfaite est composée de trois tons et un demi-ton, Ex:

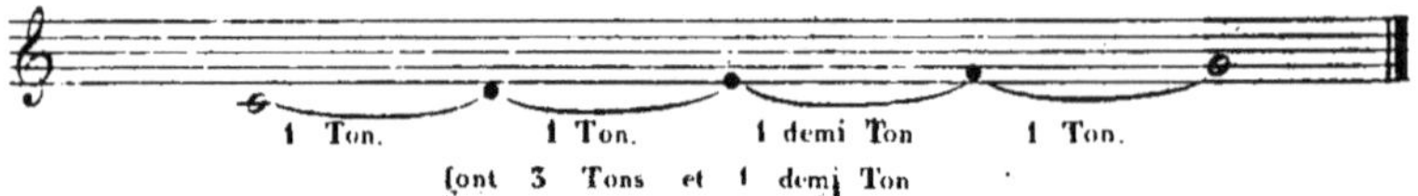

Les Remarques précédentes peuvent être faites ici pour la manière d'exprimer les trois
tons et le demi-ton. Le Maître devra de nouveau interroger l'élève sur cette matière.
La Sixte majeure est composée de quatre tons et un demi-ton, Ex:

La Septième majeure est composée de cinq tons et un demi-ton, Ex:

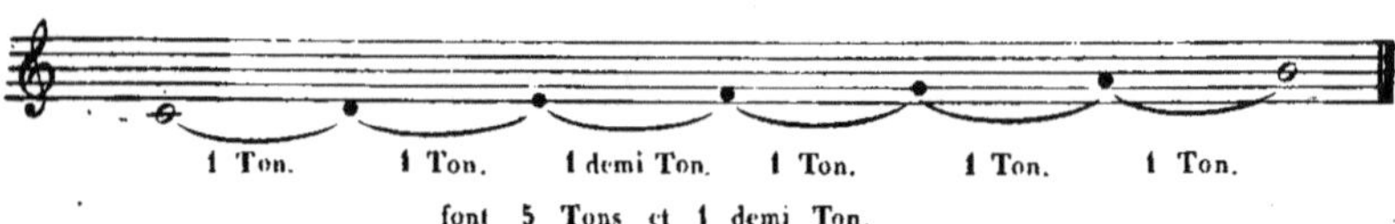

L'octave est composée de cinq tons et deux demi-tons; C'est la gamme majeure, Ex:

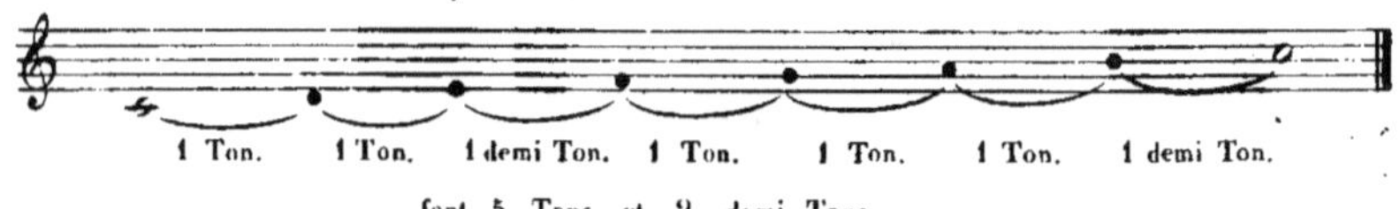

TABLEAU MUSICAL DE CES INTERVALLES.

EXAMEN.

De combien de tons se compose la tierce majeure?
De combien de tons et demi-tons se composent la quarte et la quinte parfaites?
Le Maître continuera cet examen.

CHAPITRE VI.

DES INTERVALLES MINEURS ET AUGMENTÉS
POUR LES SECONDES, LES TIERCES, LES SIXTES, ET LES SEPTIÈMES;
DES INTERVALLES DIMINUÉS ET AUGMENTÉS POUR LES QUARTES ET LES QUINTES.

RENSEIGNEMENT.

Un Intervalle majeur a toujours autour de lui deux intervalles, dont l'un est plus petit d'un demi-ton, et qu'on appelle à cause de cela *intervalle mineur*, et dont l'autre plus grand d'un demi-ton, s'appelle *intervalle augmenté*.

Un Intervalle parfait a aussi autour de lui deux intervalles qui diffèrent chacun d'un demi-ton. Le plus petit se nomme *intervalle diminué*, et le plus grand *intervalle augmenté*.

Remarque. Nous dirons bientôt pourquoi les intervalles qui entourent les intervalles majeurs ne se désignent pas comme ceux qui sont placés autour des intervalles parfaits.

Il est très facile de trouver un intervalle diminué, mineur, ou augmenté, avec les tons et les demi-tons qui le composent, lorsqu'on connait bien les intervalles majeurs et parfaits.

Pour avoir un intervalle mineur, on diminue d'un demi-ton, par le bémol ou par le bécarre, l'intervalle majeur; pour obtenir l'intervalle augmenté, on fait monter l'intervalle majeur d'un demi-ton, Ex:

Ainsi la tierce majeure d'*Ut* est *Mi*; pour obtenir la tierce mineure, on place un ♭ devant le *Mi*, afin de le baisser d'un demi-ton; pour la tierce augmentée, on place un ♯ devant ce *Mi*, afin de le hausser d'un demi-ton.

Pour les intervalles parfaits, on procède de la même manière.

Il faut dans le principe avoir toujours recours à l'intervalle majeur ou parfait, parce qu'en procédant ainsi, on a un point de départ sûr, et l'on ne peut pas s'égarer.

On peut de la même manière connaître facilement les tons et les demi-tons qui composent les intervalles diminués, mineurs et augmentés; il n'y a pour les intervalles mineurs ou diminués qu'à retrancher un demi-ton de l'intervalle majeur ou parfait, et pour les intervalles augmentés qu'à ajouter un demi-ton à l'intervalle majeur ou parfait.

De combien de tons se compose la tierce majeure? de deux tons. La tierce mineure se composera donc d'un ton et d'un demi-ton, et la tierce augmentée d'un ton et d'un ton et demi.

De combien de tons et demi-tons se compose la quinte parfaite? de trois tons et un demi-ton. La quinte diminuée se composera donc de deux tons et deux demi-tons, et la quinte augmentée sera formée de quatre tons.

TABLEAU MUSICAL DE TOUS CES INTERVALLES.

UNISSON	SECONDES.			TIERCES.			QUARTES.		
	Mineure.	Majeure.	Augmentée	Mineure.	Majeure.	Augmentée	Diminuée.	Parfaite ou juste.	Augmentée
0	1 demi Ton	1 Ton.	1 Ton ½.	1 Ton et 1 demi Ton	2 Tons.	2 Tons ½	1 Ton et 2 demi Tons	2 Tons et 1 ½ Ton.	3 Tons

QUINTES.			SIXTES			SEPTIÈMES			OCTAVE
Diminuée.	Juste ou parfaite.	Augmentée	Mineure.	Majeure.	Augmentée	Mineure.	Majeure.	Augmentée	
2 Tons et 2 demi Tons	3 Tons et 1 demi Ton	4 Tons.	3 Tons et 2 demi Tons	4 Tons et 1 demi Ton	5 Tons.	4 Tons et 2 demi Tons	5 Tons et 1 demi Ton	6 Tons	5 Tons et 2 demi Tons

CONSEILS.

L'élève fera plusieurs fois le tableau précédent, en partant tantôt du *Ré*, du *Mi*, du *Fa*, du *La* ♭, du *Si* ♭, &. Je le répète, on ne doit passer à un autre chapitre que lorsqu'on sait bien et sans aucune hésitation ce qui le précède.

EXAMEN.

Quelle différence y a-t-il entre un intervalle majeur et un intervalle mineur?

Quelle différence y a-t-il entre un intervalle majeur et un intervalle augmenté?

Quelle différence y a-t-il entre un intervalle mineur et un intervalle augmenté?

Remarque. En demandant quelle différence il y a entre un intervalle majeur et un intervalle diminué, nous voulons parler des intervalles qui se trouvent placés dans la même catégorie. Ainsi, à une Tierce mineure, il faut répondre par une tierce majeure ou augmentée, suivant la question, mais non pas par une Quarte, une Quinte, une Sixte, une Septième ou une Seconde. A la Quarte, on compare la quarte; à la Quinte, la quinte; à la Sixte, la sixte; &.

Quelle différence y a-t-il entre un intervalle parfait et un intervalle diminué?

Quelle différence y a-t-il entre un intervalle parfait et un intervalle augmenté?

Quelle différence y a-t-il entre un intervalle diminué et un intervalle augmenté, pour les Quartes et les Quintes?

CHAPITRE VII.

INTERVALLES DIMINUÉS

POUR LES SECONDES, LES TIERCES, LES SIXTES ET LES SEPTIÈMES.

INSTRUCTIONS.

Les Secondes, les Tierces, les Sixtes et les Septièmes ont aussi des intervalles diminués; pour les former, il faut baisser l'intervalle majeur de deux demi-tons, car l'intervalle diminué est d'un demi-ton plus petit que l'intervalle mineur.

CONSEILS.

Pour former ces intervalles diminués, on procèdera comme nous venons de le faire pour les intervalles mineurs et augmentés. On prendra comme point de départ l'intervalle majeur, et on le baissera de deux demi-tons, Ex:

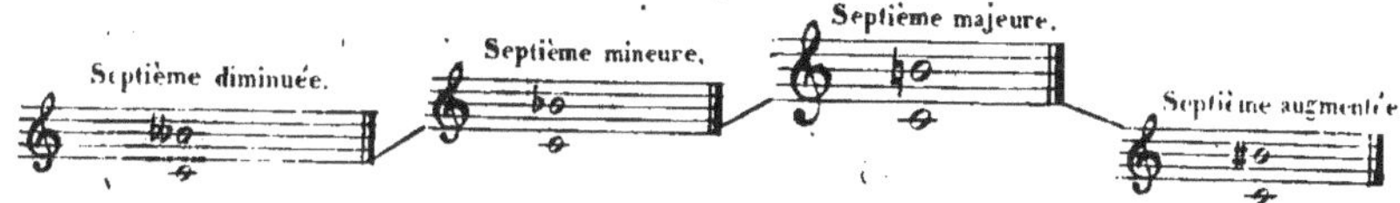

Il serait souvent difficile, sans les moyens que nous avons indiqués, de trouver certains intervalles; tels sont les suivans:

Quelle est la Sixte diminuée de *Fa?*

Quelle est la Tierce diminuée de *Sol* ♭?

Quelle est la Sixte augmentée de *La* ♯?

Quelle est la Tierce augmentée de *Ré* ♯?

Quelle est la Quarte diminuée de *Fa* ♭?

Quelle est la Septième diminuée de *Sol* ♭? Je prends d'abord la Septième majeure qui est *Fa*; puis je baisse ce *Fa* de deux demi-tons, et je réponds que la Septième diminuée de *Sol* ♭ est *Fa* ♭♭. De cette manière, on est sûr de ne point se tromper, et cette certitude est tout ce qu'il y a de plus utile, de plus indispensable dans l'harmonie. L'élève reconnaîtra plus tard combien l'étude des intervalles est nécessaire. L'arrangement des accords, leur succession, ne se font que par les intervalles dont ils sont composés; tout accord peut succéder à un autre accord, si les intervalle dont ils se composent l'un et l'autre s'enchaînent régulièrement. L'étude de l'harmonie, des accords, est donc toute entière dans celle des intervalles.

TABLEAU GÉNÉRAL DE TOUS LES INTERVALLES PRÉCÉDENS.

UNISSON.	SECONDES.				TIERCES.			
	Diminuée.	Mineure.	Majeure.	Augmentée.	Diminuée.	Mineure.	Majeure.	Augmentée.
	1 quart de ton ou intervalle enharmonique.	1 demi Ton.	1 Ton.	1 Ton ¼.	2 demi Tons	1 Ton et 1 demi Ton.	2 Tons	2 Tons ¼

QUARTES.			QUINTES.		
Diminuée.	Juste ou parfaite.	Augmentée.	Diminuée.	Juste ou parfaite.	Augmentée.
1 Ton et 2 demi Tons	2 Tons et 1 demi Ton.	3 Tons.	2 Tons et 2 demi Tons.	3 Tons et 1 demi Ton.	4 Tons.

SIXTES.				SEPTIEMES.				OCTAVE.
Diminuée.	Mineure.	Majeure.	Augmentée.	Diminuée.	Mineure.	Majeure.	Augmentée.	
2 Tons et 3 demi Tons	3 Tons et 2 demi Tons	4 Tons et 1 demi Ton	5 Tons.	3 Tons et 3 demi Tons	4 Tons et 2 demi Tons	5 Tons et 1 demi Ton	6 Tons.	5 Tons et 2 demi Tons

L'élève fera le tableau précédent de plusieurs manières, en prenant pour point de départ un *Ré*, un *Mi*, un *Fa*, un *Sol*, un *La*, &. Il ne quittera ce travail, que lorsque les tableaux qu'il aura faits seront exempts de fautes.

CHAPITRE VIII.

DES INTERVALLES DIMINUÉS, MINEURS ET AUGMENTÉS.

DE LA SECONDE MINEURE.

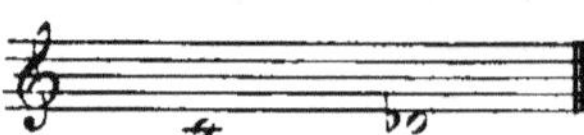

INSTRUCTIONS.

La Seconde mineure, formée d'un demi-ton, est le plus petit intervalle appréciable à l'oreille.(nous parlerons bientôt du quart de ton.) Elle est facile à reconnaître. Cet intervalle est souvent employé dans la mélodie et peut-être un peu moins dans l'harmonie.

CONSEILS.

L'élève étudiera cet intervalle comme il a étudié les intervalles naturels.

EXERCICES.

1º *Verbalement:* Quelle est la Seconde mineure de *Ré* ♭?

Quelle est la Seconde mineure de *Fa*?

Quelle est la Seconde mineure de *Mi* ♭?

Le Maître continuera ces questions jusqu'à ce que l'élève réponde avec précision et sans lenteur.

2º *Sur le papier:* J'écris un *La* ♭; quelle est sa Seconde mineure? l'élève doit écrire au-dessus la note qui fait un intervalle de seconde mineure avec ce *La* ♭.

On fait encore cet exercice jusqu'à ce qu'il soit parfaitement su.

3º *Sur le piano:* On fait entendre une note sur le Piano; l'élève doit immédiatement frapper la note qui fait la Seconde mineure. C'est facile à trouver sur le Piano, car deux touches qui se suivent immédiatement, noires ou blanches, forment toujours un intervalle de Seconde mineure.

On continuera cet exercice, jusqu'à ce qu'il soit bien fait.

4º *Sur le Piano, sans le regarder:* Le Maître frappe des secondes mineures, majeures et augmentées; l'élève ne répond que lorsqu'il entend la Seconde mineure, en disant: c'est une Seconde mineure.

Lorsque cet exercice est bien fait, l'élève après avoir dit: C'est une seconde mineure, doit. désigner le nom des notes qui la composent, et des accidents dont ces notes peuvent être précédées.

Je l'ai déjà dit, ce dernier exercice est difficile, mais il est de la plus grande utilité; on doit s'y arrêter longtemps jusqu'à ce qu'il soit parfaitement su.

EXAMEN.

Quel est le plus petit intervalle appréciable à l'oreille?

Quelle est l'étendue de la Seconde mineure?

En quoi la Seconde mineure diffère-t-elle de la Seconde majeure?

Comment s'y prend-on pour trouver la Seconde mineure?

Quelle différence y a-t-il entre la Seconde mineure et le demi-ton?

Combien de degrés faut-il pour former la Seconde mineure?

DE LA SECONDE AUGMENTÉE.

INSTRUCTIONS.

La Seconde augmentée est composée d'un ton et demi, (ce qu'il ne faut pas confondre avec un ton et un demi-ton.) Elle est plus grande d'un demi-ton que la Seconde majeure, et d'un ton que la Seconde mineure; son effet est toujours dramatique, dans la mélodie comme dans l'harmonie. Elle est formée d'un degré.

Remarque. Il est très essentiel de ne pas confondre dans le dernier tableau certains intervalles qui ont la même étendue et peuvent se faire avec les mêmes touches sur le Piano; leur effet, comme nous le verrons plus tard, est bien différent. Ainsi la Seconde augmentée *Ut, Ré* ♯, et la Tierce mineure *Ut, Mi* ♭, ont la même étendue, et se font avec les mêmes touches sur le Piano; cependant pour l'oreille la Seconde augmentée *Ut, Ré* ♯, n'est formée que d'un degré, tandis qu'il faut deux degrés pour faire la Tierce mineure *Ut, Mi* ♭; car, ainsi que nous l'avons déjà dit, un intervalle est toujours formé d'un degré de moins que le nom qu'il porte. La différence de ces effets dépend des tons dans lesquels on joue. Qu'il suffise de savoir quant à présent que la Seconde en partant d'*Ut*, par exemple, ne peut être que le *Ré*; d'après cela *Ut* et *Ré* ♯ forment une Seconde; mais *Ut* et *Mi* ♭, qui se font avec les mêmes touches sur le Piano, ne peuvent donner qu'une tierce et non une seconde, car entre *Ut* et *Mi* ♭, il y a un *Ré, Ut Ré Mi* ♭, ce qui donne bien trois notes, c'est-à-dire une tierce formée de deux degrés, tandis que d'*Ut* à *Ré* ♯, il n'y a qu'un seul degré, et par conséquent une seconde.

CONSEILS—EXERCICES.

On fera pour cet intervalle ce qu'on vient de faire pour le précédent. On l'étudiera des quatre manières indiquées.

1º *Verbalement.*

2º *Sur le papier.*

3º *Sur le Piano.*

4º *Sur le Piano, sans regarder.*

J'ai une recommandation importante à faire au Maître pour cette quatrième manière d'étudier la seconde diminuée. La tierce mineure et la seconde augmentée, nous venons de le voir, ont une certaine ressemblance sur le Piano, puisqu'elles peuvent se faire avec les mêmes touches. Il faut donc, avant de faire entendre à l'élève, qui ne doit pas regarder le Piano, les différentes secondes parmi les quelles il doit découvrir la seconde augmentée, préluder dans le mode mineur dans lequel on peut trouver toutes ces secondes, et n'en pas sortir. La Seconde augmentée, et je ne parle ici que pour le Maître, ne se rencontre naturellement que dans le mode mineur, où elle a son véritable caractère. Comme il faut s'efforcer constamment de régulariser l'oreille harmonique de l'élève, afin qu'il reconnaisse le caractère et le nom d'un intervalle quelconque à la simple audition; il est essentiel, lorsqu'on lui fait étudier la Seconde augmentée, de conserver, à cet intervalle son expression propre qu'il n'a réellement que dans les gammes mineures. Ce n'est que passagèrement qu'on emploie la Seconde augmentée dans le mode majeur; mais il ne faut pas encore recourir aux cas exceptionnels.

Je parlerai quand il le faudra de la gamme mineure, la dernière remarque ne s'adresse qu'au maître.

EXAMEN.

Quelle est l'étendue de la Seconde augmentée? En quoi diffère-t-elle de la Seconde mineure et de la Seconde majeure?

De combien de degrés est-elle formée?

RÉCAPITULATIONS.

On reprendra la Seconde mineure, la Seconde majeure et la Seconde augmentée.

Le Maître exigera que l'élève rappelle verbalement ou par écrit tout ce qui a été dit au sujet de ces trois intervalles.

Je parlerai plus tard de la Seconde diminuée.

Remarque. Une Seconde par exemple, quelle que soit son étendue, est toujours formée par un degré plus ou moins grand. Ainsi la Seconde mineure, la Seconde majeure, et la Seconde augmentée sont formées par un seul degré; mais ce degré a plus d'étendue dans la Seconde majeure que dans la Seconde mineure, et dans la Seconde augmentée que dans les deux autres secondes.

Ainsi les Tierces diminuées, mineures, majeures et augmentées, sont formées par deux degrés.

DE LA TIERCE DIMINUÉE.

INSTRUCTIONS.

La Tierce diminuée est composée de deux demi-tons. C'est un intervalle très dur, et défendu dans la musique ancienne. Les modernes l'emploient quelquefois. Nous expliquerons plus tard les causes de cette dureté.

CONSEILS — EXERCICES.

On fera avec cette Tierce diminuée la même étude qu'avec les intervalles précédents.

1º *Verbalement:* Quelle est la Tierce diminuée de *Ré?* C'est *Fa* ♭, &.

2º *Sur le papier:* J'écris un *Mi;* quelle est sa Tierce diminuée? l'élève devra poser un *Sol* ♭ au-dessus du *Mi,* &.

3º *Sur le Piano:* Touchez un *Fa* ♯, et faites entendre ensuite sa Tierce diminuée; l'élève doit répondre, c'est *La* ♭, et le frapper en même temps.

4º *Sur le Piano, sans regarder:* Le Maître frappera plusieurs Tierces, parmi lesquelles il fera entendre de temps en temps la Tierce diminuée; dans ce dernier cas, l'élève désignera cet intervalle d'abord simplement par son nom de Tierce diminuée; puis, après quelques réponses faites avec sûreté, il devra nommer le nom des notes, et les accidents dont elles pourront être précédées.

Remarque pour le Maître: Il faut éviter avec le plus grand soin que l'élève confonde, pour l'effet, la Tierce diminuée avec la Seconde augmentée; il sera même utile de placer quelquefois la Seconde augmentée à côté de la tierce diminuée; mais cela ne peut se faire qu'en bien déterminant par un prélude le ton mineur qu'on veut choisir. Une fois que ce ton mineur est bien déterminé, il est facile de faire entendre la Seconde augmentée et la Tierce diminuée, sans que l'oreille puisse s'y méprendre; Voici comment:

La Seconde augmentée se forme toujours avec la Sixte mineure et la note sensible qui reste en mineur ce qu'elle était en majeur.

Ainsi en *Mi* mineur, la Seconde augmentée est *Ut* ♮, *Ré* ♯.

En *La* mineur, la Seconde augmentée est *Fa* ♮ et *Sol* ♯.

En *Ut* mineur, c'est *La* ♭ et *Si* ♮; en *Ré* mineur, c'est *Si* ♭ et *Ut* ♯, &.

Dans la Tierce diminuée au contraire, il entre un intervalle qui n'appartient pas à la gamme où l'on est. Les deux notes de cet intervalle, appartenant chacune à un ton différent, font cette dureté dont je parlais tout à l'heure, parcequ'il n'est pas possible de jouer en même temps dans deux tons différents, sans engendrer une discordance, un désaccord.

La Tierce diminuée se forme avec le quatrième degré haussé d'un demi-ton, et le sixième baissé d'un ton.

Ainsi en *La* mineur, la Tierce diminuée est *Ré* ♯ et *Fa* ♮.

En *Ré* mineur, c'est *Sol* ♯ et *Si* ♭; en *Ut* mineur, c'est *Fa* ♯ et *La* ♭; en *Fa* mineur, c'est *Si* ♮ et *Ré* ♭, &.

Il est impossible, lorsque le ton mineur est bien déterminé, que l'oreille se trompe sur l'effet bien différent de la Seconde augmentée et de la Tierce diminuée, Ex:

La Seconde augmentée, marquée par le signe ✳ est très harmonieuse et ne peut pas se confondre avec l'âpre dissonance désignée par ce signe ✝

Il ne sera pas nécessaire, lorsqu'on improvisera au Piano, de faire une phrase musicale qui soit complète; on peut seulement frapper l'accord de tonique et de dominante de manière à bien décider le ton, et puis frapper séparément les deux intervalles qui nous occupent, Ex:

Le Maître, pour mieux exercer son élève, peut employer quelquefois ces intervalles en demi-modulation, Ex:

En *La* mineur, la véritable Seconde diminuée est *Fa* ♮ et *Sol* ♯; c'est donc comme modulation passagère que j'ai frappé ici, en *La* mineur, une Seconde diminuée avec les notes *Ut* ♮ et *Ré* ♯. Voyez l'accord marqué par le signe ✳. Cette Seconde diminuée est empruntée passagèrement à la gamme de *Mi* mineur. Toutes ces observations, ainsi que je l'ai dit, ne sont faites que pour le maître.

Il est important, avant d'exiger de l'élève qu'il devine les intervalles qu'on frappe sur le Piano sans regarder cet instrument, qu'il se soit familiarisé avec les intervalles qu'il étudie. Il faudra donc ici lui faire entendre plusieurs fois l'intervalle de tierce diminuée, afin qu'il puisse reconnaître facilement son caractère et l'effet de son expression.

EXAMEN.

De combien de demi-tons se compose la Tierce diminuée?

Quel est son caractère?

Est-ce un intervalle fréquemment employé?

Quelle différence y a-t-il entre la Tierce diminuée et la Tierce majeure?

Combien faut-il de degrés pour former la Tierce diminuée?

Faut-il autant de degrés pour former la Tierce diminuée que pour la Tierce majeure?

Y a-t-il une certaine différence entre les différents degrés dont ces deux intervalles sont composés?

DE LA TIERCE MINEURE.

INSTRUCTIONS.

La Tierce mineure est composée d'un ton et d'un demi-ton. C'est un intervalle très harmonieux et fréquemment employé.

CONSEILS — EXERCICES.

On fera la même étude pour cet intervalle.

1º *Verbalement:* Quelle est la Tierce mineure de *Fa?*

Quelle est la Tierce mineure de *La* ♭?

2º *Sur le papier:* Je pose un *Ré*; quelle est sa Tierce mineure? l'élève doit écrire au-dessus de ce *Ré* la note qui fait sa Tierce mineure.

3º *Sur le Piano:* Faites la Tierce mineure de *Sol*; l'élève doit toucher d'abord le *Sol*, et puis sa Tierce mineure qui est *Si* ♭.

4º *Sur le Piano, sans le regarder:* Le Maître touche des tierces mineures, l'élève désigne simplement d'abord quelle tierce il entend; puis, quand il est plus habile, il doit en même temps nommer le nom des notes qui forment ces intervalles et les accidents dont elles peuvent être précédées.

Avant de commencer ce quatrième exercice, il faut que l'élève ait bien étudié l'effet de cette tierce mineure, de manière à pouvoir la recconnaître facilement à la simple audition.

EXAMEN.

De combien de degrés est composée la Tierce mineure?

Ces degrés représentent-ils des tons ou des demi-tons?

En quoi la Tierce mineure diffère-t-elle de la Tierce majeure?

Quel est l'effet de la Tierce mineure?

DE LA TIERCE AUGMENTÉE.

INSTRUCTIONS.

La Tierce augmentée est composée d'un ton et d'un ton et demi. Elle n'est jamais employée comme accord; elle ne peut se rencontrer en harmonie qu'en forme de note passagère; elle n'a par conséquent aucun effet harmonique.

CONSEILS.

Je ne crois pas qu'il soit utile d'étudier beaucoup cet intervalle, dont on ne se sert que fort rarement, et toujours d'une manière très secondaire. Les deux exercices suivants suffiront.

1º *Verbalement*: Quelle est la Tierce augmentée de *Sol?*

Quelle est la Tierce augmentée de *Fa?*

Le Maître continuera ces questions.

2º *Sur le papier.* Voici un *Ré* ♭, Quelle est sa Tierce augmentée? &.

3º *Sur le Piano:* Quelle est la Tierce augmentée d'*Ut?* l'élève doit toucher d'abord l'*Ut*, et puis le *Mi*♯. On doit exiger, qu'en frappant la seconde note qui fait la Tierce diminuée, il la désigne aussi par son nom. Je recommande qu'on prenne cette précaution afin que l'élève, en touchant ici le *Mi*♯, par exemple, ne le prenne pas, par simple inadvertance pour un *Fa*.

La Tierce augmentée n'a pas un caractère qui lui soit propre, quelque gamme qu'on choisisse pour la faire entendre. Ce n'est pas un intervalle qu'on distingue facilement à l'audition; mais on peut cependant le rencontrer quelquefois employé très passagèrement, Ex:

On voit que cet intervalle de Tierce augmentée peut s'employer, et qu'il faut par conséquent le connaître.

EXAMEN.

Quelle est l'étendue de la Tierce augmentée?

Comment diffère-t-elle de la Tierce majeure, de la tierce mineure et de la tierce diminuée?

A-t-elle un effet propre, qu'on puisse distinguer dans l'harmonie?

RÉCAPITULATIONS.

On reprendra ici tous les intervalles de Secondes et de Tierces que nous avons analisés. Le maître aura soin que l'élève n'oublie rien de ce qui a été dit.

DE LA QUARTE DIMINUÉE.

INSTRUCTIONS.

La Quarte diminuée est composée d'un ton et deux demi-tons. C'est un intervalle assez fréquemment employé dans l'harmonie. Son effet, sans avoir beaucoup de charme ne manque pas d'une certaine expression.

Remarque. Cette Quarte diminuée se fait le plus souvent dans une gamme majeure, entre la dominante et la tonique, ou bien entre la sus-tonique et la dominante, et quelquefois entre la tonique et la sous-dominante; il suffit de hausser la note inférieure d'un demi-ton, Ex:

J'engage le Maître lorsqu'il frappera cet intervalle sur le Piano, sans que l'élève regarde l'instrument, à faire précéder la note altérée par un accident de la même note naturelle, ainsi que je l'ai fait dans l'exemple précédent.

CONSEILS.

On étudiera cet intervalle selon les quatre manières que nous avons enseignées.

EXERCICE.

1º *Verbalement:* Quelle est la Quarte diminuée de *La* ♯?

Quelle est la Quarte diminuée de *Mi* ♯?

2º *Sur le papier:* Écrivez la Quarte diminuée de ce *Sol*, &.

3º *Sur le Piano:* Faites une Quarte diminuée en partant de *Si*.

L'élève, en frappant ici le *Mi* ♭, doit le nommer afin de prouver à son maître que c'est un *Mi* ♭ qu'il veut faire, et non un *Ré* ♯. Il fera pour tous les autres intervalles de quarte augmentée ce que je lui demande pour celui-ci.

4º *Sur le piano, sans le voir:* Le Maître frappera les intervalles de quarte diminuée, comme je l'ai indiqué plus haut, afin qu'on ne puisse pas confondre cet intervalle avec celui de la Tierce majeure qui se fait avec les mêmes touches sur le Piano. La plupart des intervalles, je ne saurais trop le répéter, prennent leur qualité du ton où l'on est, Ex:

Les Tierces majeures du premier exemple, et les Quartes diminuées marquées par le signe ✛ dans le second exemple, se font avec les mêmes touches sur le Piano, de sorte qu'il serait impossible à l'oreille d'entendre des quartes diminuées dans le premier exemple, à cause du ton où l'on est, lors même qu'on remplacerait le *Ré* ♯ par un *Mi* ♭.

Ainsi dans le ton de *Si* majeur, *Si* ♮ et *Mi* ♭ rendraient l'effet de la Tierce majeure *Si Ré* ♯. L'effet des intervalles dépend, non d'un *Ré* ♯ qu'on remplacera par un *Mi* ♭, sur le papier, parce que ces deux notes se font avec les mêmes touches sur le Piano, mais bien du ton auquel ils appartiennent réellement. On voit combien dans les études la tâche du Maître est sérieuse et délicate.

EXAMEN.

De combien de tons et de demi-tons se compose la Quarte diminuée?

En quoi diffère-t-elle de la Quarte parfaite?

Quel est son effet dans l'harmonie?

En quoi diffère-t-elle de la Tierce majeure?

DE LA QUARTE AUGMENTÉE.

INSTRUCTIONS.

La Quarte augmentée est composée de trois tons; c'est à cause de cela qu'on l'appelle souvent *triton*, (mot tiré du grec, et qui signifie ici intervalle composé de trois tons). La Quarte augmentée est un des plus beaux intervalles employés en harmonie; il est très expressif; il détermine d'une manière absolue le ton d'une gamme.

CONSEILS.

J'engage l'élève à étudier cet intervalle avec le plus grand soin; 1º Verbalement; 2º Sur le papier; 3º Sur le Piano; 4º Sur le Piano, sans le regarder.

OBSERVATIONS.

La Quarte augmentée, dans la gamme majeure, se forme avec la sous-dominante et la note sensible; il sera facile au Maître, lorsque l'élève devra désigner cet intervalle à l'audition, sans regarder le Piano, de faire entendre la quarte augmentée. On détermine bien le ton majeur dans lequel on veut faire entendre cet intervalle, puis l'on frappe la Quarte augmentée, en lui donnant sa résolution de la manière suivante, Ex:

PIANO.

34

Cet intervalle de Quarte augmentée se fait aussi dans la gamme mineure avec la sous-dominante et la note sensible, absolument comme dans la gamme majeure. Mais outre cette quarte augmentée formée avec la sous-dominante et la note sensible, il y en a une autre dans la gamme, qui a moins de caractère, mais qu'on emploie cependant quelque fois; cette nouvelle Quarte augmentée se forme avec le sixième degré de la gamme mineure sur lequel on place le second degré, Ex:

Le Maître sait que la véritable résolution de cet intervalle se fait sur la dominante, Ex:

J'avertis le Maître qu'il est très important de faire comprendre à l'élève la différence d'effet de ces deux quartes augmentées qu'on trouve dans le mode mineur.

EXAMEN.

De combien de tons se compose la Quarte augmentée?

Pourquoi donne-t-on aussi le nom de *triton* à l'intervalle de Quarte augmentée?

Comment se forme la Quarte augmentée dans le mode majeur et dans le mode mineur?

Quelle différence y a-t-il entre la Quarte augmentée et la Quarte parfaite?

La Quarte augmentée produit-elle un effet harmonieux?

Est-ce un intervalle essentiel en harmonie?

OBSERVATIONS.

L'étude de ces intervalles est moins facile qu'on ne le pense pour les commençants. Nous allons la suspendre un instant et parler des renversements. Ce nouveau Chapitre arrive du reste à propos, car la seconde moitié du tableau des intervalles n'est que le renversement de l'autre moitié.

Mon intention, en faisant cette diversion, est de laisser le temps à l'élève de revoir ce qui précède, seul ou avec son maître. On devra donc reprendre les études déjà faites sur les intervalles naturels, c'est-à-dire majeurs ou parfaits, et sur les intervalles diminués mineurs et augmentés que nous venons de voir.

Les Quintes, les Sixtes et les Septièmes ne sont que les renversements des Quartes, des Tierces et des Secondes, et possèdent à peu près les mêmes qualités. L'étude des Quintes, des Sixtes et des Septièmes sera donc plus facile et presque faite, lorsqu'on aura bien analysé les intervalles de Secondes de Tierces et de Quartes.

CHAPITRE IX.

DU RENVERSEMENT DES INTERVALLES.

INSTRUCTIONS.

En musique, *renverser* un intervalle, c'est transporter sa note supérieure au-dessous de l'inférieure, ou bien la note inférieure au-dessus de celle qui est supérieure, de cette manière:

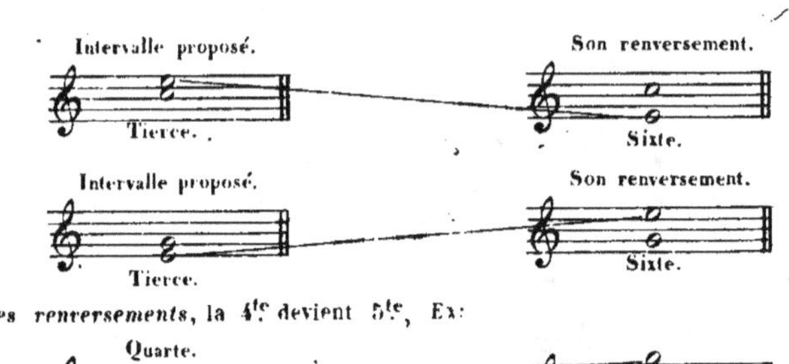

Par ces renversements, la 4.te devient 5.te, Ex:

La 3.ce devient 6.te, Ex:

La 2.de devient 7.me, Ex:

L'Unisson devient 8.ve, Ex:

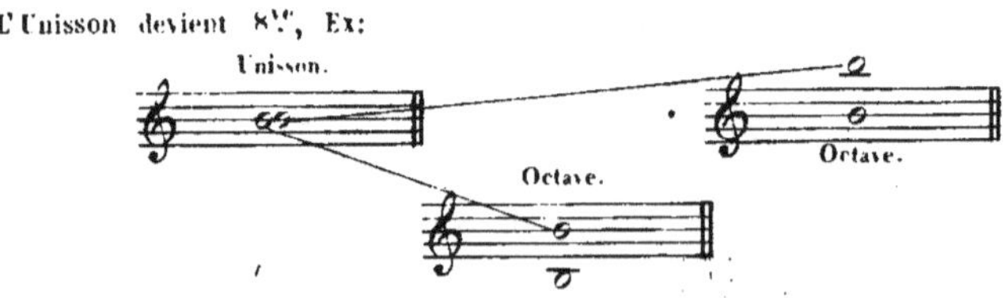

Et vice versâ, en se renversant l'8.º devient 1 (Unisson.) Ex:

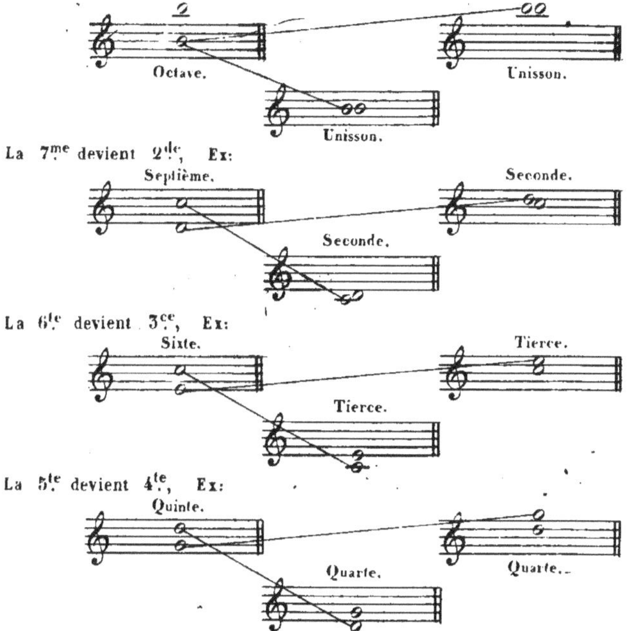

La 7.ᵐᵉ devient 2.ᵈᵉ, Ex:

La 6.ᵗᵉ devient 3.ᶜᵉ, Ex:

La 5.ᵗᵉ devient 4.ᵗᵉ, Ex:

On représente ordinairement ces renversements par les chiffres suivants:

$$1 \text{ en se - renversant, devient } 8$$
$$2 \dots\dots\dots 7$$
$$3 \dots\dots\dots 6$$
$$4 \dots\dots\dots 5$$
$$5 \dots\dots\dots 4$$
$$6 \dots\dots\dots 3$$
$$7 \dots\dots\dots 2$$
$$8 \dots\dots\dots 1$$

J'ai fait remarquer dans ma *panharmonie* qu'en additionnant le chiffre du premier rang avec le chiffre correspondant du second rang, on devait toujours obtenir le nombre neuf.

CONSEILS.

Il faut étudier avec le plus grand soin tous ces renversements; le Piano est, pour cette étude, un puissant auxiliaire. Il est impossible en effet, au point où nous sommes arrivés, qu'en frappant sur le Piano la Tierce *Ut Mi*, je suppose, on ne reconnaisse pas qu'on fait une Sixte lorsqu'on renverse une des deux notes de cette Tierce.

EXAMEN.

Qu'appelle-t-on renversement des intervalles, renverser les intervalles?
Que devient la Quinte en se renversant?
Que devient la Septième en se renversant?
Que devient la Seconde en se renversant?

SUITE DU **CHAPITRE IX.**

QUE DEVIENNENT, EN SE RENVERSANT, LES INTERVALLES DIMINUÉS, MINEURS, MAJEURS, PARFAITS ET AUGMENTÉS?

CONSEILS.

L'élève doit trouver de suite lui-même la solution de cette question en renversant les intervalles sur le Piano ou sur le papier. Je l'engage, avant de lire les explications que je donne plus bas, de faire lui-même ces recherches; il sait qu'une Tierce en se renversant devient une Sixte; si donc il renverse la tierce mineure *Ut Mi♭*, il obtiendra la Sixte *Mi♭ Ut*, qui est un intervalle majeur; il fera ce travail pour tous les intervalles; il obtiendra ce résultat:

Les intervalles *majeurs*, en se renversant, deviennent *mineurs*.
Les intervalles *mineurs*, en se renversant, deviennent *majeurs*.
Les intervalles *parfaits* ou *justes*, restent, *parfaits* ou *justes*.
Les intervalles *diminués*, en se renversant, deviennent *augmentés*.
Les intervalles *augmentés*, en se renversant, deviennent *diminués*.

EXAMEN.

Que devient un intervalle majeur en se renversant?
Que devient un intervalle mineur renversé?
Que deviennent les intervalles diminués et augmentés lorsqu'on les renverse?
Que devient un intervalle parfait renversé?

CHAPITRE X.

CONTINUATION DU CHAPITRE 8me

POUR L'ANALYSE DES INTERVALLES DIMINUÉS, MINEURS ET AUGMENTÉS.

DE LA QUINTE DIMINUÉE.

INSTRUCTIONS.

La Quinte diminuée est composée de deux tons et deux demi-tons. Elle est, comme nous le savons à présent, le renversement de la quarte augmentée; elle en a par conséquent toutes les propriétés. C'est un intervalle très harmonieux, expressif et souvent employé. Comme la Quarte augmentée, la Quinte diminuée détermine le ton d'une gamme d'une manière absolue.

CONSEILS.

On étudiera cet intervalle comme on a étudié les intervalles précédents. On frappera souvent sur le Piano la Quarte augmentée, puis son renversement qui donne la Quinte diminuée, afin de comparer et de bien saisir par l'oreille quelle différence ou quelle similitude il y a dans leur effet, Ex:

EXERCICES.

1.° *Verbalement:* Quelle est la Quinte diminuée de *Fa* #?

2.° *Sur le papier:* Quelle est la Quinte diminuée de ce *Mi* que je viens d'écrire?

3.° *Sur le Piano:* Faites entendre la Quinte diminuée de *Sol?*

4.° *Sur le Piano, sans le regarder:* Quel est l'intervalle que je frappe; dites en même temps le nom des notes dont se compose cet intervalle, et nommez les accidents dont elles peuvent être précédées.

Remarque pour le maître: Pour que l'élève puisse répondre avec profit sur ces dernières questions, il faut lui faire entendre d'autres intervalles déja connus, et lui demander de les désigner aussi; on doit avoir soin de bien déterminer le ton, et de donner aux deux Quintes diminuées qu'on trouve dans la gamme mineure la résolution qui leur convient.

Comme la Quarte augmentée, la Quinte diminuée dans le mode mineur, se forme d'abord avec la note sensible et la sous-dominante, et aussi avec la sus-tonique et la sus-dominante, Exemple:

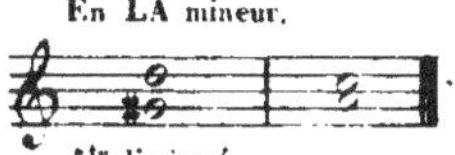

EXAMEN.

De combien de tons et de demi-tons se compose la Quinte diminuée?

De quel intervalle la Quinte diminuée est-elle le renversement?

Est-ce un intervalle fréquemment employé en harmonie?

Quelle différence y a-t-il entre la Quinte diminuée et la Quinte parfaite?

DE LA QUINTE AUGMENTÉE.

INSTRUCTIONS.

La Quinte augmentée est le renversement de la quarte diminuée; elle en a par conséquent toutes les propriétés. Elle est composée de quatre tons: elle s'emploie dans la musique pour en augmenter l'expression. On peut relire ce qui a été dit pour la quarte diminuée.

Remarque. Comme la quarte diminuée, la Quinte augmentée se fait le plus souvent dans la gamme majeure avec la tonique et la dominante haussée passagèrement d'un demi-ton; entre la dominante et la sus-tonique haussée passagèrement d'un demi-ton, et plus rarement entre la sous-dominante et la tonique haussée passagèrement d'un demi-ton.

Il sera bien de faire précéder la Quinte augmentée de la Quinte parfaite, comme nous venons de le faire dans le dernier exemple; de cette manière, l'élève, reconnaissant plus facilement cet intervalle, se familiarisera aussi avec le caractère et l'expression qui lui sont propres.

CONSEILS.

On devra, dans l'étude de cet intervalle, faire intervenir souvent la Quarte diminuée, afin que l'oreille de l'élève s'habitue à comparer ces deux intervalles dont l'un n'est que le renversement de l'autre.

EXERCICES.

1º *Verbalement:* Quelle est la Quinte augmentée de *Si* ♭?
Quelle est la Quinte augmentée de *La* ♭?
2º *Sur le papier:* Faites une Quinte augmentée en partant de *Mi*.
3º *Sur le Piano:* Faites une Quinte augmentée en partant de *Fa*.
4º *Sur le Piano, sans le regarder:* Quel est l'intervalle que je frappe? nommez les notes et les accidents.

REMARQUE.

Le Maître frappera souvent la Quinte augmentée en la faisant précéder de la Quinte juste, comme nous l'avons fait dans le dernier exemple donné; il s'arrêtera aussi quelquefois sur les intervalles déjà analysés. L'élève, on le sait, devra désigner le nom des notes qui composeront ces intervalles, et celui des accidents dont ces notes pourraient être précédées.

RÉCAPITULATIONS.

On reprendra l'analyse des Quartes diminuée, parfaite et augmentée, et des Quintes diminuée, parfaite et augmentée. On ne passera au Chapitre suivant que lorsque l'élève répondra avec la plus grande précision et sans hésiter aux questions qui lui seront adressées.

Observations. Il est important que l'élève ne confonde pas la Quinte augmentée et la Sixte mineure, qui peuvent se faire avec les mêmes touches sur le Piano, Ex:

Lorsqu'il répondra verbalement, et lorsqu'il écrira sur le papier, cette erreur est moins facile à faire; mais sur le Piano, l'élève en frappant, je suppose, le *Ré* ♯ de l'exemple donné ci-dessus, pourrait bien penser au *Mi* ♭, si on ne lui demandait pas de dire le nom des notes, à mesure qu'il les frappe. De cette manière, l'erreur deviendra impossible, ou du moins pourra être corrigée par le maître.

Lorsque l'élève doit répondre sans regarder le Piano, il importe que le Maître ne frappe pas, par inadvertance, une Sixte mineure pour une Quinte augmentée. On ne se trompera point si on se rappelle que la Quinte augmentée se forme avec certaines notes de la gamme majeure, et qu'il est bien de la faire précéder de la Quinte parfaite. Il n'y a en effet aucun rapport entre les deux Exemples suivants:

Et pourtant la première partie dans chacun de ces exemples se fait avec les mêmes touches du Piano. On relira aussi ce que j'ai dit sur la Quarte diminuée, et on en fera une application facile à l'intervalle de Quinte augmentée.

CHAPITRE XI.

DES QUARTES ET DES QUINTES.

CONSONNANCES PARFAITES ET IMPARFAITES.

Les Consonnances, on le sait déjà, sont l'*Unisson* et l'*Octave*, la *Tierce* et la *Sixte* *majeures* et *mineures*; la *Quarte* et la *Quinte* *parfaites*.

INSTRUCTIONS.

La Tierce et la Sixte peuvent être majeures ou mineures, sans cesser d'être Consonnances.

PREUVES:

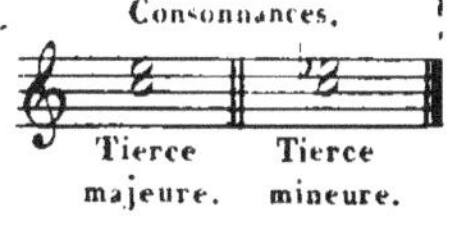

L'Unisson, l'Octave, la Quarte et la Quinte parfaites, cessent d'être Consonnances, si on les altère par un accident quelconque.

PREUVES:

Ainsi deux espèces de Tierces, et deux espèces de Sixtes peuvent être des Consonnances, tandis qu'une seule espèce de Quarte et de Quinte peuvent être aussi des Consonnances.

Voilà pourquoi, dit-on, les anciens Maîtres ont donné la qualité de *Consonnances parfaites* à l'Unisson, l'Octave, la Quarte et la Quinte parfaites, tandis qu'on a appelé *Consonnances imparfaites* la Tierce et la Sixte majeures et mineures, Ex:

CONSONNANCES PARFAITES.

CONSONNANCES IMPARFAITES.

Sans les explications que nous venons de donner, ces dénominations de *parfaites* et *imparfaites* auraient pu paraître en contradiction avec les Consonnances auxquelles elles s'appliquent. En effet, les Tierces et les Sixtes majeures et mineures, qui sont les Consonnances les plus harmonieuses, sont appelées *imparfaites*, tandis que l'Unisson, l'Octave, la Quarte et la Quinte juste, qui n'ont pas le même charme dans l'harmonie, sont appelées *Consonnances parfaites*; ainsi les qualités de *parfaites* et *imparfaites* ne se rapportent nullement à l'effet plus ou moins harmonieux de ces Consonnances.

Nous avons vu qu'il y avait quatre espèces de Secondes, de Tierces, de Sixtes, de Septièmes, et trois espèces seulement de Quartes et de Quintes; ce phénomène s'explique de lui-même. Lorsqu'on renverse la Tierce majeure, par exemple, on obtient une Sixte mineure, Ex:

On aurait le même résultat en renversant la Seconde majeure, la Sixte majeure, et la Septième majeure; ces intervalles deviendraient mineurs. La Quarte parfaite renversée donne une Quinte parfaite, et vice versâ, la Quinte parfaite renversée donne une Quarte parfaite. La Quarte et la Quinte ne peuvent donc pas être majeures ou mineures, elles ne peuvent exister que d'une seule manière, elles ne peuvent avoir qu'une seule et même qualité, et c'est à cause de cela qu'on les appelle *parfaites*, Ex:

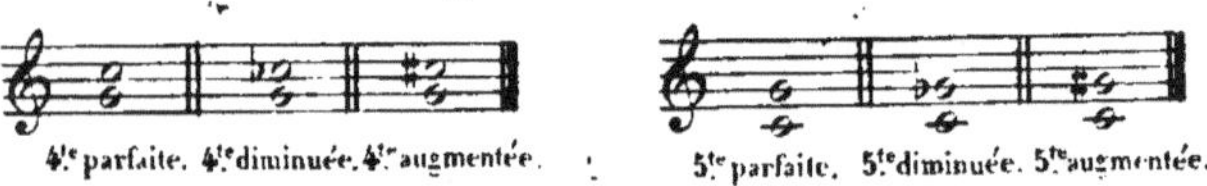

Voilà pourquoi, dans le tableau des intervalles, les Quartes et les Quintes n'ont que trois qualités.

EXAMEN.

Quelles sont les Consonnances?

Comment se divisent les Consonnances?

Quelles sont les Consonnances parfaites et les Consonnances imparfaites?

Pourquoi ces dénominations de *parfaites* et *imparfaites* sont-elles données à certaines Consonnances?

Quelle est ici la véritable signification de ces mots, *parfaite* et *imparfaite*?

Quelles sont les Consonnances parfaites; quelles sont les Consonnances imparfaites?

Lesquelles de ces Consonnances sont les plus harmonieuses?

Pourquoi dans le tableau de ces intervalles n'y a-t-il que trois espèces de quartes et de quintes?

Pourquoi dit-on Quarte *parfaite* ou *juste*; Quinte *parfaite* ou *juste*?

D'où vient qu'il n'y a pas de Quarte majeure et mineure?

Est-ce par la même raison qu'il n'y a pas de Quinte majeure et mineure?

Je ne cesserai jamais de recommander au Maître de n'abandonner un Chapitre que lorsqu'il est entièrement sû.

CHAPITRE XII.

DE LA GAMME MINEURE — DES MODES.

EXPLICATIONS.

La Gamme majeure se fait ainsi:

Pour faire la Gamme mineure, on baisse d'un demi-ton la médiante et la sus-dominante, c'est-à-dire le 3me et le 6me degrés de la gamme majeure, Ex:

Cette Gamme mineure se fait donc ainsi en montant et en descendant.

La note sensible doit toujours être séparée par un demi-ton de la tonique, afin de conserver la tonalité primitive qui est ici celle d'*Ut*.

De cette manière on est toujours dans le ton d'*Ut*. Seulement la gamme qui a toujours la même tonalité, qui reste dans le ton d'*Ut*, devient majeure ou mineure. Cette différence, qui fait la gamme majeure ou mineure, s'appelle *Mode*.

Le Mode est majeur ou mineur. Il est majeur dans la gamme majeure; il est mineur dans la gamme mineure.

On dirait donc: Gamme dans le ton d'*Ut*, mode majeur ou mode mineur.

On voit que le mode peut changer, le ton restant le même; voilà pourquoi il ne faut pas toucher à la note sensible qui doit être la même en *Ut* majeur et en *Ut* mineur, puisqu'on change de mode, sans changer de ton.

En rendant mineure la gamme majeure, on veut modifier son expression sans détruire sa nature primitive.

GAMMES DE FANTAISIE.

Les deux Gammes que je viens de donner sont les seules Gammes *naturelles*, les seules *vraies*. On fait souvent des gammes de fantaisie; ce sont des traits mélodiques qui se rapprochent plus ou moins de la gamme, Ex:

Ces Gammes, accompagnées par leur harmonie, produisent un bon effet. La première, la seule qui fût connue par les anciens Maîtres d'instruments musicaux, est encore défendue par quelques professeurs. On ne dit plus que ce soit la vraie gamme mineure, mais on s'en sert par exemple, pour les études de Piano, parceque, dit-on, elle donne un doigté plus facile et plus naturel. Supposez un professeur de Rhétorique qui changerait la langue française pour rendre la prononciation plus facile, et mieux encore un professeur de Violon qui permettrait à quelques uns de ses élèves de jouer faux, parceque cette manière de se servir de l'instrument leur serait plus facile.

Nous ne devons pas, pour quelque motif que ce soit, dénaturer les combinaisons musicales que l'oreille et le bon sens approuvent. Je pourrais expliquer brièvement l'origine de la gamme majeure.

L'accord le plus naturel est celui de neuvième majeure, qui est donné par la vibration d'une seule corde, Ex:

En faisant vibrer le *Sol* par exemple, on entend dans le frémissement prolongé de la corde mise en vibration, l'harmonie *Sol, Si, Ré, Fa, La*.

Le sentiment musical sent que cette harmonie demande à se reposer sur une autre harmonie, et l'oreille d'accord avec le sentiment nous donne l'harmonie *Ut, Mi, Sol*, Ex:

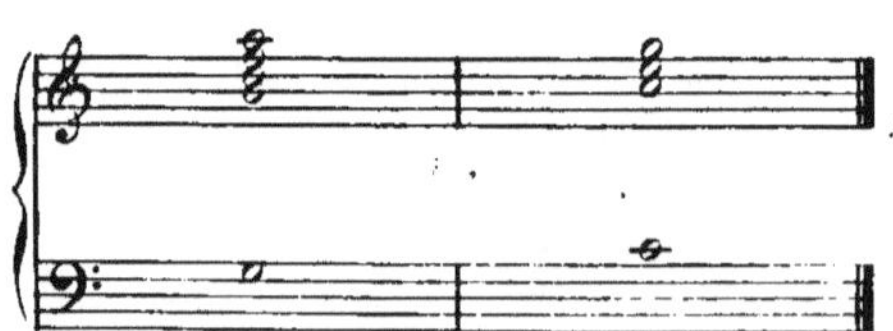

En effet, l'accord qui arrive le plus naturellement après celui de *Sol, Si, Ré, Fa, La*, est l'accord d'*Ut Mi Sol*.

On trouve dans ces deux accords donnés par la nature et approuvés par le sentiment musical, toutes les notes dont on a formé la gamme majeure, Ex:

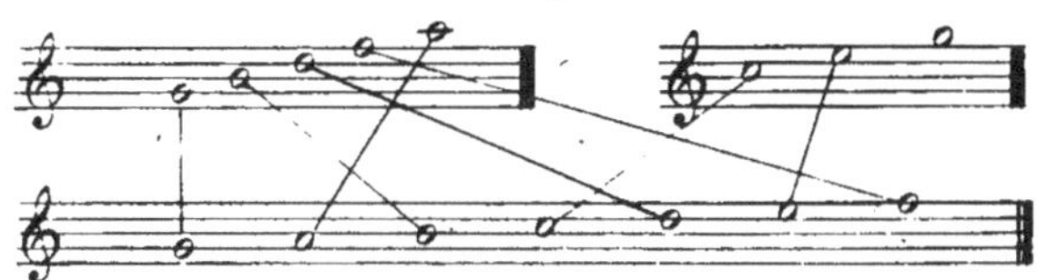

On a composé ensuite, avec les mêmes notes, l'échelle de sons appelée gamme, en la faisant commencer avec la note par laquelle elle devait finir, Ex:

Le hazard, le caprice, ou peut-être un secret besoin de notre sentiment musical, inspirèrent à quelqu'artiste le désir d'opposer un contraste à ces accords majeurs, à cette gamme majeure, et l'on altéra par des accidents les notes qui pouvaient supporter cette altération sans engendrer des discordances; on reconnut que le *La* seulement dans le premier accord, et le *Mi* dans le second, pouvaient être baissés d'un demi-ton, et donner ainsi une harmonie nouvelle, que l'oreille approuvait, Ex:

En alignant ensuite les notes de ces deux accords comme nous venons de le faire avec les accords précédents pour la gamme majeure, on obtient la gamme mineure telle que je l'ai donnée au commencement de ce chapitre, Ex:

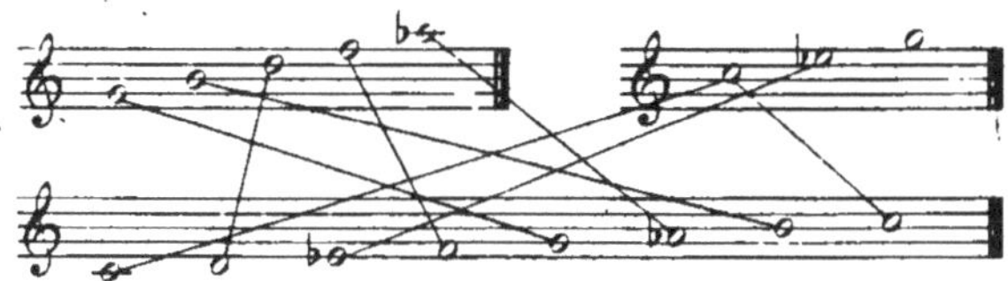

Telle a dû être l'origine de la Gamme majeure et de la Gamme mineure, ou du moins c'est ainsi que je la définis. Peu m'importe que le hazard seul ait présidé à la formation de ces gammes; les plus belles découvertes se font souvent à l'insu des hommes, mais c'est aux maîtres ensuite de les analyser, afin de faire connaître leur origine, leur véritable nature, et de les rendre ainsi impérissables.

J'ai souvent donné ces explications dans les Cours d'harmonie que je fais au Conservatoire; je les ai consignées dans un Ouvrage important dont une partie est déja gravée. J'en ai parlé dans ce traité élémentaire, parcequ'il sera bientôt terminé et publié. Ce qu'on dit en public se répand avec une extrême rapidité; et l'on perd ainsi le fruit de ses études et de ses méditations; le bonheur va toujours aux plus adroits et rarement aux plus forts.

EXAMEN.

Comment fait-on la Gamme majeure?

Comment fait-on la Gamme mineure?

Il existe sans doute des Gammes de fantaisie?

D'où a-t-on tiré la Gamme majeure et ensuite la Gamme mineure?

CHAPITRE XIII.

CONTINUATION DU CHAPITRE 10me

POUR L'ANALYSE DES INTERVALLES *DIMINUÉS, MINEURS ET AUGMENTÉS.*

DE LA SIXTE DIMINUÉE.

INSTRUCTIONS.

La Sixte diminuée se compose de deux tons et trois demi-tons; elle est le renversement de la Tierce augmentée; c'est un intervalle rarement employé. Tout ce que nous avons dit pour la Tierce augmentée peut s'appliquer à la Sixte diminuée. Un accord ne peut produire un bon effet que si les notes qui le composent appartiennent à une même gamme; or dans une Sixte diminuée comme dans une Tierce augmentée les deux notes qui forment cet intervalle appartiennent à deux gammes différentes. Voilà pourquoi la Sixte diminuée, dont l'effet est presque toujours discordant, ne peut s'employer que très passagèrement.

CONSEILS.

On fera pour l'étude de cet intervalle ce qu'on a fait pour la Tierce augmentée; on exigera que l'élève dise le nom des notes, lorsqu'il cherchera la Sixte diminuée sur le Piano; nous faisons cette recommandation, parcequ'il est très facile de prendre une Quinte parfaite pour une Sixte diminuée, Ex:

Sixte diminuée.

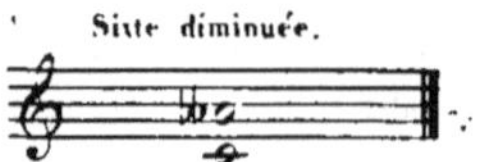

Quinte parfaite.

Sur le Piano, ces deux intervalles se font avec les mêmes touches, mais ils ne peuvent s'employer indifféremment l'un pour l'autre. Cette Sixte est si rare qu'on n'en trouve presque pas d'exemple; la voici, frappée très passagèrement, dans un exemple que j'emprunte à peu près à la Tierce augmentée, et dont je renverse les deux parties.

EXERCICES.

On n'étudiera cet intervalle que des trois manières suivantes:

1º *Verbalement:* Quelle est la Sixte diminuée de *Fa* ♯?

2º *Sur le papier:* Écrivez une Sixte diminuée en partant de *Sol* ♯.

3º *Sur le Piano:* Faites la Sixte diminuée de *Ré* ♯, en disant tout haut le nom des deux notes.

EXAMEN.

De combien de tons et de demi-tons se compose la Sixte diminuée?

Quel rapport a-t-elle avec la Tierce augmentée?

Se sert-on souvent de la Sixte diminuée dans l'harmonie?

Quelle différence trouve-t-on entre la Quinte parfaite et la Sixte diminuée qui se font avec les mêmes touches sur le Piano?

N'est-il pas prudent de ne pas trop prolonger la Sixte diminuée lorsqu'on la frappe?

DE LA SIXTE MINEURE.

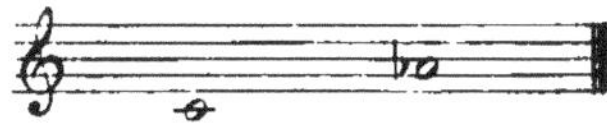

INSTRUCTIONS.

La Sixte mineure est le renversement de la Tierce majeure; elle en a toutes les qualités; c'est un intervalle très harmonieux et fréquemment employé; elle est composée de trois tons et deux demi-tons.

CONSEILS.

Il faut étudier cet intervalle avec beaucoup de soin. La Sixte mineure n'a pas toujours le même caractère; ainsi *Sol Mi* ♭ ont une expression de mélancolie, de tristesse dans la gamme d'*Ut* mineur, tandis qu'ils sont d'un effet joyeux ou brillant dans la gamme de *Mi* ♭, Ex:

Ces deux Exemples suffisent pour nous faire comprendre comment un même intervalle peut avoir plusieurs caractères, et différer d'expression suivant le ton dans lequel on le fait entendre.

EXERCICES.

1° *Verbalement:* Quelle est la Sixte mineure de *Fa?*

2° *Sur le papier:* Écrivez la Sixte mineure de *Sol.*

3° *Sur le Piano:* Frappez la Sixte mineure de *Ré.*

4° *Sur le Piano, sans le regarder:* L'élève doit reconnaître les Sixtes mineures que le Maître frappera de temps en temps au milieu d'autres intervalles; il les désignera d'abord simplement, ensuite, après les avoir désignées, il nommera leurs notes, et les accidents dont ces notes peuvent être précédées.

EXAMEN.

Quelle est l'étendue de la Sixte mineure?

Quel rapport a-t-elle avec la Tierce majeure?

Quel est l'effet de la Sixte mineure?

Cet effet peut-il différer, suivant le ton dans lequel on est?

Quelle différence y a-t-il entre la Sixte mineure et la Quinte augmentée qui se font avec les mêmes touches sur le Piano?

DE LA SIXTE AUGMENTÉE.

INSTRUCTIONS.

La Sixte augmentée est composée de cinq tons; elle est le renversement de la tierce diminuée; elle se fait par conséquent dans la même gamme mineure avec les mêmes notes qui servent à former la tierce diminuée; ses deux notes appartiennent toujours à deux gammes différentes, et produisent à cause de cela un effet dur, mais qui peut devenir ici très dramatique lorsqu'il est bien amené.

La Sixte augmentée se fait dans une gamme mineure avec le 6me degré et puis le 4me qu'on hausse accidentellement d'un demi-ton, Ex:

La Sixte augmentée est souvent employée; on dit dans les écoles que la tierce diminuée ne doit pas se faire parceque ses deux notes, étant très rapprochées, produisent un effet trop dur, tandis que la Sixte augmentée, qui n'en est pourtant que le renversement, donne un effet plus beau et plus dramatique, à cause du plus grand éloignement de ses deux notes. La Sixte est en effet plus grande que la tierce, Ex:

L'agrandissement qu'on ferait de ces intervalles, d'après la manière suivante, ne modifierait pas ce que nous venons de dire sur leur effet, Ex:

Nous avons toujours une Tierce diminuée et une Sixte augmentée. Pour les yeux la Tierce suivante parait plus grande que la Sixte qui vient après, Ex:

Mais il n'en est rien; car il ne faut que trois degrés pour la Tierce, tandis que la Sixte en exige cinq. L'oreille ne se trompe pas sur le véritable effet de ces intervalles, quelque position qu'on donne aux deux notes dont ils sont formés.

Les modernes emploient quelquefois la Tierce diminuée, mais ils sont blâmés par ceux qui ne dédaignent pas la pureté du style.

J'engage le Maître à faire en sorte que l'élève, lorsqu'il devra répondre sans regarder le Piano, n'entende pas la Septième mineure pour la Sixte augmentée; c'est ce qui arriverait infailliblement si on ne formait pas la Sixte augmentée avec les notes qui lui conviennent dans la gamme mineure. En jouant les deux Exemples suivants, on n'aura pas de peine à reconnaître la Sixte augmentée dans le premier, et la Septième mineure dans le second; quoique ces deux intervalles se fassent ici avec les mêmes touches sur le Piano, leur effet est bien différent, Ex:

Les intervalles *Mi♭, Ut ♯*, et *Mi♭, Ré♭*, pourraient s'écrire sur le papier de la même manière, comme ils se font sur le Piano avec les mêmes touches; mais l'effet en serait toujours différent, ainsi qu'on peut s'en convaincre en jouant ces deux exemples sur le Piano. On comprendra donc combien il est important, lorsqu'on veut donner à l'élève une idée précise du caractère de la Sixte augmentée, de faire entendre cet intervalle dans le ton où il se trouve naturellement.

CONSEILS.

Il faut étudier la Sixte augmentée longtemps et avec soin. On l'emploie si fréquemment aujourd'hui, elle s'applique à tant d'accords différents, et son effet du reste est si dramatique, qu'il est utile de la bien connaître.

EXERCICES.

1.º *Verbalement:* Quelle est la Sixte augmentée de *Si* b?
2.º *Sur le papier:* Ecrivez la Sixte augmentée de *Fa*.
3.º *Sur le Piano:* Frappez la Sixte augmentée de *Ré* b.
4.º *Sur le Piano, sans regarder:* Quel est cet intervalle? dites le nom des notes dont il est composé, et celui des accidents dont ces notes peuvent être précédées.

Remarque: Il ne faut pas, dans ce dernier cas, jouer trop vîte les intervalles que l'élève doit nommer par la seule audition.

EXAMEN.

De combien de tons ou de demi-tons se compose la Sixte augmentée?

Quel rapport a-t-elle avec la Tierce diminuée?

Les deux notes qui forment la Sixte augmentée appartiennent-elles à la même gamme?

La Sixte augmentée, bien employée, peut-elle produire un effet dramatique?

Quelles sont les notes de la gamme mineure qui servent à former la Sixte augmentée?

D'où vient qu'on emploie la Sixte augmentée de préférence à la Tierce diminuée?

Ne pourrait-on pas donner à la Tierce diminuée autant d'étendue qu'à la Sixte augmentée?

DE LA SEPTIÈME DIMINUÉE.

INSTRUCTIONS.

La Septième diminuée est composée de trois tons et trois demi-tons; elle est le renversement de la Seconde augmentée dont elle prend aussi le caractère. Ce que nous avons dit pour la Seconde augmentée peut s'appliquer à la Septième diminuée. Ces deux intervalles sont très fréquemment employés dans l'harmonie; ils ont, suivant la volonté du Compositeur, un caractère triste et calme, ou fougueux et passionné, tandis que la Sixte augmentée est presque toujours forte et d'un effet déchirant.

CONSEILS.

Le Maître, lorsqu'il frappera la Septième diminuée sur le Piano, lui donnera sa résolution naturelle, en faisant monter d'un demi-ton la note inférieure, tandis que la note supérieure descendra aussi d'un demi-ton. Il faut habituer l'élève à reconnaître non seulement les intervalles, mais encore à entendre leur marche naturelle sur d'autres intervalles qui les suivent. On aura soin surtout de ne pas confondre la Septième diminuée avec la Sixte majeure, dont les deux notes se font avec les mêmes touches sur le Piano. Ex:

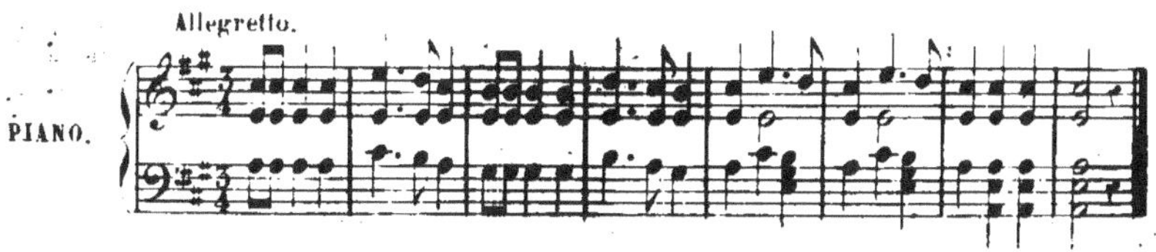

Dans le premier exemple, la Sixte majeure, *Mi Ut♯*, se fait avec les mêmes touches du Piano que la Septième diminuée, *Mi♮ Ré♭* du second exemple, et cependant leur effet est bien différent.

EXERCICES.

1º *Verbalement:* Quelle est la Septième diminuée de *Sol♯*?

2º *Sur le papier:* Écrivez la Septième diminuée de *Fa♭*.

3º *Sur le Piano:* Frappez la Septième diminuée de *Ré♭*.

4º *Sur le Piano, sans le regarder:* Quel est cet intervalle; dites le nom de ses deux notes, et désignez les accidents dont ces notes peuvent être précédées.

Remarque: On comprend qu'il serait impossible de reconnaître quelquefois la présence des accidents, si le ton n'était bien déterminé d'avance; ainsi cet intervalle,*Si Fa*,devrait être représenté par *Si Mi♯* en *Fa♯*; L'élève serait donc fort embarrassé de répondre, si le Maître n'avait préalablement bien établi le ton.

EXAMEN.

De combien de tons et de demi-tons la Septième diminuée se compose-t-elle?

Quel rapport a-t-elle avec la Seconde augmentée?

La Septième diminuée est-elle souvent employée dans l'harmonie?

Quel est son caractère?

En quoi diffère-t-elle de la Sixte augmentée?

Quelle différence y a-t-il entre la Septième diminuée et la Sixte majeure?

DE LA SEPTIÈME MINEURE.

INSTRUCTIONS.

La Septième mineure est composée de quatre tons et deux demi-tons; elle est le renversement de la Seconde majeure, et se traite de la même manière. La Septième mineure comme la Seconde majeure est fréquemment employée dans l'harmonie, mais son effet diffère suivant la manière dont elle est amenée; elle prend divers caractères; elle est douce, harmonieuse et naturelle, lorsqu'elle se fait avec la dominante et la sous-dominante; en *Ut* se serait *Sol Fa*; elle prend une autre expression quand on la forme avec les autres notes de la gamme, comme *Mi Ré*, ou *La Sol* dans la gamme d'*Ut*; dans ces derniers cas, il faut prendre des précautions pour l'employer, Ex:

CONSEILS.

L'élève devra reconnaître toutes les Septièmes mineures que j'ai employées dans ces exemples. On sait que par les mots *précautions à prendre pour employer certaines Septièmes mineures*, je veux parler de la *préparation* des dissonances que j'expliquerai plus tard à l'élève. La Septième mineure étant fréquemment employée dans l'harmonie, il faudra l'étudier avec soin.

EXERCICES.

1º *Verbalement:* Quelle est la Septième mineure de *Fa?*

2º *Sur le papier:* Écrivez la Septième mineure de *Sol.*

3º *Sur le Piano:* Frappez la Septième mineure de *Ré.*

4º *Sur le Piano, sans le regarder:* Quel est cet intervalle? dites le nom des notes, et des accidents dont ces notes peuvent être précédées.

EXAMEN.

De combien de tons et de demi-tons se compose la Septième mineure?

De quel intervalle est-elle le renversement?

Quel rapport a-t-elle avec la Seconde majeure?

La Septième mineure conserve-t-elle toujours le même caractère?

RÉCAPITULATIONS.

On reprendra:

1º L'examen qu'on a fait sur les Quartes, les Quintes, et les Consonnances parfaites.

2º L'examen qui a été fait sur la Gamme mineure et les modes.

3º L'examen pour l'analyse des Intervalles diminués, mineurs et augmentés.

4º L'examen sur la Sixte diminuée, mineure et augmentée.

5º L'examen sur la Septième diminuée et mineure.

CHAPITRE XIV.

DES TROIS GENRES EN MUSIQUE,

LE DIATONIQUE, LE CHROMATIQUE, ET L'ENHARMONIQUE.

EXPLICATIONS.

Avant de parler de la Seconde diminuée et de la Septième augmentée, qui sont des intervalles enharmoniques, je dois expliquer à l'élève ce qu'on entend par les mots *diatonique, chromatique et enharmonique*

DU DIATONIQUE.

Les tons et les demi-tons, dont la Gamme naturelle est formée, appartiennent au genre diatonique. Ainsi les tons et les demi-tons qu'on trouve dans la gamme d'*Ut* majeur, de *La* majeur, de *Ré* majeur, de *Fa* majeur, &. sont tous du genre diatonique.

DU CHROMATIQUE.

Lorsqu'on altère une même note soit en montant, *Ut, Ut ♯*, soit en descendant *Ré, Ré♭*, on fait le genre chromatique.

DE L'ENHARMONIQUE.

Deux notes écrites d'une manière différente, et portant un nom qui n'est pas le même, mais qui, au moyen des accidents dont elles sont précédées, se font avec la même touche sur le Piano, comme *Ré♯* et *Mi♭*, appartiennent au genre enharmonique.

OBSERVATIONS.

Le mot diatonique veut dire sans doute, dans l'esprit des musiciens, tons et demi-tons qui passent à travers le *ton*, la *tonalité*, à travers le ton de la gamme naturelle, et par conséquent tons et demi-tons diatoniques ou naturels.

Le genre chromatique se fait, avons-nous dit, en altérant une même note par un ♯, un ♭, ou un ♮. Ainsi *Ut* et *Ut♯*, *Fa* et *Fa♯*, *Si* et *Si♭*, *Ré* et *Ré♭*, appartiennent au genre chromatique. Il serait difficile de dire, lorsqu'on est en *Ut* majeur, par exemple, à quel genre appartiennent *Ut♯* et *Ré*, *Fa♯* et *Sol*. Ce n'est pas certainement au genre diatonique, puisqu'il y a un *Ut♯* et un *Fa♯*; Ce n'est pas non plus tout à fait au genre chromatique, puisqu'il y a deux notes différentes, tandis que le genre chromatique se fait en altérant une même note par un des trois accidents musicaux; c'est ce que j'ai appelé *genre mixte* dans ma *Panharmonie musicale*.

La gamme nommée vulgairement *Gamme Chromatique*, étant formée par des intervalles appartenant aux genres diatonique, chromatique et mixte, serait mieux désignée sous le nom de *Gamme par demi-tons*; c'est ce que j'ai fait observer dans ma Panharmonie. On écrit ordinairement avec des ♯ ou des ♮ la gamme qui monte par demi-tons, et par des ♭ ou des ♮ celle qui descend par demi-tons, parceque les ♯ haussent les notes, tandis que les ♭ les baissent. On sait que le ♮ fait monter ou descendre les notes d'un demi-ton, suivant le ton où l'on est.

DU QUART DE TON.

La Seconde diminuée, comme *Ut* et *Ré♭♭*, et la Septième augmentée, comme *Ut* et *Si♯*, sont des intervalles enharmoniques, car sur le Piano, *Ut* et *Ré♭♭* se font avec les mêmes touches, et *Ut* et *Si♯* représentent l'octave, c'est-à-dire l'unisson renversé. Il y a cependant dans la Seconde diminuée un Quart de ton qu'on peut rendre sensible à l'oreille avec un Violoncelle surtout. Il y a aussi entre la Septième augmentée *Ut* et *Si♯*, et l'octave *Ut* et *Ut*, la différence d'un Quart de ton. Nous verrons que ces Quarts de ton, ou, plutôt, que ces intervalles enharmoniques servent à faire les modulations dans les tons éloignés.

On dit que nos oreilles ne savent pas apprécier le Quart de ton; c'est pourquoi l'on ne s'en occupe point dans l'harmonie; les Joueurs seuls d'instruments font servir les Quarts de ton à l'expression de leur jeu. Mais il suffit, pour faire les transitions enharmoniques dans l'harmonie, de se servir de la Seconde diminuée ou de la Septième augmentée.

Nous avons vu que pour former la Gamme mineure on baissait d'un demi-ton le troisième et le sixième degrés de la gamme majeure; je ne crois pas que cette Médiante et cette Sus-dominante de la gamme mineure puissent être regardées comme appartenant au genre diatonique: en *Ut* majeur, on baisse par un ♭ le troisième et le sixième degrés pour former la gamme mineure, et l'on emploie dès-lors le genre Chromatique. Telle est mon opinion sur les deux notes altérées par lesquelles on transforme le mode majeur en mode mineur.

La Gamme mineure une fois réglée et acceptée, on peut, jusqu'à un certain point, regarder le 3me et le 4me degrés ainsi altérés comme des intervalles naturels de la gamme mineure et les faire appartenir au genre diatonique; mais ce serait alors de pure convention.

EXAMEN.

Combien y a-t-il de genres en musique?

Comment fait-on le genre Diatonique, le genre Chromatique et le genre Enharmonique?

Faut-il dire gamme Chromatique, ou bien gamme par demi-tons? Pourquoi?

Que pourrait-on appeler genre Mixte?

Comment écrit-on la gamme qui monte par demi-tons, et celle qui descend aussi par demi-tons?

Quel est l'intervalle composé d'un Quart de ton?

Le Quart de ton est-il appréciable par l'oreille?

Les instrumentistes peuvent-ils nous faire sentir un Quart de ton sur leur instrument?

S'occupe-t-on du Quart de ton dans l'harmonie?

Le Quart de ton peut-il servir à faire certaines modulations?

Le 3me et le 4me degrés, qu'on a baissés d'un demi-ton pour former la gamme mineure, doivent-ils appartenir au genre Diatonique, ou au genre Chromatique?

CHAPITRE XV.

CONTINUATION DES CHAPITRES 10 ET 13,

POUR L'ANALYSE DE LA SECONDE DIMINUÉE ET DE LA SEPTIÈME AUGMENTÉE.

DE LA SECONDE DIMINUÉE.

INSTRUCTIONS.

La Seconde diminuée est composée d'un Quart de ton; nous avons dit que ce quart de ton n'était pas employé dans la pratique de l'harmonie, et ne pouvait pas se faire sentir sur le Piano. D'après cela, dans l'harmonie, la Seconde augmentée peut représenter simplement l'unisson; et n'a, parconséquent, aucune expression harmonique par elle même. Ce n'est pas un intervalle que l'oreille puisse distinguer d'un autre, c'est un simple unisson sur le Piano.

CONSEILS.

On pourrait appliquer à cet intervalle ce que nous avons dit sur l'unisson, aujourd'hui surtout que le Piano semble être le Régulateur de nos compositions musicales.

Il sera donc inutile d'étudier la Seconde diminuée sur le Piano, puisque ses deux notes se font avec la même touche.

EXERCICES.

1º *De vive voix*: Quelle est la Seconde diminuée de *Fa* ♯?

2º *Sur le papier*: Écrivez la Seconde diminuée de *Sol* ♯.

EXAMEN.

Quel est l'intervalle qui sépare les deux notes qui forment la Seconde diminuée?

A-t-on égard au quart de ton dans la pratique de l'harmonie?

La Seconde diminuée se fait-elle avec deux touches différentes sur le Piano?

Quel intervalle la Seconde diminuée représente-t-elle dans l'harmonie?

La Seconde diminuée a-t-elle une expression harmonique?

DE LA SEPTIÈME AUGMENTÉE.

INSTRUCTIONS.

La Septième augmentée est composée de Six tons, elle est le renversement de la Seconde diminuée, elle n'a par elle même aucune expression harmonique; la Seconde diminuée se confond avec l'unisson sur le Piano, la Septième augmenteé se confond avec l'octave qui n'est que le renversement de l'unisson; je viens de dire que la Septième augmentée n'avait pas d'expression harmonique par elle même, cependant elle est à la Seconde diminuée ce que l'octave est à l'unisson; la distance des deux intervalles qui la composent forment une certaine harmonie que n'a point la Seconde diminuée. On sait qu'une octave a plus de plénitude, de variété qu'un unisson; il en est de même de la Septième augmentée qui offre plus de variété que la Seconde diminuée. Il n'est pas possible d'étudier cet intervalle sur le Piano.

CONSEILS.

J'engage le Maître, pour bien faire comprendre à son élève le caractère et l'emploi de cet intervalle, à composer quelques phrases musicales, dans lesquelles il devra employer la Seconde diminuée et la Septième augmentée; il jouera quelques uns de ces exemples sur le Piano, il écrira les autres. Il faut savoir que l'effet produit par les transitions, qu'on fait avec la Seconde diminuée et la Septième augmentée, provient du changement de gamme et non de l'emploi du Quart de ton; Ex:

EXERCICES.

1º *De vive voix:* Quelle est la Septième augmentée de *La* ♭?

2º *Sur le papier:* Écrivez la Septième augmentée de *Mi* ♭.

EXAMEN.

De combien de tons la Septième augmentée se compose-t-elle?

De quel intervalle est-elle le renversement?

Avec quel autre intervalle se confond-elle sur le Piano?

Peut-il y avoir une certaine différence pour l'effet harmonique entre la Seconde mineure et la Septième augmentée?

Pourrait-on sans regarder le Piano, et à la simple audition parconséquent, distinguer une Septième augmentée d'une Octave, en supposant que ces deux intervalles fussent frappés isolément, sans être précédés par d'autres intervalles, de cette manière:

CHAPITRE XVI.

DES INTERVALLES REDOUBLÉS. DE LA NEUVIÈME MAJEURE ET MINEURE; DE LA ONZIÈME TONIQUE ET DE LA TREIZIÈME TONIQUE.

DES INTERVALLES REDOUBLÉS.

INSTRUCTIONS.

Les intervalles, qui dépassent l'Octave, ont été appelés *Intervalles Redoublés*. Ces intervalles n'ont pas d'autres qualités et ne sont pas soumis à d'autres règles que ceux qu'ils redoublent. Ainsi la Tierce et la double Tierce, qui devient une dixième suivent en tout les mêmes règles. Ce que nous disons pour la Tierce s'applique à tous les autres intervalles quand ils sont redoublés.

Autrefois chaque intervalle redoublé était soumis à de nouvelles règles; j'ai simplifié beaucoup l'étude de l'harmonie en enseignant dans ma *Panharmonie musicale*, que les intervalles redoublés étaient soumis absolument aux mêmes règles que les intervalles simples; j'exceptais seulement la Neuvième dans l'accord qui porte son nom. Les traités anciens parlent encore de la onzième et de la treizième toniques, qu'ils ne veulent pas confondre avec la simple Quarte et la simple Sixte. J'expliquerai plus loin cette opinion des Maîtres anciens, quand je parlerai de la Pédale; jusque là nous traiterons la onzième comme la Quarte, et la treizième comme la Sixte. Quant à la Neuvième, nous en parlerons d'une manière particulière, parcequ'elle peut constituer un intervalle harmonique à part, qui a d'autres règles que la Seconde majeure ou mineure, dont la Neuvième n'est pourtant que le redoublement.

DE LA NEUVIÈME MAJEURE.

INSTRUCTIONS.

La Neuvième majeure, telle qu'on l'emploie dans l'accord de ce nom, n'est pas regardée comme une double seconde. C'est un intervalle primitif, unique, qui n'a point de renversement. On pourrait dire que la Neuvième majeure est composée de Six tons et Deux demi-tons. Nous verrons plus tard que la Neuvième, lorsqu'elle est employée comme accord, ne se place que sur la dominante, tandis qu'elle peut se faire sur d'autres notes de la gamme lorsqu'on l'emploie comme *Suspension*. (J'expliquerai plus tard ce qu'on entend par le mot Suspension.)

La Neuvième majeure n'a pas toujours le même caractère, selon qu'elle est employée sur la dominante de la gamme majeure, et sur d'autres notes de la gamme majeure et mineure. Je vais donner un exemple musical, dans lequel je placerai plusieurs intervalles de Neuvièmes: l'élève devra les chercher:

58

J'ai dit que la Neuvième, lorsqu'elle était une Neuvième dominante, ou une Suspension de Neuvième, ne pouvait être regardée comme le redoublement de la Seconde. Cette Neuvième est une espèce d'intervalle simple, primitif, qui n'a pas de renversement, car il deviendrait alors une Seconde; mais qui peut s'agrandir à volonté et se changer par conséquent en double et triple Neuvièmes, en conservant ses mêmes qualités, Ex:

On peut encore employer la Neuvième comme note accidentelle. (J'expliquerai plus tard aussi quelle différence il y a entre les *notes réelles* de l'harmonie et les *notes accidentelles*. Mon intention, en donnant ces exemples musicaux, est de mieux faire comprendre au Maître de quelle manière on doit guider l'élève.) Voici un exemple de ces Neuvièmes accidentelles:

CONSEILS.

Le moyen le plus sûr de bien guider l'élève, c'est de composer sur le papier ou d'improviser sur le Piano des exemples dans le genre de ceux qui précèdent, et d'exiger avec la plus grande sévérité que ses réponses soient exactes et promptes. On peut aussi, de temps en temps, ne lui faire entendre que la Neuvième isolée; puis, lorsque son oreille la reconnaît facilement, on accompagne cette Neuvième avec les intervalles qui lui conviennent, afin qu'il s'habitue aussi à l'harmonie qui doit accompagner cet intervalle.

EXERCICES.

1º *Verbalement:* Quelle est la Neuvième majeure de *Fa?*
2º *Sur le papier:* Écrivez la Neuvième majeure de *La.*
3º *Sur le Piano:* Frappez la Neuvième majeure de *Si.*
4º *Sur le Piano, sans regarder:* Quel est cet intervalle? nommez les accidents dont je me sers pour le former.
Remarque: On ne doit pas oublier, lorsque l'élève ne regarde pas le Piano, de bien déterminer le ton dans lequel on joue, afin qu'on entende distinctement les accidents qu'on fait survenir pour le 4ᵐᵉ exercice, on frappera d'abord plusieurs intervalles, sans les accompagner d'aucune harmonie; lorsque l'élève reconnaîtra facilement la Neuvième majeure, on improvisera des exemples dans le genre des deux précédents. Je recommande encore au Maître de n'abandonner chacun de ces exercices que lorsqu'il sera bien sû par l'élève.

EXAMEN.

Regarde-t-on la Neuvième majeure comme une double Seconde?

Peut-on renverser la Neuvième majeure?

De combien de tons et de demi-tons la Neuvième majeure est-elle composée?

La Neuvième majeure a-t-elle toujours le même caractère?

Quelle différence y a-t-il entre la Neuvième Simple et les Neuvièmes Redoublées?

Conservent-elles les mêmes qualités?

DE LA NEUVIÈME MINEURE.

INSTRUCTIONS.

La Neuvième mineure est composée de cinq tons et trois demi-tons; elle prend le nom de *Neuvième dominante mineure*, lorsqu'on la place sur la dominante de la gamme; dans ce cas, elle se fait dans le mode mineur; les autres Neuvièmes qui dérivent des suspensions, se font dans le mode majeur comme dans le mode mineur.

Parmi les Neuvièmes, celles qu'on place sur la dominante des deux modes sont les seules qui puissent former accord; toutes les autres sont des notes accidentelles, ainsi que nous le verrons plus tard.

Digression nécessaire: Je puis facilement, avant d'arriver au Chapitre qui traitera des notes accidentelles, faire comprendre à peu près à l'élève quelle différence il y a entre les *notes réelles* et les *notes accidentelles*.

L'agrégation de certains intervalles forme des accords approuvés par le sentiment musical; ainsi, *Ut Mi Sol* composent un accord très harmonieux. Si dans les accompagnements ou dans la mélodie prédominante je fais entendre un *Ré*, ou un *La*, par exemple pendant que l'accord *Ut Mi Sol* dure encore, ce *Ré* et ce *La* seront des notes étrangères à cet accord d'*Ut Mi Sol*, et parconséquent des notes *accidentelles*, tandis que les trois notes *Ut Mi Sol* seront des notes *réelles*. Ex:

PIANO.

Ainsi les notes des accords sont appelées *notes réelles*; les notes étrangères aux accords sont nommées *notes accidentelles*.

Une *Suspension* est aussi une note accidentelle; lorsqu'on prolonge une note d'un accord sur l'accord suivant on fait une note accidentelle appelée *Suspension*, Ex:

Dans le second exemple, l'*Ut* frappé à la seconde mesure est une note *accidentelle*, puisqu'il est étranger à l'accord *Ré Fa Si*.

On voit que dans l'harmonie, le mot *Suspension* veut dire prolongation d'une note d'un accord déjà entendu sur l'accord qui suit immédiatement. Ainsi, dans le second exemple ci-dessus, le second *Ut* est bien une suspension du premier. Je reviens à la Neuvième mineure.

Tout ce que nous avons dit pour la Neuvième majeure peut s'appliquer à la Neuvième mineure. Ainsi la Neuvième mineure ne peut pas être regardée comme un Renversement de la Seconde majeure. C'est au contraire un intervalle qui s'appartient uniquement; il ne peut pas se renverser, parcequ'il donnerait alors une Seconde, et il perdrait son individualité sans laquelle il n'existerait pas; mais, à l'exemple de la Neuvième majeure, il peut s'agrandir à volonté, et conserver les mêmes qualités, Ex:

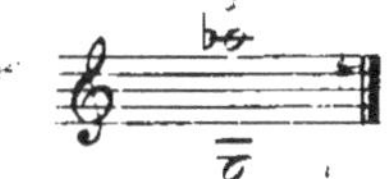

Dans l'harmonie, ainsi que nous le verrons, la *Seconde* prend souvent la forme d'une *Neuvième*, Ex:

Dans ce cas, lorsque la note inférieure de la Neuvième descend d'un ton ou d'un demi-ton, c'est une Seconde redoublée, élargie jusqu'à l'intervalle de Neuvième; mais lorsque c'est la note supérieure de la Neuvième qui descend, comme dans le second exemple donné ci-dessus, c'est une Neuvième véritable.

Je ne crois pas qu'il soit possible d'expliquer plus brièvement ce phénomène harmonique, pour que l'élève sache distinguer de suite une double Seconde d'une véritable Neuvième, avant de lui avoir fait connaître les règles des Suspensions et des accords de Neuvièmes.

La Neuvième mineure est plus dure que la Neuvième majeure; elle est rarement employée comme accord; en général les intervalles de Neuvièmes sont plus souvent usités comme notes accidentelles; ils produisent alors un meilleur effet.

CONSEILS.

Le Maître aura soin, lorsqu'on en sera au N.º 4 des exercices, de faire résoudre régulièrement les doubles Secondes et les Neuvièmes qu'il frappera, afin que l'élève puisse les reconnaître d'après les explications que je viens de lui donner. Si on fait entendre ces intervalles séparement, ils devront alors être regardés comme des Neuvièmes, parcequ'il est impossible de distinguer une double Seconde d'une Neuvième, si on n'est pas aidé par l'harmonie.

EXERCICES.

1º *Verbalement:* Quelle est la Neuvième mineure de *Ré?*

2º *Sur le papier:* Écrivez la Neuvième mineure de *La.*

3º *Sur le Piano:* Faites entendre la Neuvième mineure de *Si.*

4º *Sur le Piano, sans le regarder:* Quel est cet intervalle? nommez les accidents dont les notes qui le composent peuvent être précédées.

Remarque: Pour ce quatrième exercice on frappera d'abord des Neuvièmes isolées, Ex:

On mêlera à ces Neuvièmes d'autres intervalles, afin que l'élève apprenne à distinguer facilement la Neuvième mineure.

Le Maître improvisera ensuite sur le Piano, ou bien préparera d'avance des morceaux dans lesquels il placera plusieurs neuvièmes. L'élève devra reconnaître ces Neuvièmes sans regarder le Piano, Ex:

On trouvera dans mes *Partimenti, ou Traité de l'accompagnement pratique au Piano*, aux Pages 180 jusqu'à 200, des marches harmoniques qui renferment à peu près tous les intervalles que nous venons d'analyser; le Maître pourra s'en servir pour le N.º 4 des exercices que nous faisons pour chacun de ces intervalles.

EXAMEN.

De combien de tons et de demi-tons la Neuvième mineure se compose-t-elle?

Dans quel cas l'appelle-t-on Neuvième dominante mineure?

Dans quel Mode place-t-on la Neuvième dominante mineure?

Les Neuvièmes qui dérivent des Suspensions peuvent-elles se faire dans les deux modes?

Dans quel cas les Neuvièmes mineures sont-elles notes réelles des accords ou notes accidentelles?

Qu'appelle-t-on notes réelles et notes accidentelles? qu'appelle-t-on Suspensions?

Quelle différence y a-t-il entre une double Seconde et une Neuvième?

Y a-t-il une différence d'effet entre la Neuvième majeure et la Neuvième mineure?

Les Neuvièmes sont-elles plus usitées comme notes réelles ou comme notes accidentelles?

RÉCAPITULATIONS.

Avant de passer au second livre de cet Ouvrage, on fera un examen général de tout ce qui précède, on analysera les exemples déja donnés, en désignant par leur nom tous les intervalles qu'ils renferment, et en rendant compte de ce qui les concerne pour leur étendue et leur effet. Le Maître jouera aussi ces exemples au Piano, et l'élève, sans regarder, devra nommer les intervalles sur lesquels il plaira au Maître de s'arrêter: puis, on passera au Livre suivant.

LIVRE SECOND.

ÉTUDE SPÉCIALE DES INTERVALLES MÉLODIQUES ET HARMONIQUES,

POUR APPRENDRE À CONNAITRE LEUR EMPLOI, ET LEUR EFFET DANS L'HARMONIE ET LA MÉLODIE.

CHAPITRE PREMIER.

DES ACCORDS.

INSTRUCTIONS.

Il me sera souvent plus facile d'expliquer la successions de certains intervalles au moyen des accords dont je vais parler; voilà pourquoi, dans ce livre second, qui doit traiter de l'étude spéciale des intervalles, je commence par l'analyse des accords.

ACCORDS NATURELS OU PRIMITIFS.

Accord de Dominante.

Accord de Septième dominante.

Accord de Neuvième dominante majeure.

Accord de Neuvième dominante mineure.

L'accord de Septième dominante est sans contredit le plus important de ces quatre accords, qui tous, du reste, ont la même origine et dérivent ici de la note *Sol*, frappée et soutenue sur un corps sonore, le Piano ou le Violoncelle par exemple.

L'accord de Neuvième majeure s'emploie rarement, même sans sa note fondamentale, car on peut retrancher à volonté certaines notes des accords.

L'accord de Neuvième mineure s'emploie souvent sans sa note fondamentale

L'accord de Septième dominante s'emploie aussi quelquefois sans sa fondamentale

On retranche rarement la fondamentale dans l'accord simple de dominante, Ex:

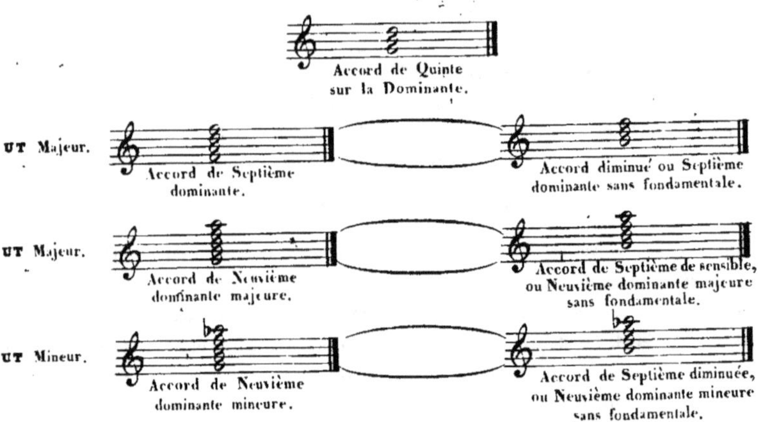

Les Cinq premiers accords veulent être suivis de l'accord d'*Ut*, *Mi*, *Sol*, les deux derniers, de celui d'*Ut*, *Mi♭*, *Sol*; Ex:

Cependant le premier peut être suivi aussi de l'accord *Ut*, *Mi♭*, *Sol*.

CONSEILS.

On transposera ces accords dans tous les tons, en leur donnant chaque fois le nom qui leur appartient. Nous reviendrons sur la constitution et la réalisation de ces accords, mais on ne saurait trop étudier ce qui sert d'élément à toute l'harmonie.

EXERCICES.

1° *Verbalement:* Quel est l'accord de *Dominante* en *Ré*, en *Fa*, en *Mi*, &?

Quel est l'accord de Septième dominante en *Si♭*, en *Ré♭*, en *Mi♭*, &?

Quel est l'accord de Neuvième *dominante majeure* en *La♭ majeur*, en *Si♭ majeur*, &?

Quel est l'accord de Neuvième *dominante mineure* en *Ré mineur*, en *Fa mineur*, &?

Quel est l'accord de *Septième dominante* sans fondamentale, ou *Accord diminué* en *Mi*, en *Fa*, en *Sol*, &?

Quel est l'accord de *Septième sensible* en *Fa majeur*, *Mi majeur*, &?

Quel est l'accord de *Septième diminuée* en *Ré mineur, Sol mineur, Sib mineur*, &?

2º *Sur le papier:* Écrivez tous ces accords sur le papier.

3º *Sur le Piano:* L'élève devra frapper chacun de ces accords sur le Piano, en répondant aux questions qui lui seront adressées par le Maître.

4º *Sur le Piano, sans le regarder:* Le Maître frappera ces accords sur le Piano, en ayant soin de bien déterminer le ton dans lequel il veut les faire entendre; l'élève devra les reconnaître et nommer le ton auxquels ils appartiendront.

EXAMEN.

Combien y a-t-il d'accords naturels ou primitifs?

Quel nom prennent ces accords lorsqu'on supprime leur note fondamentale?

Dites de quels intervalles se compose chacun de ces accords?

Quelle est leur résolution la plus naturelle?

EXPLICATIONS.

ACCORD DE QUINTE SUR LA DOMINANTE.

En **UT** Majeur ou Mineur. 

La Résolution la plus naturelle de cet accord doit se faire sur celui d'*Ut, Mi, Sol*, ou *Ut, Mib, Sol*. Le *Si* va sur l'*Ut*; le *Sol* et le *Ré* n'ont pas de marche déterminée vers l'une des notes *Ut Mi Sol*, on peut les faire résoudre à volonté sur l'une de ces 3 notes.

La note sensible, dans tous les accords où elle se rencontre, va naturellement sur la tonique, placée toujours un demi-ton audessus de cette note sensible.

On peut supprimer à volonté une des notes de cet accord dans la mélodie, Ex:

Il n'est pas nécessaire de présenter les notes de l'accord *Sol Si Ré* dans le même ordre; chacune de ses notes peut être placée à volonté audessous ou audessus des autres, Ex:

Je parle principalement ici des accords sous le rapport des intervalles mélodiques. Je puis dire, en passant, qu'on forme la mélodie en brisant les accords; Ainsi, avec *Ut Mi Sol*, on pourrait créer une foule de dessins mélodiques, Ex:

Nous savons déjà, et nous verrons encore plus tard, que le même intervalle mélodique produit des effets différents, suivant le ton, le mode, et aussi suivant les accords qu'on a choisis; de sorte que *Mi Sol* ou *Sol Mi*, provenant d'*Ut Mi Sol*, sont plus brillants que lorsqu'ils sont empruntés à l'accord *Mi Sol Si*, parceque *Ut Mi Sol*, accord majeur, est plus brillant que *Mi Sol Si*, accord mineur, ainsi qu'on peut s'en convaincre en les jouant tous les deux sur le Piano, Ex:

On voit, d'après ces exemples, combien il est important de connaître les accords dont nous devrons nécessairement parler, pour mieux faire apprécier les différentes physionomies des intervalles mélodiques. Il n'est pas encore absolument nécessaire de connaître à fond tout ce qui se rapporte à l'enchaînement harmonique de ces accords, car dans la mélodie on peut supprimer telle note qu'on veut d'un accord, et faire marcher les autres à volonté. Le plus important, surtout dans les études premières de l'harmonie, c'est, après un accord, de prendre les notes qui lui succèdent de la manière la plus régulière. Ainsi, après l'accord *Sol Si Ré*, en *Ut*, il est mieux de prendre *Ut Mi Sol*, que tout autre accord, on peut encore s'en convaincre au Piano, Ex:

Toutes ces successions d'accords sont bonnes, mais la première est la meilleure, parcequ'elle est la plus naturelle. Il en est de même en mineur, Ex:

Tous les accords peuvent se succéder, mais certaines successions sont plus naturelles que les autres, et c'est celles-là qu'il faut choisir.

CONSEILS.

L'élève arpègera cet accord dans tous les tons; il ne devra pas oublier qu'il renferme la note sensible, et que dans la mélodie on peut supprimer à volonté une de ses 3 notes. Il créera plusieurs dessins mélodiques, en arpégeant les trois notes de cet accord de différentes manières, et il recherchera avec soin quelle différence il y a entre les mêmes arpèges d'un même accord dans les différentes gammes où il se trouve.

EXERCICES.

1º *Verbalement:* En *Ré* majeur, sur quel accord doit-on faire aller *La, Ut ♯, Mi?* (Continuez ces questions.)

2º *Sur le papier:* En *Si* mineur, écrivez l'accord qui doit succéder à *Fa ♯, La ♯, Ut ♯.* (Continuez cet exercice.)

3º *Sur le Piano:* Je fais l'accord *Ré, Fa ♯, La,* en *Sol* mineur; frappez celui qui doit lui succéder.

4º *Sur le Piano, sans le regarder:* Je frappe, en *Mi♭* majeur, l'accord *Si♭, Ré, Fa.* Celui que je fais entendre après est-il bien l'accord qui devait lui succéder?

5º Arpègez sur le papier et sur le Piano l'accord de dominante dans différents tons.

EXAMEN.

Quelle est la Résolution la plus naturelle de l'accord de dominante?

Quelle est la marche la plus naturelle de la note sensible?

Peut-on, pour former la mélodie, supprimer telle note de l'accord que ce soit?

Un dessin mélodique produit-il absolument le même effet en l'accompagnant avec des accords différents?

Tous les accords peuvent-ils se succéder d'une manière arbitraire?

N'appelle-t-on pas *dessin mélodique* un arpégement d'accords formant un motif chantant?

CHAPITRE II.

ACCORDS DE TROIS SONS DANS LES DEUX GAMMES.

On peut placer un accord de trois sons sur toutes les notes de la gamme majeure, et aussi sur toutes celles de la gamme mineure, moins le troisième degré, Ex:

Je vais donner quelques détails rapides sur la marche naturelle de chacun de ces accords.

MODE MAJEUR.

ACCORD DE TROIS SONS DU PREMIER DEGRÉ.

Cet accord se compose d'une Tierce majeure et d'une Quinte parfaite: il est bien de le faire aller sur l'accord de *Sol, Si, Ré*, de *Fa La Ut*, ou de *La Ut Mi*, Ex:

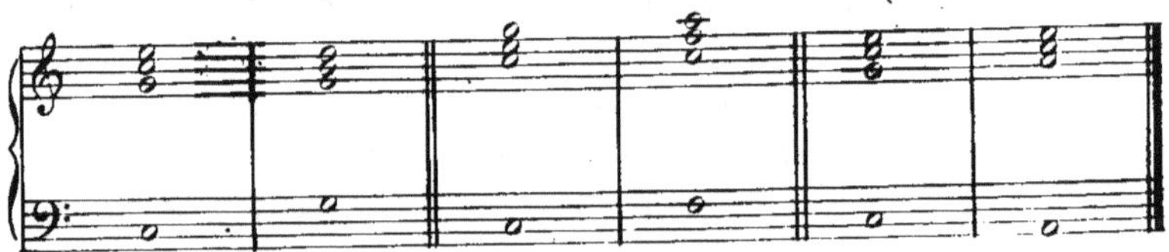

On peut aussi le faire suivre des accords *Ré Fa La* et *Mi Sol Si*, mais ces deux successions sont moins bonnes que les précédentes, Ex:

Nous avons vu que l'accord du Septième degré *Si Ré Fa*, dérivait de l'accord *Sol Si Ré Fa* dont on supprimait le *Sol*. Voilà pourquoi l'accord *Ut Mi Sol* fera sur celui de *Si Ré Fa* une aussi bonne résolution que sur l'accord *Sol Si Ré*, Ex:

ACCORD DE TROIS SONS DU SECOND DEGRÉ.

En **UT** Majeur.

Cet accord, dont la Tierce est mineure et la Quinte juste, se résout bien sur l'accord *Sol Si Ré*, ou *Si Ré Fa*. Sa marche sur les autres accords, quoique permise, est moins naturelle et parconséquent moins harmonieuse.

ACCORD DE TROIS SONS DU TROISIÈME DEGRÉ.

En **UT** Majeur.

Cet accord, dont la Tierce est encore mineure et la Quinte parfaite, s'emploie rarement en *Ut*. Sa Résolution la plus naturelle se fait sur l'accord d'*Ut Mi Sol* ou de *La Ut Mi*, et plus rarement sur celui de *Sol Si Ré*.

ACCORD DE TROIS SONS DU QUATRIÈME DEGRÉ.

En **UT** Majeur.

Cet accord, dont la Tierce est majeure et la Quinte parfaite, peut faire sa résolution de plusieurs manières; il va ordinairement sur l'accord de *Sol Si Ré*, Ex:

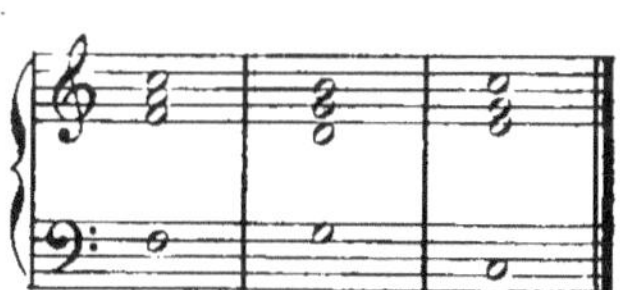

Ils se résout très bien encore sur l'accord d'*Ut Mi Sol*, Ex:

Il va souvent aussi sur l'accord de *Ré Fa La*, Ex:

Sa marche sur les autres accords de la gamme majeure est moins usitée, Ex:

Sa Résolution naturelle sur l'accord du 7.me degré, *Si Ré Fa*, est meilleure que les précédentes, Exemple:

(Nota.) Nous avons dit un peu plus haut que l'accord du 7.me degré *Si Ré Fa* n'était que celui de la Septième dominante dont on supprimait la fondamentale *Sol.* Or, si l'accord *Fa La Ut* se résout bien sur l'accord *Sol Si Ré*, il devra aussi faire une bonne résolution sur celui de *Si Ré Fa* qui a la même origine, Ex:

CONSEILS.

L'élève transposera ces accords dans tous les tons, en étudiant avec soin leurs meilleurs enchaînements; il se servira souvent du Piano.

EXERCICES.

1.º *Verbalement:* Quels sont les accords en *Ré* majeur, qui suivent le mieux l'accord *Ré Fa♯ La?*(Le Maître passera ainsi en revue les accords du 2.º 3.º et 4.º degrés, dans la gamme majeure.)

2.º *Sur le papier:* Je viens d'écrire l'accord *Sol Si♭ Ré,* en *Mi♭* majeur; faites maintenant les accords qui lui succèdent le mieux.(Le Maître continuera cet exercice et les suivants.)

3.º *Sur le Piano:* Frappez l'accord *Fa ♯, La ♯, Ut♯,* en *Mi* majeur; quels sont les accords qui lui succèdent le mieux: Jouez-les sur le Piano.

4.º *Sur le Piano, sans regarder:* Je prélude en *Sol* majeur; quel est l'accord que je frappe? nommez-le. Ces accords que je fais entendre sont-ils ceux qui lui succèdent le mieux? (Ayez soin de toujours bien déterminer le ton.)

EXAMEN.

De quels intervalles se composent les accords du 1.er 2.e 3.e et 4.e degrés?

Quel est leur meilleur enchaînement?

CHAPITRE III.

RENVERSEMENT DES ACCORDS.

Nous avons dit qu'une Tierce renversée devenait une Sixte, qu'une Quinte renversée devenait une Quarte, Ex:

La Tierce renversée devient, il est vrai, une Sixte, mais en conservant les mêmes notes, et à peu près le même effet; il en est de même entre la Quinte et la Quarte.

Ce que nous disons pour ces intervalles peut s'appliquer aux accords dont nous parlons. Les trois notes de l'accord *Ut Mi Sol* peuvent, dans la mélodie surtout, (et c'est ce qui nous occupe principalement ici,) se Renverser dans tous les sens, Ex:

Cet accord *Ut Mi Sol*, de quelque manière qu'on arrange ses trois notes, reste toujours l'accord *Ut Mi Sol*. Dans l'harmonie dont nous n'avons pas encore à nous occuper d'une manière spéciale, il n'est pas toujours indifférent de placer tel accord dans telle position que ce soit, mais dans la mélodie, on est libre de disposer les notes d'un accord de telle manière qu'on veut.

Ce que nous disons pour l'accord *Ut Mi Sol* s'applique à tous les autres accords.

EXAMEN.

Peut-on Renverser tous les accords?

Comment se font ces Renversements?

Est-on obligé de suivre des Règles fixes quand on renverse les accords dans une mélodie?

CHAPITRE IV.

DE L'ARPÈGEMENT DES ACCORDS.

Nous avons déjà fait connaître quelle différence il y avait entre un accord *plaqué* et un accord *brisé* ou *arpégé*, Ex:

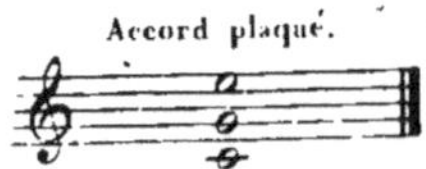

Nous ne voulons parler dans ce Second Livre que des accords brisés ou arpégés, c'est-à-dire des intervalles mélodiques, d'où dérive la *Mélodie* et le *Chant*.

Quel que soit le chant qu'on prenne dans une partition, on n'aura pas de peine à se convaincre que la mélodie n'est qu'un arpègement des accords, Ex:

On voit que la succession des accords se retrouve nécessairement dans la mélodie, de sorte que l'effet des intervalles mélodiques dépend non seulement de la manière dont on arpège les notes des accords, mais aussi de l'enchainement des accords auxquels on emprunte les notes qui font le chant. Je dis que l'effet de la mélodie dépend souvent de la manière dont on arpège les notes d'un accord; cela est vrai, Ex:

On voit que l'arpègement de l'accord *Ut Mi Sol* donne ici plusieurs mélodies; les chants les plus heureux sont évidemment ceux pour la formation desquels on a le mieux arpégé les accords. On varie encore les formes mélodiques des accords par le mélange des notes accidentelles.

EXAMEN.

Quelle différence y a-t-il entre un *accord plaqué* et un *accord brisé*?

La mélodie n'est-elle pas le produit des accords arpégés?

L'effet de la mélodie ne dépend-il pas autant de la succession des accords que de leur arpègement?

Ne peut-on pas arpéger un même accord de plusieurs manières?

CHAPITRE V.

DES NOTES ACCIDENTELLES.

Les notes accidentelles proprement dites se font de trois manières:

1º En brodant à distance de Seconde majeure ou mineure une même note, Ex:

J'ai appelé ces notes accidentelles *broderies* dans ma *Panharmonie* et mes *Partimenti*.

2º En passant, par degrés conjoints, au moyen des notes accidentelles d'une note réelle à une autre, Ex:

J'ai appelé ces notes accidentelles *notes de passage* ou *notes passagères* dans ma *Panharmonie* et mes *Partimenti*.

3º En allant d'une note réelle sur une note accidentelle par degrés disjoints, pourvu que la note accidentelle *s'appuie* ensuite sur une note réelle, Ex:

J'appelle ces notes accidentelles *Appogiatures* dans ma *Panharmonie* et mes *Partimenti*; quelquefois ces appogiatures se font en sens inverse, Ex:

On pourrait les nommer alors échappées ou *Appogiatures de seconde Classe*.

Il a déjà été questions des Suspensions, et ce que j'en ai dit doit nous suffire ici.

CONSEILS.

Quoique nous devions plus tard parler avec plus de détails des notes accidentelles, j'engage l'élève à les étudier ici avec soin. Il prendra un accord, puis il le variera au moyen des notes accidentelles que nous venons d'analyser.

EXERCICES.

1º *Verbalement:* Comment broderez-vous les notes, *Ré, Si, Fa, La?* &?

Quelles sont les notes de passage que vous pouvez placer entre *Fa* et *Si♭,* dans l'accord *Si♭, Ré, Fa?* Placez des appogiatures de première et seconde Classe dans l'accord *Fa La Ut,* en *Fa* majeur.

2º *Sur le papier:* Voici un accord de *Ré, Fa♯, La,* en Sol majeur; employez toutes les notes accidentelles dont nous venons de parler.

3º *Sur le Piano:* Prenez l'accord *Mi♭, Sol, Si♭,* en *La♭* majeur, et employez toutes ces notes accidentelles.

4º *Sur le Piano, sans regarder:* Je frappe l'accord de *Fa La Ut,* en *Si♭;* nommez les notes accidentelles que je fais.

EXAMEN.

Comment fait-on les broderies, les notes de passage et les appogiatures?

Quelle différence y a-t-il entre les broderies et les appogiatures, et entre ces deux espèces de notes accidentelles et les notes de passage?

Remarque: Les notes accidentelles peuvent appartenir au genre diatonique et chromatique. Il est impossible que l'oreille ne soit pas ici un bon guide dans ces notes appelées aussi *notes de goût.*

CHAPITRE VI.

ACCORD DE TROIS SONS DU CINQUIÈME DEGRÉ..

En UT Majeur. 

Cet accord, dont nous avons déjà beaucoup parlé au commencement de ce chapitre, est composé d'une Tierce majeure et d'une Quinte juste: il est posé sur la dominante de la gamme; sa Tierce, qui est la note sensible, se résout naturellement sur la tonique dans l'harmonie; nous avons déjà dit que ces résolutions si nécessaires pour les accords devenaient libres dans la mélodie.

L'accord *Sol Si Ré* se résout naturellement sur celui d'*Ut Mi Sol,* Ex:

Il peut aller aussi sur les accords *Mi Sol Si, La Ut Mi* et *Fa La Ut,* et plus rarement sur celui de *Ré Fa La,* Ex:

Il peut être suivi tout naturellement de l'accord *Si Ré Fa*, puisque l'un et l'autre ont la même origine. Ex:

ACCORD DE TROIS SONS DU SIXIÈME DEGRÉ.

En UT Majeur.

Cet accord est composé d'une Tierce mineure et d'une Quinte juste; il peut aller également sur tous les autres accords de la gamme. Ex:

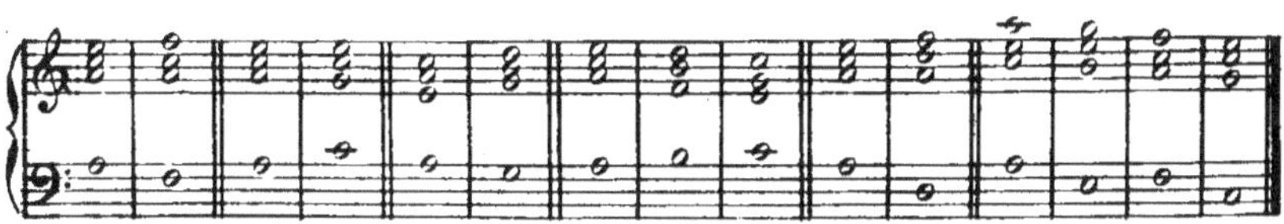

On peut, en arpégeant ces accords pour former les intervalles mélodiques, employer toutes les successions que nous venons de donner dans l'exemple précédent.

ACCORD DE TROIS SONS DU SEPTIÈME DEGRÉ.

En UT Majeur.

Cet accord formé par celui de la Septième dominante, dont on a supprimé le Sol, se résout naturellement sur l'accord *Ut Mi Sol*, Ex:

Il va très bien sur l'accord de *Sol Si Ré*, Ex:

Il peut se résoudre aussi sur tous les autres accords de la gamme, Ex:

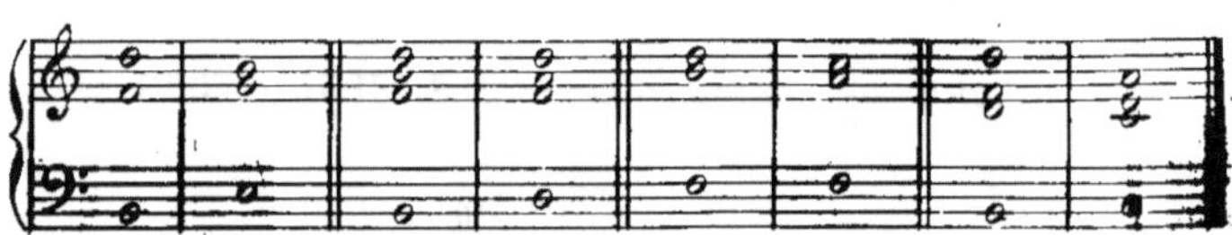

Ces enchaînemens d'accords, excepté le premier, peuvent à peine être employés. J'ai renversé quelquefois les accords pour rendre leur liaison plus facile; il ne faut pas oublier que nous ne nous occupons pas encore de l'harmonie; dès lors, il n'est pas urgent que nous démontrions d'une manière plus précise toutes les Résolutions régulières des accords, et de chacune des notes qui les composent.

Cependant, nous pouvons dire que dans *Si Ré Fa*, le *Si* va naturellement à l'*Ut*, et le *Fa* au *Mi*, Ex:

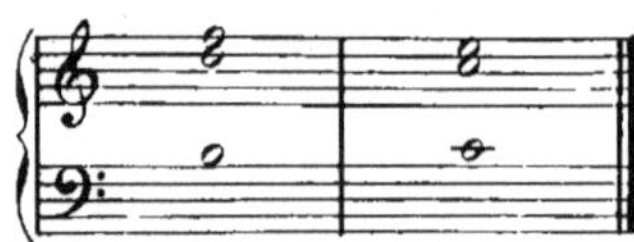

Le *Ré* a une marche libre; je le répète encore, dans la mélodie, les Résolutions ne sont pas aussi nécessaires que dans l'harmonie.

CONSEILS.

Le Maître aura soin que l'élève étudie avec la plus grande attention ce que nous venons de dire; il lui posera sur le papier un des accords de trois sons dont nous avons parlé, en choisissant d'autres gammes majeures que celles d'*Ut*, et il exigera qu'il donne à cet accord les meilleures Résolutions, ainsi que nous l'avons fait. Il suffit, par exemple, qu'après l'accord de *Ré Fa♯ La*, en *Ré* majeur, l'élève place les accords de *La Ut♯ Mi, Sol Si Ré*, &. sans avoir égard aux fautes qu'il pourrait faire contre la pureté harmonique. On étudiera à fond ce que nous avons dit au sujet des notes accidentelles et du renversement des accords. Le Maître créera des exemples, en employant les notes accidentelles; il écrira aussi l'harmonie qui convient à ces exemples, afin que l'élève puisse bien distinguer les notes réelles et les notes accidentelles. Il posera sur le papier des accords de trois sons écrits dans tous les renversements et dans toutes les dispositions possibles; l'élève devra reconnaître et nommer ces accords avec la plus grande rapidité, et dire sur quels degrés de la gamme ils sont placés.

CHAPITRE VII.

DE LA MANIÈRE DONT SE FORMENT LES ACCORDS.

EXPLICATIONS.

Les accords se forment de Tierce ou tierce en montant; c'est la note la plus basse, quand ils sont ainsi disposés de tierce en tierce, qui représente les degrés de la gamme sur lesquels ils sont placés; ainsi dans la gamme d'*Ut*, l'accord *Ré Si Sol* ou *Si Ré Sol* dérive de l'accord *Sol Si Ré*, et trouve sa place sur le Cinquième degré de la gamme.

Les accords dont nous nous occupons appartiennent tous au genre diatonique; ainsi, en *Ut*, l'accord *Sol Si Ré* sera formé sans accidents; en *Ré* mineur, il aura un ♭ devant le *Si*; *Sol Si♭ Ré*, parceque dans ce ton, le *Si* a naturellement un bémol; en La majeur, nous ferons *Sol♯ Si Ré*; en *Mi* majeur, nous aurons *Sol♯ Si Ré♯*; nous ferons *Sol♯ Si♯ Ré♯*, en *Ut♯*, et *Sol♭ Si♭ Ré♭* en *Ut♭*. On voit que le même accord se forme de différentes manières suivant le ton où l'on est. D'où il faut conclure que les accords se forment toujours avec les notes de la gamme où l'on est.

La note la plus basse de l'accord, quand il est disposé en Tierces, se nomme *fondamentale*; les autres notes prennent leur nom d'après leur distance de cette fondamentale; ainsi dans *Ut Mi Sol*, *Ut* est fondamentale, *Mi* Tierce et *Sol* Quinte. Ces notes conservent ces dénominations quelle que soit la position qu'elles occupent, Ex:

Dans tous ces accords, l'*Ut* est fondamentale, le *Mi* tierce et le *Sol* quinte.

Il est facile, lorsqu'un accord de trois sons est donné dans une position quelconque, de trouver sa note fondamentale, sa tierce et sa quinte, en donnant à ses trois notes l'arrangement par Tierces, Ex:

La fondamentale de cet accord ne peut être que le *Ré*; car si on prenait pour fondamentale le *La* ou le *Fa*, on aurait avec *La* l'accord *La Ut Mi*, et avec le *Fa* celui de *Fa La Ut*, dans lesquels on ne trouve pas les notes *La Fa Ré* qui forment l'accord dans l'exemple précédent, tandis qu'en prenant le *Ré* pour fondamentale, nous formons l'accord *Ré Fa La*, dans lequel se trouvent toutes les notes données dans l'exemple.

Le nom des renversements est encore déterminé par la note de l'accord qu'on place à la basse. Lorsque la fondamentale est à la basse, l'accord n'est pas renversé, il est dans son état direct. Lorsque la Tierce est à la basse, c'est le premier renversement; lorsque c'est la Quinte, on a le second renversement; mais quelle que soit la position de l'accord, toutes ses notes peuvent se placer arbitrairement dans les parties supérieures, le *renversement* n'étant déterminé que par la note qui est à la basse.

EXERCICES.

1º *Verbalement:* Formez un accord sur *Fa.* Remettez cet accord *Si Mi Sol* dans son état direct. Faites le premier renversement de *La Ut Mi;* faites le second renversement de *Ré Fa La.*

2º *Sur le papier:* Remettez cet accord *Si Ré Sol* dans son état diret; écrivez le premier renversement de *Mi Sol Si;* écrivez aussi le second renversement de *Sol Si Ré.*

3º *Sur le Piano:* Faites l'accord d'*Ut* dans la gamme de *Fa* majeur; frappez le même accord en *Mi* ♭ majeur, puis en *Si* ♮ majeur, en *Ré* majeur, en *La* majeur, en *Si* ♭ majeur, en *Ut* mineur, en *Sol* mineur, &. Frappez le premier renversement de *Ré Fa La,* et puis son second renversement.

4º *Sur le Piano, sans le regarder:* (Il faut préluder dans un ton de manière à bien le déterminer.) Quel est cet accord? quel est ce renversement?

EXAMEN.

Comment se forment les accords?

Comment nomme-t-on la note la plus basse d'un accord, puis la 2de et enfin la 3me?

A quelle note de l'accord mesure-t-on la distance des autres notes?

La Fondamentale, la Tierce, la Quinte conservent-elles leurs noms dans quelque position qu'on les place?

Quelle est la note qui détermine le renversement de l'accord?

Qu'appelle-t-on premier et second renversement?

Qu'appelle-t-on état direct d'un accord?

A quel genre appartiennent les notes des accords qui nous occupent?

CHAPITRE VIII.

MODE MINEUR.

ACCORD DE TROIS SONS DU PREMIER DEGRÉ.

Cet accord, formé d'une Tierce mineure et d'une Quinte juste, se traite comme l'accord du premier degré dans la gamme majeure; l'un et l'autre s'enchaînent de la même manière. Les effets de succession diffèrent pourtant quelquefois à cause du mode mineur qui change la nature des accords. Ainsi, en *Ut* mineur, on trouve un accord avec Tierce majeure et Quinte juste sur le sixième degré *La* ♭, *Ut, Mi* ♭; tandis que sur le même degré, en *Ut* majeur, c'est un accord avec Tierce mineure et Quinte juste, *La Ut Mi;* de sorte que la succession des accords du premier au sixième degré ne produit pas absolument le même effet en *Ut* majeur et en *Ut* mineur, Ex:

Il importe donc bien, même pour la mélodie, d'étudier ces effets si variés de successions harmoniques. Une oreille musicienne, qui a de la sensibilité, est vivement frappée par chacun de ces effets si divers, et ne les oublie jamais. Il est impossible d'enseigner d'une manière précise et absolue, avec quelques règles, les prodiges que peuvent produire la mélodie et l'harmonie réunies; on ne peut deviner ce que la divinité du génie fera un jour peut-être à son insu. L'inspiration est indépendante des règles; voilà pourquoi j'engage l'élève à approfondir la théorie des intervalles; il est plus facile de comprendre un intervalle formé de deux notes, qu'un accord formé de plusieurs intervalles. Je crois donc que cette étude des intervalles, sous le rapport de la mélodie et de l'harmonie, est le meilleur moyen de comprendre les accords dont on doit se servir, car les accords ne sont que la réunion de différents intervalles.

La Résolution naturelle de l'accord *Ut Mib Sol*, se fait sur celui de *Sol Si♭ Ré*.

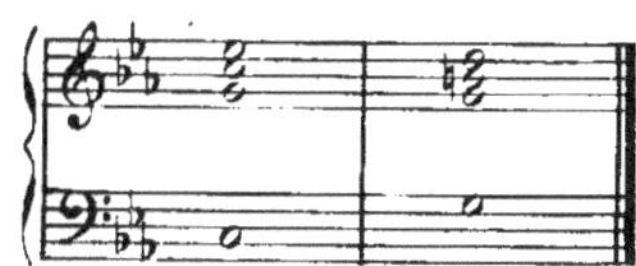

Nous écrivons le *Si♮* parceque dans le mode mineur, ainsi que nous l'avons déjà dit, la note sensible ou Septième degré de la gamme doit toujours former un demi-ton contre la tonique. L'accord *Ut Mib Sol*, peut aller aussi sur les accords *Lab Ut Mib*, et *Fa Lab Ut*, Ex:

La marche d'*Ut Mib Sol*, sur *Ré Fa Lab*, donne une sensation bizarre, dont on peut tirer parti dans certaines circonstances, Ex:

Mais ce sont là des effets extraordinaires dont on ne peut pas abuser.

L'accord *Ut Mi♭ Sol* va bien encore sur celui de *Si♮ Ré Fa*, Ex:

Dans la gamme mineure, le troisième degré n'a pas d'accord, ainsi que nous allons bientôt le prouver.

CONSEILS.

On étudiera ces accords, comme les précédents, en faisant les mêmes exercices; on les transposera dans tous les tons mineurs, afin de pouvoir mieux apprécier leur effet.

EXAMEN.

De quels intervalles se compose l'accord parfait mineur?

Quelle différence y a-t-il entre l'accord parfait majeur et l'accord parfait mineur?

Quelle est la meilleure Résolution de l'accord parfait mineur du premier degré?

L'accord parfait mineur sur la tonique peut-il aller sur tous les autres accords de la gamme?

Peut-on placer un accord sur le troisième degré de la gamme mineure?

CHAPITRE IX.

ACCORDS DE TROIS SONS.

ACCORD PARFAIT MAJEUR—ACCORD PARFAIT MINEUR—ACCORD DIMINUÉ.

Remarque: L'accord de trois sons est appelé *accord parfait majeur,* lorsque sa tierce est majeure et sa quinte parfaite. On l'appelle *majeur* à cause de sa tierce *majeure,* et *parfait* à cause de sa quinte parfaite.

Il est appelé accord parfait mineur lorsque sa tierce est mineure et sa quinte parfaite. On le nomme *mineur* à cause de sa tierce mineure, et *parfait* à cause de sa quinte parfaite.

Il est appelé *accord diminué* lorsque sa tierce est mineure et sa quinte diminuée. On le nomme *diminué* à cause de sa quinte diminuée.

Ces trois accords sont naturels et peuvent se frapper sans préparation; (jouez-les séparément sur le Piano.)

Il ne peut pas y avoir d'accord sur le troisième degré de la gamme mineure, à cause de la note sensible qui donnerait une Quinte augmentée, Ex:

En Ut Mineur. 

Nous savons que le *Si*, note sensible, doit toujours faire un demi-ton contre la tonique; voilà pourquoi, dans le ton d'*Ut* mineur, il est précédé d'un ♮; si on faisait *Si♭*, on cesserait d'être en *Ut* mineur, et l'on passerait au *Mi♭* majeur.

Cet accord *Mi♭ Sol Si♮*, dont la quinte est augmentée, n'est pas un accord naturel, et ne peut s'employer que sous certaines conditions que nous ferons connaître. On peut se convaincre de sa dureté, en le frappant sans aucune préparation sur le Piano.

OBSERVATIONS.

Un accord de trois sons est toujours composé d'une Tierce et d'une quinte, parce que les intervalles dont il est formé prennent leur nom d'après leur distance de la fondamentale; ainsi dans *Ut Mi Sol*, *Ut* est fondamentale, *Mi* tierce et *Sol* quinte. Cependant, si on comparait le *Sol* au *Mi*, on trouverait une tierce; on pourrait dire alors qu'il y a deux tierces dans un accord de trois sons, *Ut Mi*, première tierce, et *Mi Sol*, seconde tierce.

On trouve toujours dans les accords majeurs et mineurs deux tierces dont l'une est majeure et l'autre mineure. Dans l'accord parfait majeur, la première Tierce est majeure et la seconde est mineure; c'est le contraire dans l'accord parfait mineur où la première Tierce est mineure et la seconde majeure. Dans l'accord diminué les deux Tierces sont toujours mineures. Il est à remarquer que des Tierces majeure et mineure réunies peuvent former un accord naturel, Ex: *Ut Mi Sol*, et *La Ut Mi*; de même, deux Tierces mineures réunies peuvent former un accord naturel, Ex: *Si Ré Fa*; tandis que deux Tierces majeures réunies donnent un accord extrêmement dur, Ex: *Ut Mi Sol♯*.

EXAMEN.

Pourquoi les accords parfait majeur, parfait mineur et diminué sont-ils ainsi appelés?

Ces trois accords sont-ils naturels?

Pourquoi ne peut-on pas placer un accord sur le troisieme degré de la gamme mineure?

CHAPITRE X.

ACCORD DE TROIS SONS DU DEUXIÈME DEGRÉ.

En UT Mineur. 

Cet accord est composé d'une Tierce mineure et d'une Quinte diminuée; sa Résolution la plus naturelle se fait sur l'accord *Sol Si♮ Ré*, Ex:

En UT Mineur. 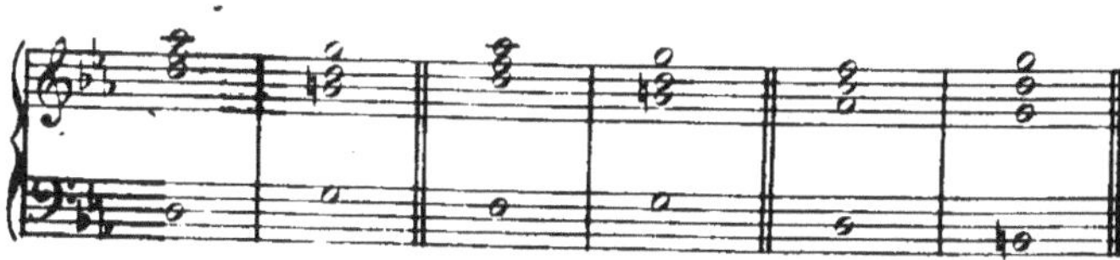

Il peut aller néanmoins sur tous les autres accords, Ex:

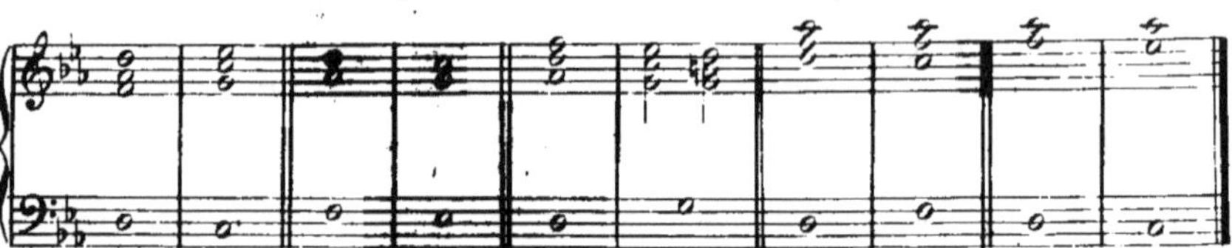

ACCORD DE TROIS SONS DU QUATRIÈME DEGRÉ.

En UT Mineur. 

Cet accord est composé d'une Tierce mineure et d'une Quinte juste; il se résout également bien sur tous les accords de la gamme mineure, Ex:

ACCORD DE TROIS SONS DU CINQUIÈME DEGRÉ.(1)

En UT Mineur.

Cet accord, en *Ut* mineur comme en *Ut* majeur, est composé d'une Tierce mineure et d'une Quinte juste. Dans l'un et l'autre mode, l'accord de Quinte, placé sur la Dominante, a les mêmes attributions. La Résolution la plus naturelle de l'accord *Sol Si♮ Ré*, se fait sur l'accord d'*Ut Mi♭ Sol*, Ex:

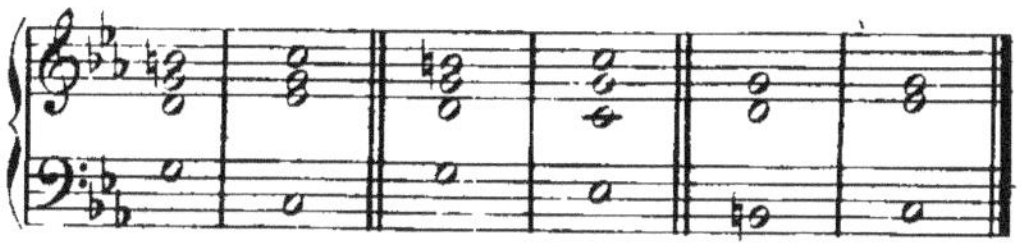

Cette Résolution est bonne aussi, lorsqu'elle se fait sur l'accord *Lab Ut Mi♭*, Ex:

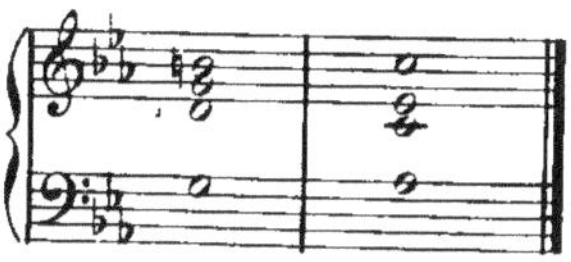

La marche de *Sol Si♮ Ré* sur les accords *Fa Lab Ut*, ou *Ré Fa Lab*, est moins satisfaisante que les précédentes; cependant, elle peut s'employer, Ex:

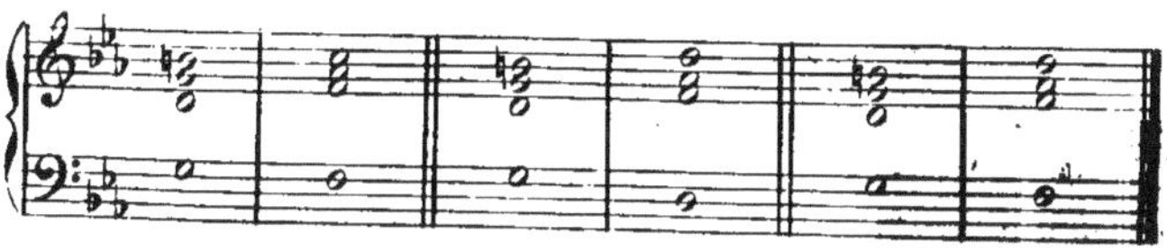

Comme dans la gamme d'*Ut* majeur, l'accord *Sol Si♮ Ré*, peut être suivi de *Si♮ Ré Fa*, puisqu'ils ont l'un et l'autre la même origine, Ex:

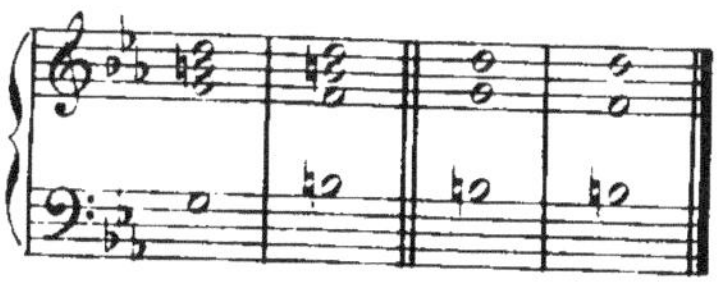

(1) C'est avec dessein que je parle encore ici de cet accord.

CONSEILS.

Il faut que l'élève frappe souvent sur le Piano les accords pour lesquels je lui donne des exemples; il se familiarisera ainsi peu à peu avec la marche qu'ils doivent avoir sur d'autres accords. Du reste, comme on le voit, tous les accords peuvent se succéder entr' eux; dans l'harmonie on doit préférer le plus souvent certaines successions, celles que nous avons signalées comme les meilleures surtout, parcequ'on entend alors toutes les notes des accords frappées en même temps et l'effet compacte qui en résulte doit être le plus harmonieux possible; tandis que dans la mélodie, les sons des accords ne sont entendus que successivement, c'est-à-dire les uns après les autres; il est moins indispensable alors de soigner l'enchaînement des accords, qu'on n'entend pas encore d'une manière aussi distincte. Mais il ne faut pas croire qu'en faisant une mélodie, on doive tout à fait oublier ou négliger l'enchaînement des accords. La meilleure mélodie est celle qui peut recevoir l'harmonie la plus naturelle; en effet, ceux qui connaissent à peine l'harmonie, et qui néanmoins sont bien doués pour le chant, créent toujours leur mélodie avec les accords de tonique, de dominante, et quelquefois de sous-dominante, c'est-à-dire avec les accords naturels. Ces mélodies sont les seules qui deviennent populaires.

EXAMEN.

Comment s'enchaînent les accords du 2.me 3.me et 5.me degrés dans la gamme mineure?
Quelles sont leurs Résolutions les plus naturelles?
De quels intervalles se composent ces accords?

CHAPITRE XI.

DES ACCORDS DE TROIS SONS QU'ON TROUVE DANS LES GAMMES MAJEURE ET MINEURE.

Remarque: On trouve dans ces Gammes plusieurs accords majeurs et aussi plusieurs accords mineurs; il nous sera facile d'en déterminer le nombre et d'indiquer d'une manière précise les degrés sur lesquels ils sont placés, Ex:

EN UT MAJEUR.

Nous trouvons trois accords majeurs, trois accords mineurs et un accord diminué. Les accords majeurs se placent sur les 1.er 4.me et 5.me degrés; les accords mineurs sur les 2.me 3.me et 6.me degrés, et l'accord diminué sur le 7.me degré.

EN UT MINEUR.

Nous trouvons dans la gamme mineure deux accords majeurs, deux accords mineurs et deux accords diminués. Le troisième degré n'a pas d'accord à cause de la quinte augmentée qu'il recevrait, Ex:

CONSEILS.

On cherchera ces accords dans plusieurs Gammes, jusqu'à ce qu'on sache bien sur quels degrés se placent les accords majeurs, mineurs et diminués.

EXAMEN.

Combien y a-t-il d'accords majeurs dans la Gamme majeure? Sur quels degrés se placent-ils? Combien y a-t-il d'accords majeurs dans la Gamme mineure? Sur quels degrés se placent-ils?

Combien y a-t-il d'accords mineurs dans la Gamme majeure? sur quels degrés se placent-ils?

Combien y a-t-il d'accords mineurs dans la Gamme mineure? sur quels degrés se placent-ils?

Trouve-t-on un accord diminué dans la Gamme majeure? sur quel degré le placez-vous?

Combien y a-t-il d'accords diminués dans la Gamme mineure? sur quels degrés les place-t-on?

Remarque: N'oubliez pas qu'il n'y a jamais d'accord sur le troisième degré de la Gamme mineure.

CHAPITRE XII.

ACCORD DE TROIS SONS DU SIXIÈME DEGRÉ.

Cet accord est composé d'une Tierce majeure et d'une Quinte juste; sa Résolution la plus naturelle se fait sur les accords de *Sol Si Ré*, ou de *Fa La Ut*, Ex:

La Résolution de cet accord peut encore se faire sur les accords de *Ut Mi b Sol*, et *Ré Fa La b*, Ex:

On peut aller aussi de *Lab Ut Mi* ♭ sur l'accord diminué *Si* ♮ *Ré Fa*, Ex:

En UT Mineur.

ACCORD DE TROIS SONS DU SEPTIÈME DEGRÉ.

En UT Mineur.

Cet accord est composé d'une Tierce mineure et d'une Quinte diminuée; il est le même dans le mode majeur et dans le mode mineur. Nous avons vu qu'il dérivait de la Septième dominante (*Sol Si* ♮ *Ré Fa*) prise sans la note fondamentale; sa Résolution la plus naturelle se fait sur l'accord *Ut Mi* ♭ *Sol*, Ex:

En UT Mineur.

Il peut aller aussi sur tous les autres accords de la gamme mineure, Ex:

En UT Mineur.

Ces derniers enchaînemens ne sont pas aussi naturels que le premier; ils sont difficiles pour la réalisation harmonique.

CONSEILS.

On transposera ces exemples dans d'autres tons; on les jouera souvent sur le Piano, afin de s'habituer à l'effet qu'ils produisent.

EXAMEN.

Quel est le meilleur enchaînement de l'accord du sixième degré?
De quels Intervalles se compose cet accord?
Comment appelez-vous l'accord du septième degré?
De quels Intervalles se compose-t-il?
Quelle est sa Résolution la plus naturelle?

CHAPITRE XIII.

DE L'ACCORD APPELÉ SEPTIÈME DOMINANTE DANS LE MODE MAJEUR,

ET DANS LE MODE MINEUR.

En UT Majeur.    En UT Mineur. 

INSTRUCTIONS.

Cet accord se fait de la même manière dans le mode majeur et dans le mode mineur; il est composé d'une Tierce majeure, d'une Quinte juste, et d'une Septième mineure: il ne se place que sur la dominante qui lui donne son nom; on l'appelle aussi accord de Septième, à cause de la distance qui sépare sa dernière note de la fondamentale.

Ainsi que nous l'avons dit, l'accord de Septième dominante est le plus naturel de tous les accords; il détermine le ton d'une manière absolue; en faisant, par exemple, *Sol Si Ré Fa*, on ne peut être que dans le ton d'*Ut*, mode majeur ou mode mineur.

Sa Résolution naturelle se fait sur l'accord de tonique *Ut Mi Sol*, Ex:

En UT Majeur ou Mineur. 

Le *Si* va à l'*Ut*, le *Fa* au *Mi*, le *Ré* et le *Sol*, dans l'harmonie, ont une marche libre, Ex:

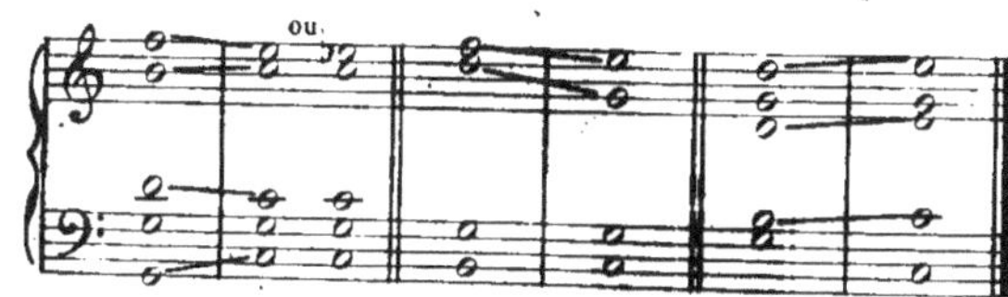

Dans la mélodie, le *Fa* monte souvent au *Sol*, surtout dans le mode majeur, Ex:

Nous verrons plus tard comment on doit l'accompagner alors.

L'accord de Septième dominante peut se briser dans tous les sens; aucune de ses notes n'ayant besoin de préparation, puisque c'est un accord naturel, on peut l'arpéger selon son caprice dans le mode majeur comme dans le mode mineur, Ex:

Il n'est pas nécessaire dans la mélodie de donner toujours au *Fa* et au *Si* leur véritable Résolution, Ex:

Ordinairement on ne donne la Résolution régulière qu'à la dernière note, au moment où l'on prend un nouvel accord, Ex:

Ainsi les notes de la Septième dominante n'ont, à proprement parler, besoin de résolution qu'au moment où l'accord change; cependant la Septième *Fa* est moins libre dans sa résolution que la note sensible *Si*.

Nous avons vu comment on devait traiter l'accord diminué *Si Ré Fa* en *Ut*, et nous avons fait observer en même temps que cet accord *Si Ré Fa* dérivait de celui de Septième dominante, il est donc inutile que nous en reparlions ici.

L'accord de Septième dominante peut aller aussi sur les accords *La Ut Mi*, et *Fa La Ut*, Ex:

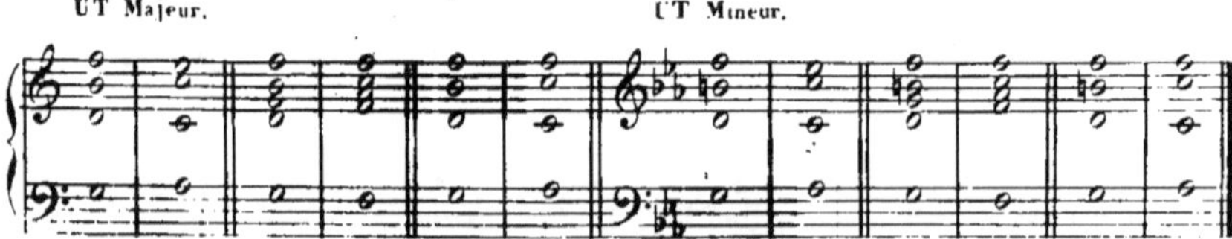

On le fait résoudre quelquefois sur *Mi Sol Si*, et *Ré Fa La*, Ex:

On voit que le *Fa*, même dans l'harmonie, peut monter conjointement ou rester en place; j'engage l'élève à ne pas l'oublier.

La Septième dominante, si on supprime sa fondamentale *Sol*, devient naturellement l'accord diminué *Si Ré Fa*.

CONSEILS.

On jouera souvent sur le Piano cet accord de Septième dominante, dans tous ses renversements, c'est-à-dire, en plaçant tour-à-tour chacune de ses notes à la basse. La Septième dominante composée d'abord d'un accord majeur, *Sol Si Ré*, et ensuite d'une Septième mineure *Sol fa*, a trois renversements, Ex: -

Ainsi que nous l'avons dit, les trois notes de l'accord dans les parties supérieures, peuvent être disposées de plusieurs manières, selon le caprice du Compositeur ou la nécessité de l'harmonie. Dans le chant, on arpège aussi l'accord comme on veut, Ex:

On recherchera cet accord de Septième dominante dans tous les tons.

EXERCICES.

1.º *Verbalement:* Quel est l'accord de Septième dominante en *Ré*, en *Fa*, en *Sol*, en *Mi*?

2.º *Sur le papier:* Écrivez l'accord de Septième dominante en *Si♭*, en *Mi♭*, en *Ré♭* &.

3.º *Sur le Piano:* Frappez l'accord de Septième dominante en *La*; faites-le résoudre.

4.º *Sur le Piano, sans le regarder:* Quel est l'accord que je frappe? Dans quel ton?

EXAMEN.

L'accord de Septième dominante se fait-il dans le mode mineur comme dans le mode majeur?

De quels intervalles est-il composé?

D'où lui vient le nom de *Dominante* et de *Septième?*

Quel est le plus naturel de tous les accords?

Quel est l'accord qui détermine le mieux le ton?

Le même accord de Septième dominante peut-il se trouver en même temps dans deux tons différents?

Quelle est la Résolution la plus naturelle de l'accord de Septième dominante?

Dans l'accord, *Sol Si Ré Fa*, quelle est la marche la plus naturelle du *Si* et du *Fa?* le *Sol* et le *Ré* ont-ils une marche aussi forcée?

Dans la mélodie, le *Fa* ne peut-il pas monter quelquefois au *Sol?*

Est-il nécessaire dans la mélodie de faire toujours résoudre régulièrement le *Fa* et le *Si?*

Ne peut-on pas, dans la mélodie, arpèger à volonté l'accord de Septième dominante?

Lorsqu'un accord est arpégé, à laquelle de ses notes doit-on donner sa Résolution? n'est-ce pas à la dernière qu'on frappe au moment où l'on prend un nouvel accord?

Quelles sont les Résolutions de l'accord de Septième dominante, après sa résolution la plus naturelle?

Comment l'accord de Septième dominante, peut-il se convertir en un accord diminué?

Combien la Septième dominante a-t-elle de Renversemens? nommez les.

DE L'ACCORD DE NEUVIÈME DOMINANTE MAJEURE.

En UT Majeur. 

INSTRUCTIONS.

Cet accord est formé de celui de Septième dominante avec la superposition d'une Tierce qui fait un intervalle de neuvième contre la fondamentale. Il se compose donc d'un accord majeur, d'une Septième mineure et d'une neuvième majeure.

Ses quatre premières notes, *Sol Si Ré Fa*, se traitent comme dans l'accord de Septième dominante pour leur résolution et leur réalisation. La Neuvième *La* n'a pas besoin de préparation; elle se résout en descendant conjointement. Cet accord s'appelle accord de Neuvième majeure à cause de la distance qui sépare le *La* du *Sol*; on lui donne le nom de Dominante, parcequ'il ne se place que sur la dominante de la gamme.

La Neuvième *La*, dans l'harmonie, ne peut jamais se placer audessous du *Si* ou du *Sol*; elle ne peut même pas se mettre à distance de Seconde audessus du *Sol*: il faut qu'elle soit au moins à une distance de Septième du *Si*, et de Neuvième du *Sol*, Ex:

- Quoique le *Là* puisse se placer au-dessous du *Ré* et du *Fa*, il est mieux qu'il prédomine toujours; du reste on emploie rarement cet accord complet dans l'harmonie, on ne s'en sert ordinairement que dans la mélodie; le *La* qui n'a jamais besoin de préparation devient alors une espèce d'*appogiature* ou de *broderie*, Ex:

Il ne serait pas élégant, en brisant cet accord, de mêler le *La* aux autres notes, **Ex:**

Si on arpègeait l'accord en montant, on pourrait frapper le *La*, mais en le faisant résoudre sur le *Sol* avant de prendre le Si, **Ex:**

En descendant, il serait bon de prendre le *Sol* avant le *La*, puis de faire aller ce *La* sur le *Sol* ou même sur le *Fa*, **Ex:**

Cependant, comme la mélodie dépend essentiellement du caprice, de la mode, nous ne donnons pas ces observations comme absolues; il faut les prendre comme de simples conseils dictés par l'expérience.

L'accord de Neuvième n'a que trois renversemens, puisque le *La* ne peut pas se placer au-dessous du *Sol*, ni même du *Si*.

Cet accord, dans l'harmonie, s'emploie plus souvent sans sa note fondamentale; il prend alors le nom de *Septième sensible*.

ACCORD DE SEPTIÈME SENSIBLE.

En UT Majeur. 

Tout ce que nous avons dit pour la Neuvième s'applique à cet accord; le *La* ne doit pas se placer au-dessous du *Si*; il peut aussi se frapper sans préparation; sa Résolution naturelle se fait sur le *Sol*: les trois autres notes, *Si Ré Fa*, se traitent comme dans l'accord diminué qui dérive de la Septième dominante sans fondamentale. Le *Si* va à l'*Ut*, le *Fa* au *Mi*, le *Ré* a une marche libre.

Voici du reste les Renversements des accords de Neuvième *dominante* majeure et de *Septième sensible:*

La Septième sensible n'a pas de troisième Renversement, puisque le *La* ne peut pas se placer au-dessous du *Si*.

RÉSOLUTIONS DE CES DEUX ACCORDS.

La Résolution la plus naturelle de la Neuvième dominante et de la Septième sensible se fait sur l'accord *Ut Mi Sol*, Ex:

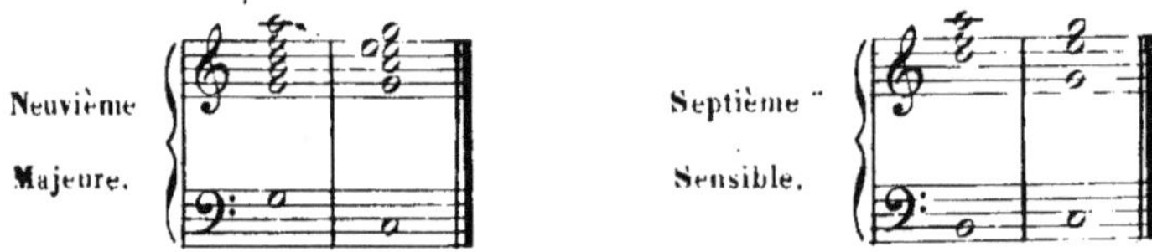

Le *La* n'a pas besoin de préparation; il va au *Sol*. Les autres notes suivent les mêmes règles que dans l'accord de Septième dominante. Voici les arrangements les plus naturels de ces deux accords dans leurs Renversemens:

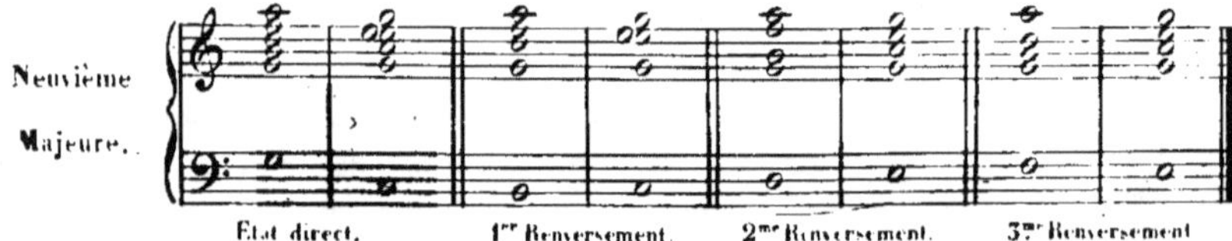

La Résolution de la Neuvième majeure et de la Septième sensible sur les autres accords de la gamme donne un effet peu harmonieux.

En arpégeant l'accord de Septième sensible, il n'est pas bien de placer le *La* au-dessous du *Si*, Ex:

Cette mélodie est bizarre, elle ressemble à un chant sauvage; on ne peut arpéger cet accord, je crois, si on veut lui conserver une mélodie naturelle, que de la manière suivante, Ex:

Le moyen le plus sûr de bien se servir de ces deux accords, c'est de regarder le *La* comme une note mélodique, une note de goût, qu'on ne doit employer que d'une manière accidentelle, dans la mélodie principalement.

CONSEILS.

On recherchera ces deux accords dans tous les tons majeurs; on les arpégera de plusieurs manières, en suivant ce que nous avons dit, et aussi en consultant l'oreille. On n'oubliera pas que les renversemens de la Neuvième sont encore moins usités que ceux de la Septième sensible.

EXERCICES.

1º *Verbalement:* Quelle est la Neuvième majeure en *La*? quelle est la Septième sensible en *Si*?

2º *Sur le papier:* Écrivez la Neuvième majeure dans son état direct, et dans tous ses renversemens en *Ré*; écrivez la Septième sensible avec ses renversemens en *Sol*. Donnez leur résolution naturelle à ces deux accords.

3º *Sur le Piano:* Frappez la Neuvième majeure en *Fa*; donnez lui sa résolution naturelle; faites ses renversemens.

Frappez la Septième sensible en *Mi* avec tous ses renversemens; donnez lui chaque fois sa résolution naturelle.

4º *Sur le Piano, sans le regarder:* Quel est cet accord? Dans quel ton est-il? Dans quel renversement vient-il d'être frappé?

EXAMEN.

Comment forme-t-on l'accord de Neuvième dominante majeure?

Quelle différence y a-t-il entre l'accord de Neuvième majeure et celui de Septième dominante?

La Neuvième *La*, dans l'accord *Sol Si Ré Fa La*, a-t-elle besoin de préparation? Comment se résout-elle?

Sur quelle note de la gamme se place cet accord? pourquoi l'appelle-t-on accord de *Neuvième dominante* majeure?

Que doit-on observer pour le *La* par rapport au *Sol* et au *Si*?

Dans quelle partie doit-on placer plus souvent le *La*?

Emploie-t-on souvent cet accord complet dans l'harmonie?

S'en sert-on dans la mélodie?

Ne peut-on pas regarder le *La* comme une broderie, ou comme une appogiature?

Combien l'accord de Neuvième a-t-il de renversemens?

Pourquoi n'a-t-il pas de quatrième renversement?

Ne supprime-t-on pas le plus souvent la fondamentale de la Neuvième? quel nom lui donne-t-on alors?

Les Règles de la Neuvième doivent-elles s'appliquer à la Septième sensible?

Que doit-on observer pour le *La* dans l'accord *Si Ré Fa La*?

Comment doit-on traiter les trois premières notes *Si Ré Fa* dans cet accord?

Combien la Septième sensible a-t-elle de renversemens?

Pourquoi n'a-t-elle pas de troisième renversement?

Quelle est sa Résolution la plus naturelle?

Quel rapport a-t-elle avec l'accord de Septième dominante?

Quelle est la meilleure manière d'arpéger la Neuvième majeure et la Septième sensible?

Remarque: Le Maître doit toujours exiger à chaque examen que l'élève lui apporte les réponses écrites: ce premier travail ne doit pas dispenser l'élève de l'examen oral.

DE LA NEUVIÈME MINEURE.

En UT Mineur. 

Cet accord est composé d'un accord de Septième dominante et d'une Neuvième minéure. Tout ce que nous avons dit pour la Neuvième majeure s'applique à la Neuvième mineure; la seule différence entre ces deux accords, pour leur réalisation, c'est que dans la Neuvième majeure (*Sol Si Ré Fa La*) le *La* ne peut pas se placer au-dessous du *Si* et du *Sol*, tandis que dans la Neuvième mineure, (*Sol Si♮ Ré Fa La♭*), le *La♭* peut s'écrire au-dessous du *Si*; mais il doit toujours se trouver au moins à distance de Neuvième mineure au-dessus du *Sol*. La Réalisation, l'enchaînement et les renversemens sont les mêmes dans les deux accords de Neuvièmes. L'un se résout sur un accord majeur et l'autre sur un accord mineur.

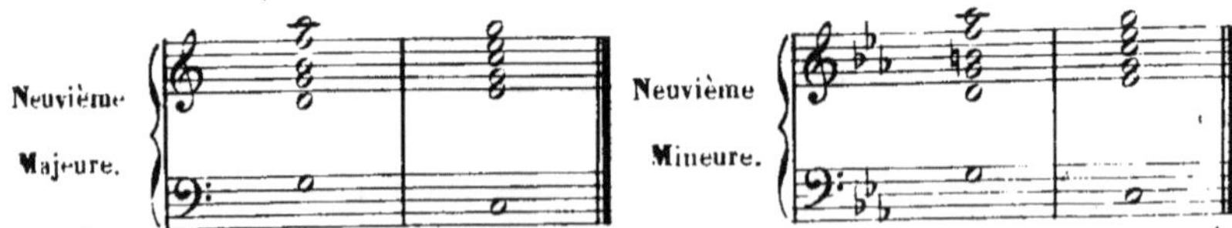

Tout ce que nous avons prescrit pour la Neuvième majeure s'applique donc à la Neuvième mineure. La Neuvième mineure s'appelle ainsi à cause du *La* ♭ qui forme une Neuvième mineure avec le *Sol*. Comme la Neuvième majeure, l'accord de Neuvième mineure s'emploie le plus souvent sans sa note fondamentale, et prend alors le nom de *Septième diminuée*.

DE LA SEPTIÈME DIMINUÉE.

En UT Mineur. 

INSTRUCTIONS.

L'accord de Septième diminuée est composé de trois Tierces mineures; il renferme parconséquent deux accords diminués, *Si* ♮ *Ré Fa* et *Ré Fa La* ♭. C'est le plus étrange et peut-être le plus varié de tous les accords; ces trois Tierces mineures dont il est composé lui permettent de se renverser dans tous les sens; sa Résolution est la même que celle de la Septième sensible, mais il est plus utile et aussi plus usité. Sa Résolution la plus naturelle se fait sur l'accord mineur de sa tonique, il peut cependant se résoudre sur lui-même. On fait souvent, soit en montant, soit en descendant, une suite de Septièmes diminuées dont toutes les notes marchent par demi-tons, Ex:

La Septième diminuée a trois renversemens également usités, Ex:

Etat direct.   1er Renversem!   2me Renversem!   3me Renversem!

On arpège cet accord selon son caprice; ses quatre notes peuvent se placer indifféremment les unes au-dessus des autres, et se changer enharmoniquement en d'autres notes, successivement ou toutes ensembles, ainsi que nous le verrons au Chapitre des modulations; voici ses résolutions les plus naturelles:

CONSEILS.

On étudiera la Septième diminuée dans tous les tons en se servant principalement du Piano. La Septième diminuée se fait dans le mode mineur; nous verrons plus tard qu'on peut la frapper quelquefois d'une manière passagère dans le mode majeur. Je conseille à l'élève de bien étudier le caractère de cet accord que les modernes emploient si souvent, et dont on peut tirer de si grands effets.

EXERCICES.

1º *Verbalement:* Comment fait-on l'accord de Neuvième en *Fa* mineur?

Faites l'accord de Septième diminuée en *Si* mineur.

2º *Sur le papier:* Écrivez l'accord de Neuvième en *Sol* mineur.

Écrivez l'accord de Septième diminuée en *Ré* mineur.

Donnez leur Résolution la plus naturelle à ces deux accords.

Écrivez une suite de Septièmes diminuées tant en montant qu'en descendant.

3º *Sur le Piano:* Frappez l'accord de Neuvième mineure en *Mi* mineur.

Frappez l'accord de Septième diminuée en *La* mineur; donnez leur Résolution la plus naturelle à ces deux accords.

4º *Sur le Piano, sans regarder:* Quel est cet accord? Dans quel ton est-il? (on frappe des accords de Neuvièmes mineures et de Septièmes diminuées, après avoir bien déterminé le ton. On leur donne chaque fois leur Résolution la plus naturelle.)

EXAMEN.

Comment formez-vous la Neuvième mineure?

Quel rapport y a-t-il entre la Neuvième mineure et la Septième dominante?

Quelle différence y a-t-il entre la Neuvième mineure et la Neuvième majeure?

Dans l'accord *Sol Si Ré Fa La* ♭, la Neuvième *La* ♭ a-t-elle besoin de préparation?

Comment doit-on résoudre ce *La* ♭?

Pourquoi appelle-t-on cet accord *Neuvième mineure* et *Neuvième dominante?*

Peut-on placer le *La* ♭ au-dessous ou à distance de seconde du *Sol?*

Ce *La* ♭ peut-il se placer au-dessous du *Si* ♮?

Emploie-t-on souvent cet accord complet dans l'harmonie?

Ce *La* ♭ dans cet accord de Neuvième n'est-il pas employé le plus souvent comme une appogiature ou une broderie?

Combien donnez-vous de Renversemens à la Neuvième mineure?

Quelle est la Résolution la plus naturelle de cet accord?

Comment forme-t-on l'accord de Septième diminuée?

De quels Intervalles est-il composé?

De quel accord dérive-t-il?

Sa Résolution ne se fait-elle pas comme celle de la Septième sensible?

N'a-t-il pas une autre Résolution, outre sa Résolution naturelle?

Ne peut-on pas faire une suite de Septièmes diminuées dont toutes les notes marchent par demi-tons, soit en montant, soit en descendant?

Peut-on placer les notes de cet accord où l'on veut? peut-on l'arpéger suivant son caprice?

Toutes les notes de la Septième diminuée ne peuvent-elles pas se changer en d'autres notes par le genre enharmonique?

CHAPITRE XIV.

DES CADENCES.

INSTRUCTIONS.

Le mot *Cadence* est pris ici dans le sens de repos, de ponctuation musicale. Il y a Cadence en musique partout où on fait un repos, soit pour respirer, soit pour déterminer la phrase mélodique. La ponctuation est encore plus nécessaire en musique que dans le langage parlé.

Il n'est pas difficile de reconnaître les Cadences: dans une mélodie bien faite et destinée au théâtre, par exemple, ces repos arrivent ordinairement après deux ou quatre mesures, Ex: —

Ces repos sont de différentes espèces; les uns, plus forts que les autres, doivent être faits avec certains accords. Nous allons parler seulement ici des quatre principaux dont nous avons eu besoin pour la mélodie; nous les appellerons:

    1º Cadence parfaite.

    2º Demi - Cadence.

    3º Quart de Cadence.

    4º Cadence interrompue.

1º DE LA CADENCE PARFAITE.

Dans l'harmonie, on la fait avec un accord de dominante (*Sol Si Ré*, *Sol Si Ré Fa*, et plus rarement *Sol Si Ré Fa La*, frappé au temps fort ou au temps faible de la mesure, et venant se résoudre sur un accord de tonique placé au temps fort, Ex:

Il faut dans l'harmonie que la basse fasse *Sol Ut*, c'est-à-dire, les deux fondamentales des accords de dominante et de tonique, Ex:

La mélodie peut faire arbitrairement une des notes de l'accord de dominante, mais il faut qu'elle finisse sur la tonique, Ex:

2º DE LA DEMI-CADENCE.

La Demi-Cadence est la moitié de la Cadence parfaite; ainsi, le repos se fait ici sur le premier accord de la Cadence parfaite, c'est-à-dire, sur l'accord de dominante.

Dans l'harmonie, la Basse doit alors frapper la fondamentale *Sol*; la mélodie peut faire une des quatre notes de la Septième dominante; on ne s'arrête pas sur la Neuvième.

Ce repos de demi-Cadence peut se faire à tous les temps de la mesure, Ex:

3º DU QUART DE CADENCE.

Le Quart de Cadence est à la Demi-Cadence ce que la Demi-Cadence est à la Cadence parfaite. C'est un repos très faible qui se fait ordinairement après deux me-avec n'importe quel accord, Ex:

Ces Quarts de Cadence sont plus ou moins forts; mais ils doivent être regardés comme étant très utiles pour bien phraser la mélodie; ils peuvent se faire sur tous les temps de la mesure.

J'ai écrit un Traité spécial des Cadences qui paraîtra bientôt; j'y parle d'autres Cadences qu'il est sans doute important de connaître. Néanmoins, ce que je dis ici au sujet de la ponctuation musicale est suffisant pour un Traité élémentaire d'harmonie.

4º DE LA CADENCE INTERROMPUE.

La Cadence *interrompue*, qu'on appelle aussi Cadence *rompue, évitée, tronquée, sus_pendue trompée*, n'est que la Cadence parfaite dont on modifie le dernier accord; celui de tonique.

La Cadence parfaite a le pouvoir de conclure une phrase d'une manière absolue, parceque la basse et le chant tombent sur la tonique, dans l'accord de ce nom. Si au lieu de cet accord de tonique on en prenait un autre, ou si la mélodie ou la basse au lieu d'aller sur la tonique *Ut*, tombaient sur tout autre note, on interromprait alors la Cadence parfaite.

Ainsi la Cadence parfaite peut être interrompue par un changement d'accord, ou par la marche de la basse ou de la mélodie sur une autre note que la tonique, Ex:

EXPLICATIONS.

Les Cadences, ainsi que nous l'avons dit, servent à la ponctuation musicale; une mélodie dans laquelle les Cadences ne se correspondent pas entr'elles d'une manière symétrique, manque de_naturel et_ne peut pas se retenir, Ex:

PHRASE D'UNE MÉLODIE NATURELLE:

MÊME PHRASE MÉLODIQUE MAL RHYTHMÉE.

On voit, en chantant ces deux exemples, combien il est utile de placer les Cadences avec symétrie.

J'ai dit dans la Panharmonie musicale que la Cadence parfaite correspondait au *Point*, ou aux deux *Points*; la demi-Cadence au *Point-virgule*; le Quart de Cadence à la *Virgule*, et la Cadence interrompue au *Point d'exclamation* ou *d'interrogation*. On comprend aussi quelles sont les véritables propriétés de chacune de ces Cadences.

Remarque: Toutes ces Cadences se font de la même manière dans le mode majeur et dans le mode mineur; elles ne diffèrent que par les accidents qu'on trouve dans le mode mineur.

CONSEILS.

On choisira plusieurs mélodies dans les bons Auteurs qui ont écrit pour le Théâtre, et on les analysera sous le rapport des Cadences; puis l'élève créera des mélodies en plaçant des repos symétriques après chaque deux ou chaque quatre mesures; il n'est pas encore nécessaire qu'il cherche à moduler; le plus important, ce qu'on lui demande ici, c'est qu'il place bien ses repos, afin que ses mélodies soient naturelles. Il ne serait pas musicien celui qui, avant même d'avoir étudié l'harmonie, ne saurait pas trouver des chants.

EXERCICES.

1º *Verbalement:* Quelle est la Cadence parfaite en *Sol* pour l'harmonie et pour la mélodie?

Quelle est la Demi-Cadence en *Fa* pour l'harmonie d'abord, et ensuite pour la mélodie?

Faites une Cadence interrompue en *Ré* par l'harmonie et par la mélodie

2º *Sur le papier:* Inventez un chant de huit mesures: placez une demi-Cadence a-près les quatre premières mesures, et une Cadence parfaite après les huit mesures; puis à la place de cette Cadence parfaite, écrivez une Cadence interrompue.

3º *Sur le Piano:* Faites une Cadence parfaite, puis une demi-Cadence, et enfin une Cadence interrompue, en *La*, pour l'harmonie et pour la mélodie.

4º *Sur le Piano, sans regarder:* Quelle est cette Cadence?

Remarque: Il est difficile de définir le Quart de Cadence qui se produit sous toutes les formes; on peut dire qu'un repos bien faible, qui arrive ordinairement après chaque deux mesures, et qui n'est ni une Cadence parfaite, ni une demi-Cadence, ni une Cadence interrompue, est un Quart de Cadence.

EXAMEN.

Que signifie le mot Cadence?

Où trouve-t-on les Cadences?

Pourquoi fait-on des Cadences?

Les Cadences sont-elles bien nécessaires en musique?

Est-il facile de reconnaître les Cadences dans une mélodie bien faite?

Combien y a-t-il d'espèces de Cadences?

Comment fait-on la Cadence parfaite dans l'harmonie et dans la mélodie?

Quelle différence y a-t-il entre la Cadence parfaite et la demi-Cadence?

Comment fait-on la demi-Cadence?

Sur quels temps de la mesure doit-on frapper les deux accords qui forment la Cadence parfaite?

Sur quels temps de la mesure doit-on frapper la demi-Cadence?

Qu'appelez-vous Quart de Cadence?

Avec quels accords le fait-on?

Sur quels temps de la mesure doit-on placer le Quart de Cadence?

Comment fait-on la Cadence interrompue?

La Cadence interrompue n'est-elle pas une simple modification de la Cadence parfaite?

La Cadence interrompue n'a-t-elle pas d'autres noms?.

A quels signes de ponctuation grammaticale ces Cadences correspondent-elles?

Ces Cadences se font-elles de la même manière dans les deux modes?

Remarque: On trouvera un grand nombre de formules de Cadences dans mes *Partimenti.*

CHAPITRE XV.

DES MODULATIONS.

INSTRUCTIONS.

Moduler veut dire changer de ton ou de mode, ou bien changer de ton et de mode en même temps.

Dans l'harmonie, on ne module réellement bien qu'avec les accords de dominante qui sont, en *Ut: Sol Si Ré, Sol Si Ré Fa, Si Ré Fa, Sol Si Ré Fa La, Si Ré Fa La, Sol Si Ré Fa La ♭, Si Ré Fa La ♭.*

Dans la mélodie, on module en prenant une des notes de ces accords, ou plutôt en arpégeant les accords de dominante.

Pour passer d'une gamme dans une autre, il s'agit de faire entendre la note ou les notes qui diffèrent entre la gamme que l'on quitte et celle où l'on va entrer.

Il y a dans toute gamme un intervalle de *Triton tonal*, qui se fait en réunissant le 4me degré de la gamme avec le 7me, et qui détermine le nouveau ton où l'on va d'une manière absolue.

Le *Triton tonal*, dont j'ai déjà parlé, se trouve toujours dans un accord de Septième dominante, de Neuvième dominante, de Septième sensible, et de Septième diminuée.

En *Ut*, ce *Triton tonal* se fait avec le *Si* et le *Fa*; or, cet intervalle *Si Fa* se rencontre dans les accords de dominante de la même gamme, Ex:

Ainsi, règle générale, pour passer d'une gamme dans une autre, il suffit de prendre un accord de dominante dans la nouvelle gamme où l'on veut aller.

DES MODULATIONS DANS LES TONS VOISINS.

Les Modulations les plus naturelles, les plus classiques, sont celles qu'on fait avec les tons voisins de celui où l'on est. Les tons qui ont à la clé le même nombre d'accidents, ou qui en ont un de plus, ou un de moins, sont des tons voisins ou relatifs.

Les tons relatifs d'*Ut* majeur sont donc:

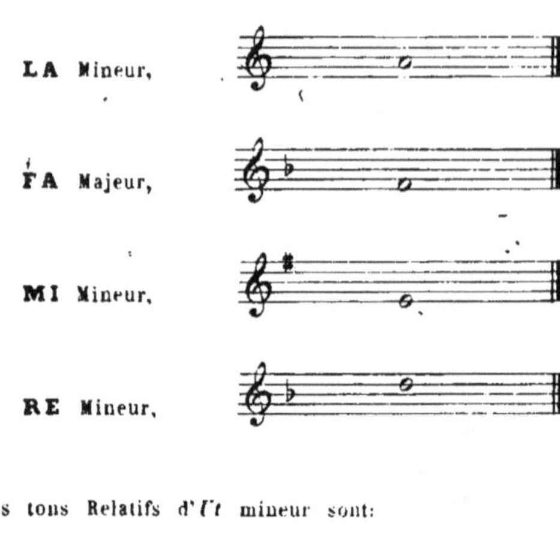

Les tons Relatifs d'*Ut* mineur sont:

Un ton majeur et un ton mineur, qui ont la même tonique, sont *Relatifs*; ainsi *Ut* majeur et *Ut* mineur sont relatifs.

On trouve dans les gammes des tons relatifs plusieurs accords qui sont les mêmes; entre *Ut* majeur et *La* mineur on trouve les accords suivans,

On peut encore se servir de ces accords communs à deux Gammes pour préparer les modulations qui ne deviennent définitives que lors qu'on a fait entendre un des accords de dominante du ton où l'on va.

EXEMPLES DE MODULATIONS.

D'*Ut* Majeur en *Sol* Majeur.

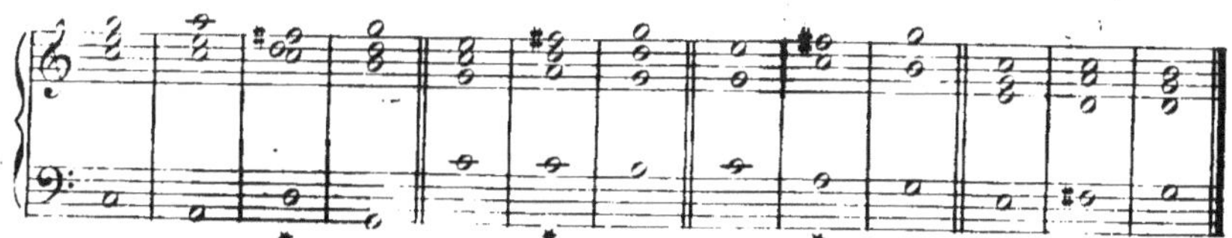

D'*Ut* Majeur en *La* Mineur.

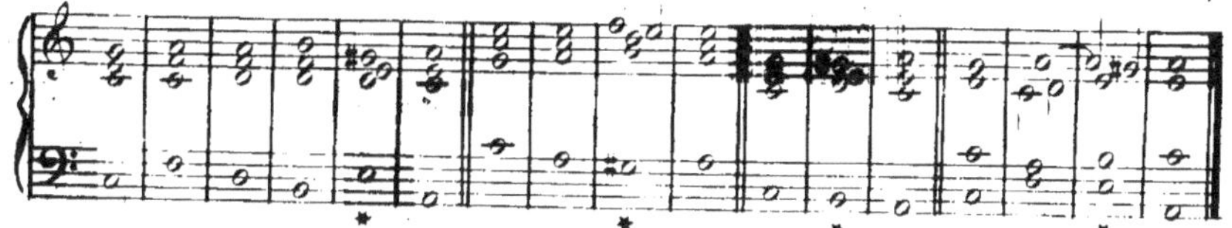

De *Mi* Mineur en *Ut* Majeur.

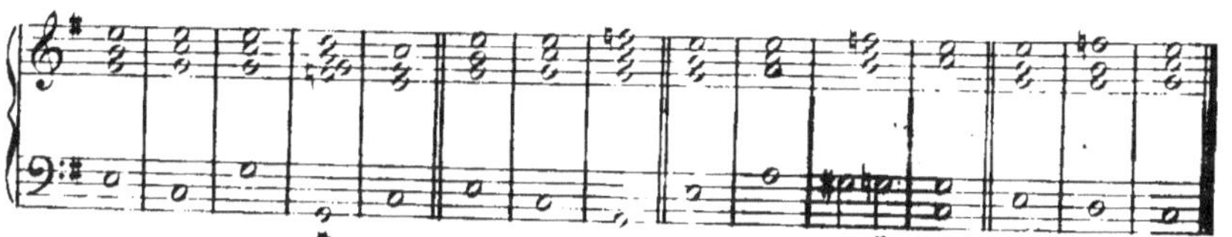

MODULATIONS DANS LA MÉLODIE.

Pour faire les Modulations dans la mélodie, il suffit d'arpéger les accords qui servent aux modulations dans l'harmonie; je reprends cet exemple déjà donné, Ex:

D'UT en SOL.

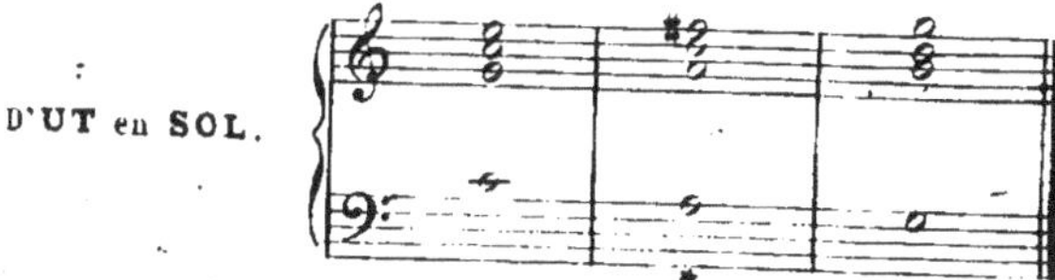

Dans la mélodie, pour passer d'*Ut* majeur en *Sol* majeur, j'arpégerai l'accord marqué d'un asterique (*) dans ce dernier exemple, ou du moins je ferai entendre le *Ré* et surtout le *Fa* ♯; le *Ré* parcequ'il est la dominante du ton de *Sol* où nous allons, et le *Fa* ♯ parcequ'il en est la note sensible. Ex.

On peut, dans la mélodie, moduler d'*Ut* en *Sol* majeur sans faire entendre la note sensible, mais en s'arrêtant sur la dominante de la gamme où l'on va, Ex:

Les *Ré* que nous avons marqués par des astériques font clairement pressentir la gamme de *Sol*; le moyen de s'en assurer, c'est d'arpéger alors l'accord de dominante et celui de tonique de la gamme où l'on va, Ex:

Il ne serait pas difficile, en chantant bien attentivement la mélodie suivante, de reconnaître dans quel ton elle est écrite, Ex:

Il est impossible, quoiqu'il n'y ait pas de *Ré* ♯ dans le chant, de ne pas sentir qu'il commence au *Mi* mineur et non en *Sol* majeur. On est tenté à chaque instant en chantant cette mélodie, d'arpéger les accords de *Mi Sol Si*, et *Si Ré* ♯ *Fa* ♯ *La*.

En chantant la première et la seconde mesures, ou finit invariablement en *Mi* mineur, si on veut préluder, Ex:

On voit que la note *Si* n'a pas le même caractère en *Sol* majeur et en *Mi* min:

Le *Fa* #, dans la troisième mesure, ne peut pas donner un seul instant l'idée de la note sensible en *Sol*, ainsi qu'on peut s'en convaincre si on veut varier cette mesure, en prenant l'accord donné par le sentiment, Ex:

Le *Fa* #, à cette trosième mesure, ne demande pas à monter sur le *Sol*, pour déterminer la gamme de *Sol* majeur: en effet, *Fa* # en *Mi* mineur, ne ressemble en rien pour l'expression, au *Fa* # de la gamme de *Sol* majeur, Ex:

On peut faire les mêmes observations dans la mélodie que nous analysons, pour les 4me 5me et 6me mesures, que pour les trois premières. Quoique la 8me mesure soit terminée par un *Sol*, on sent facilement qu'elle finit en *Mi* mineur, Ex:

La dominante a une puissance telle, qu'elle peut, à elle seule, donner le sentiment du ton; cette puissance peut s'expliquer. Nous avons dit qu'en frappant sur un corps sonore, le Piano, par exemple, une note, il en sortait d'autres notes qui formaient au moins un accord de Septième dominante, dont la note première était la fondamentale. Ainsi, en frappant un *Si*, on doit entendre *Si Ré* # *Fa* # *La*. Ce phénomène, qui se produit sur l'instrument, se fait en même temps en nous comme s'il était repercuté par un écho: il suffit en effet qu'on chante plusieurs *Si*, pour que notre oreille perçoive la sensation de *Si Ré* # *Fa* # *La*, et parconséquent du ton de *Mi*. Voilà pourquoi la 5me note d'une gamme, qu'on appelle la *Dominante*, offre un moyen si puissant de moduler.

On peut certainement accompagner en *La* mineur une phrase qui est en *Ut*, et vice versâ; mais ce sont là des moyens extraordinaires qu'on emploie dans la musique instrumentale et fuguée, où le même motif se reproduit à chaque instant; on donne ainsi plus de nouveauté à ce motif, et le morceau offre plus de variété; mais dans un Traité d'harmonie élémentaire, nous ne pouvons pas nous appuyer sur des cas semblables, pour établir nos théories. La phrase suivante, par exemple, est certainement plutôt en *Ut* majeur qu'en *La* mineur.

Ou pourrait cependant accompagner cette phrase en *La* miueur, à cause de l'absence du *Sol* naturel, Ex:

Cette mélodie est plus brillante en *Ut* majeur; la situation théâtrale ou le caprice du Compositeur peuvent seuls décider dans ce cas: on voit du reste que la dominante *Mi* *prédomine*, soit d'abord dans le chant, soit dans l'accompagnement, tandis que dans la manière suivante, on entendra surtout le *Sol*, dominante du ton d'*Ut*, Ex:

J'ai parlé du reste de ce cas avec plus de détails dans un Ouvrage que je publierai bientôt. Les Cadences offrent encore un puissant moyen de reconnaître les modulations. Chaque fois qu'on fait un repos, on peut, s'il y a doute, reconnaître le ton en arpégeant l'accord sur lequel se fait le repos, et celui qui le précède. On se trompe rarement sur le ton d'une mélodie, si on la chante souvent à plusieurs reprises. Lorsqu'on invente soi-même le chant, on sait bien dans quels tons on veut aller; il n'y a quelque difficulté à trouver les modulations que lorsqu'on analyse un chant donné, ou que nous empruntons à un autre Compositeur.

Le moyen le plus sûr de bien comprendre les mélodies, c'est de lire beaucoup de partition, des romances même, et de les analyser sans consulter les accompagnements déjà faits; on compare ensuite son travail avec celui de l'auteur primitif du morceau qu'on analyse, et l'on se rend ainsi un compte exact de ce qu'il fallait faire.

Ces Études préparatoires portent bientôt leurs fruits; et il arrive un temps où l'on reconnait aussi facilement les modulations dans une mélodie, que l'on distingue un *Ut* d'un *Fa*.

MODULATIONS DANS LES TONS ÉLOIGNÉS.

On module dans les tons éloignés comme on module dans les tons relatifs, en attaquant un accord de dominante du ton où l'on veut aller. On prépare souvent ces modulations par des accords intermédiaires, afin que la transition soit moins brusque, Ex:

Dans cet exemple, la modulation La♭ est préparée par la tonique Ut qui devient tierce dans l'accord de La♭.

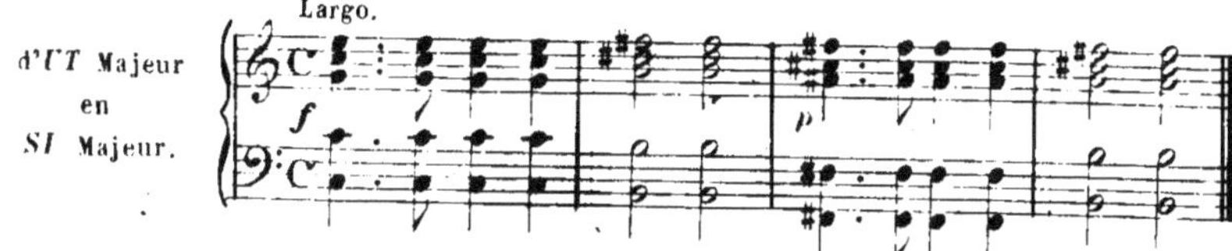

La Modulation d'Ut en Si se fait brusquement sans choquer l'oreille; voici pourquoi: nous avons dit que le même accord appartenait souvent à deux gammes différentes, nous en avons la preuve ici; l'accord d'Ut Mi Sol appartient au 6me degré de Mi mineur, autant qu'au 1er degré d'Ut majeur, et l'accord Si Ré♯, Fa♯, qui vient après, peut être regardé comme étant placé sur le 5me degré de la gamme de Mi mineur, aussi bien que sur le premier degré de Si majeur. C'est l'accord dont sera suivi celui de Si Ré♯ Fa♯ qui décidera du ton dans lequel nous irons; mais quoiqu'il nous plaise de faire, une fois l'accord Si Ré♯ Fa♯ entendu, nous pouvons aller en Mi mineur, en Mi majeur, en Si maj: en Fa♯ majeur &; Ex:

On module encore par des traits à l'unisson, par des traits Chromatiques à l'unisson, après une pause, un point d'orgue.

MODULATIONS ENHARMONIQUES.

Ces Modulations se font par le genre enharmonique, ainsi que nous l'avons déjà dit. On peut, au moyen des modulations enharmoniques, passer sans préparation dans les plus éloignés, Ex:

Ces Modulations enharmoniques se font souvent avec l'accord de Septième diminuée, dont toutes les notes peuvent changer enharmoniquement, ensemble ou séparément, Ex:

MODULATIONS ENHARMONIQUES DANS LA MÉLODIE.

Les Modulations dans les tons éloignés et les Modulations chromatiques sont difficiles dans la mélodie, surtout lorsqu'elle n'est pas soutenue par l'orchestre; une mélodie qui est destinée à devenir populaire ne doit moduler qu'à la dominante, à la médiante, à la sous-dominante et quelquefois à la sus-dominante, lorsqu'elle est écrite dans le mode majeur; elle peut aller aussi au mode mineur de sa tonique, Ex:

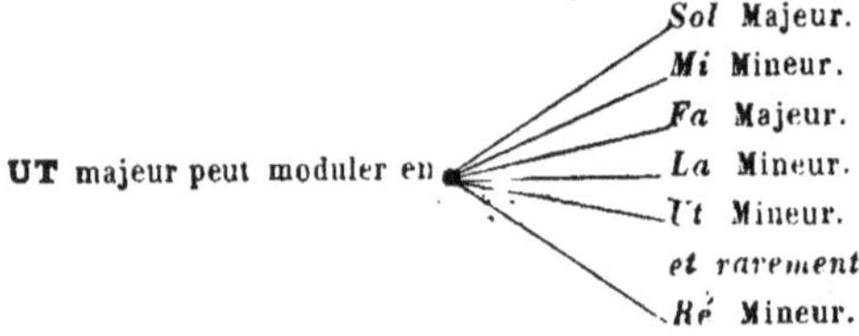

Dans le mode mineur, elle doit moduler à la médiante, à la dominante, à la sous-dominante, à la sus-dominante, au septième degré et au mode majeur de sa tonique; il est certain que dans ces nouveaux tons, le Si ♮, en Ut, par exemple, devient toujours Si ♭.

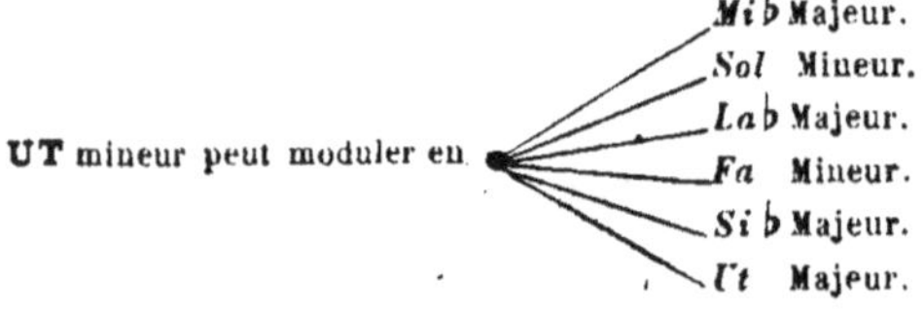

Mais la mélodie, soutenue par l'orchestre, peut moduler dans les tons les plus éloignés. Seule, sans accompagnement, elle pourrait faire sans doute quelques modulations enharmoniques, ou dans les tons éloignés, Ex:

Mais il vaut mieux qu'elle reste dans les tons relatifs dont je viens de parler.

MODULATIONS PASSAGÈRES — MODULATIONS ENTIÈRES.

La Modulation est entière lorsqu'elle se fait avec la demi-cadence ou la cadence parfaite.

Elle est passagère quand elle se fait au milieu de la phrase, sans que le ton change à la cadence, Ex:

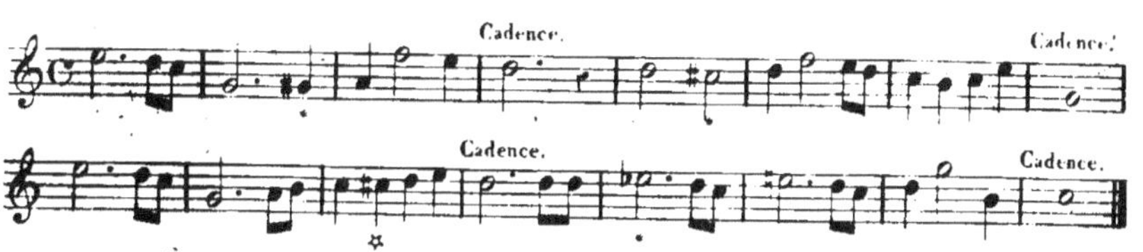

J'ai marqué par des Astériques les modulations passagères; mais la phrase entière reste toujours dans le ton d'*Ut*, parcequ'on ne module pas aux Cadences qui restent ainsi dans le ton d'*Ut*.

On peut établir, comme règle générale, qu'une phrase est toujours dans le ton de la Cadence qui la termine, les modulations intermédiaires étant regardées comme purement passagères.

Dans l'harmonie les Modulations passagères se font surtout par le genre chromatique.

Lorsque deux notes sont éloignées d'un ton, on les rapproche au moyen d'un accident; on pose ordinairement sur la note altérée un accord de dominante, Ex:

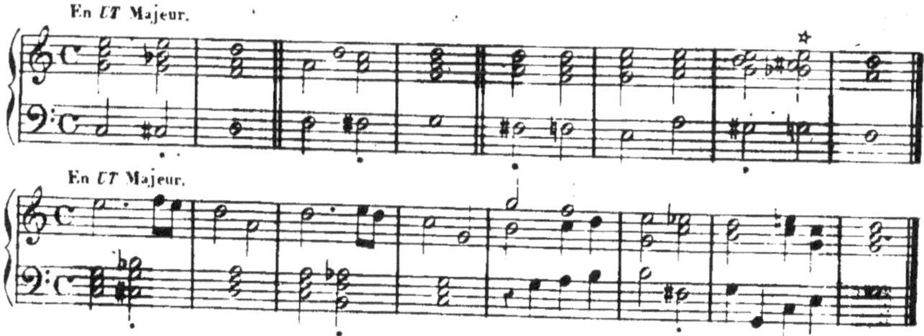

Ces Modulations se font donc en empruntant passagèrement un accord étranger à la des tons relatifs, et rarement aux tons éloignés.

La mélodie suit ici l'harmonie; elle fait entendre une ou plusieurs notes de ces accord Les modulations passagères sont aujourd'hui très usitées; elles produisent un bon effet, doit les rechercher et en faire un emploi fréquent.

CONSEILS.

On lira beaucoup de Partitions pour y étudier avec soin les mélodies sous le rapport des modulations; à chaque leçon l'élève analysera une mélodie sous les yeux du Maître: ce n'est que par ce travail fait longtemps avec suite qu'on parviendra à introduire d'heureuses modulations dans les mélodies qu'on composera. On prendra quelques accords modulants qu'on écrira soi-même, ou qu'on empruntera à d'autres compositeurs, et l'on cherchera des mélodies sur ces accords, ainsi que nous l'avons déjà fait dans ce Chapitre. On répétera plusieurs fois le même accord, suivant les exigences ou les nécessités de la mélodie qu'on inventera; prenons, par exemple, les accords suivants:

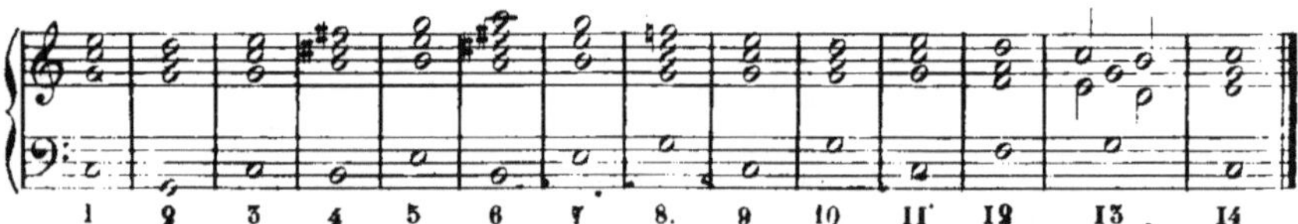

Voici une des mélodies qu'on pourrait trouver sur ces accords:

On modulera d'abord dans les tons relatifs, puis dans les tons éloignés; on fera des modulations passagères, appelées aussi demi-modulations, et des modulations entières soit avec la mélodie, soit avec l'harmonie. Le Maître, pourvu que la succession des accords soit convenable, et se conforme à ce que nous avons déjà dit sur la meilleure résolution de ces accords, ne critiquera point les fautes d'harmonie dont nous n'avons pas encore parlé à l'élève; il tiendra surtout à ce que les mélodies aient des cadences après deux ou quatre mesures. L'élève, en créant ces mélodies, suivra son caprice; nous demandons seulement qu'il y introduise des modulations, et qu'il y place les Cadences avec symétrie. Il n'oubliera pas qu'une mélodie quelconque doit toujours finir dans le ton par lequel elle a commencé.

EXERCICES.

1º *Verbalement:* Pour aller de *Fa* majeur en *La* mineur, quel accord prenez-vous?

Par quels moyens pourriez-vous passer de *Sol* majeur en *Ut* mineur?

2º *Sur le papier:* Écrivez les tons relatifs de *Si♭* majeur et de *Ré* mineur.

Écrivez le *Triton tonal* de *Mi*, de *Ré♭*, de *Fa♯*, de *Si*, de *La♭*, &.

Composez une mélodie en *Mi* majeur, modulant dans les tons relatifs.

Composez, en *Ut* mineur, une mélodie qui module dans les tons éloignés.

Écrivez tous les accords de dominante de *La* majeur, et de *Si* mineur.

Écrivez tous les accords semblables qu'on trouve entre les gammes de *Mi♭* et de *La♭*.

Écrivez une mélodie sur les accords suivants:

3º *Sur le Piano:* Jouez tous les accords de dominante dans les tons de *Fa* mineur, et de *La♭* majeur.

Jouez le *Triton tonal* de *Fa♯*, de *La*, de *Mi*, de *Si*, de *Ré♭*, de *Sol♭*, &, on lui donnera chaque fois sa résolution en majeur et en mineur, de cette manière, Ex:

En *SI♭*

Passez de *Ré* majeur en *La* majeur et de *La* majeur au *Ré*; allez ainsi de *Ré* majeur dans les tons relatifs.

Allez de *Si* mineur en *Ut♯* mineur.

Arpégez les accords suivans de manière à former des mélodies de quatre ou huit mesures; on répétera plusieurs fois certains accords,

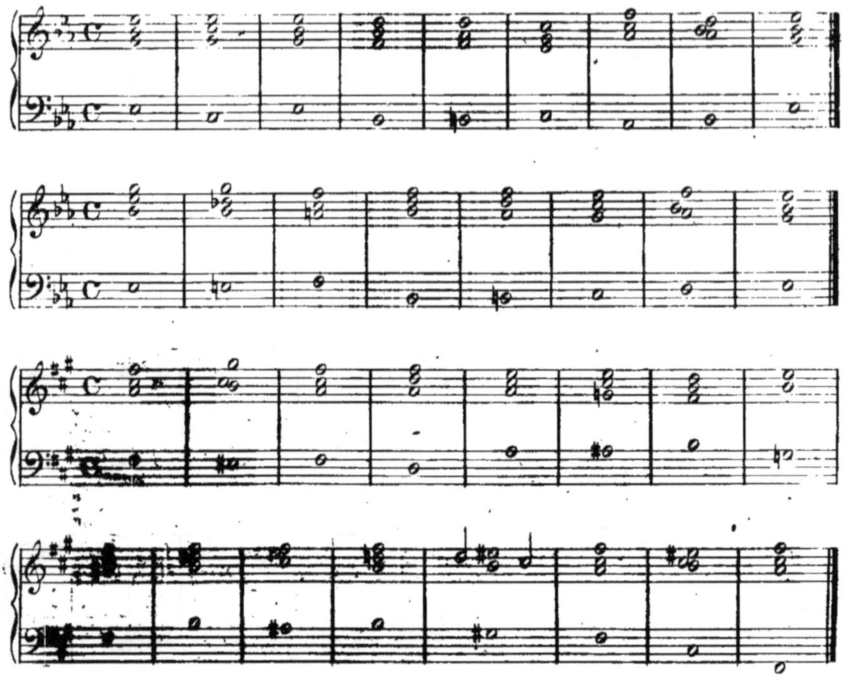

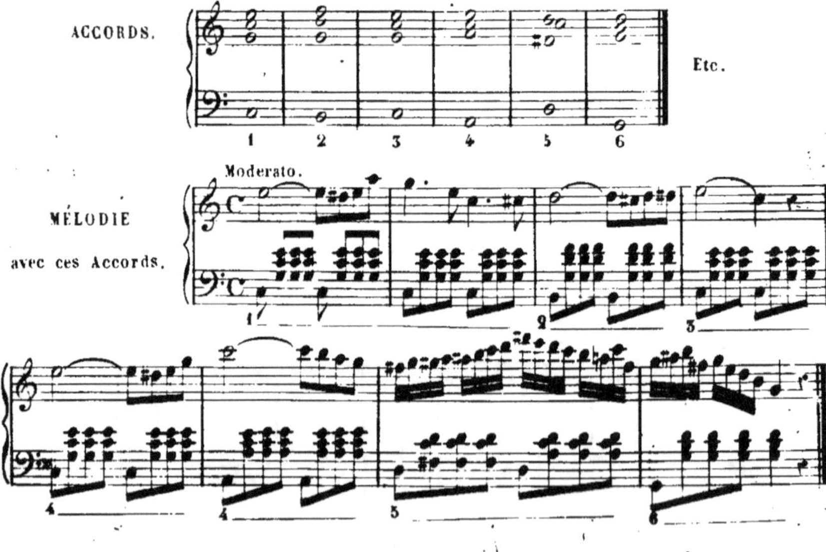

On jouera les accords avec la main gauche, tandis que la main droite fera le chant, de cette manière, par exemple,

ACCORDS.

Etc.

MÉLODIE

avec ces Accords.

On ne peut pas encore exiger de l'élève qu'il réalise l'harmonie sans fautes, puisqu'il ne connait pas entièrement les règles nécessaires à la régularité de ce travail; mais on peut lui recommander, lorsqu'il passe d'un accord à un autre, de faire marcher les notes du premier accord sur les notes les plus voisines de l'accord suivant:

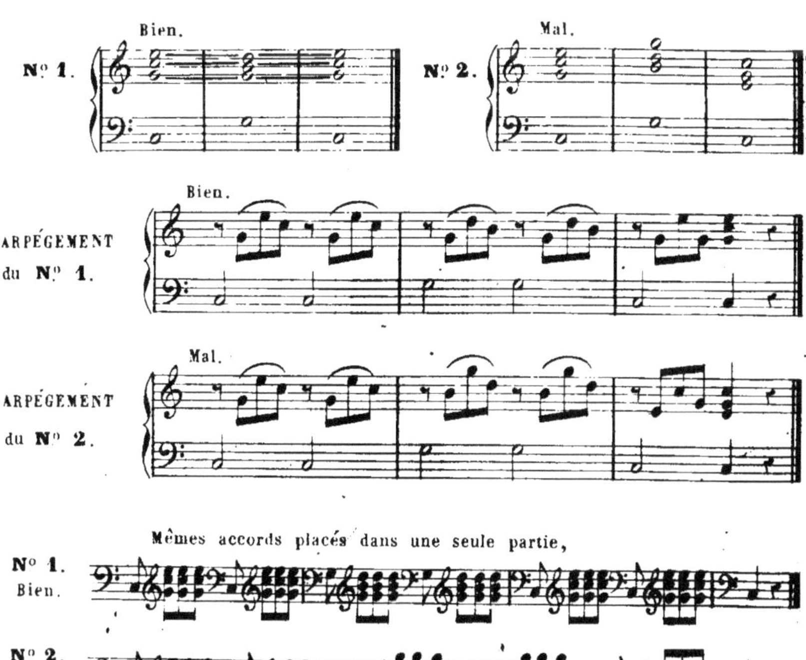

Le N.° 1 dans les exemples suivants, est bon, parceque l'harmonie marche avec régularité; le N.° 2 est mauvais, parceque les notes des accords se succèdent d'une manière trop sautillante,

En donnant l'harmonie plaquée de ces deux derniers exemples, on comprendra mieux pourquoi l'un est bon, tandis que l'autre est mauvais:

(Je parle de ces fautes d'accompagnement dans un autre ouvrage.)

EXAMEN.

Que signifie le mot moduler?

Quelles sont les meilleures manières de moduler dans l'harmonie?

Comment module-t-on dans la mélodie?

Quelles sont les notes principales qu'on doit faire entendre pour passer d'une gamme dans une autre?

Quel est l'intervalle qui détermine le ton d'une manière absolue?

Avec quelles notes de la gamme le Triton tonal se fait-il?

Dans quels accords trouve-t-on le Triton tonal?

Ne suffit-il pas, pour passer d'une gamme dans une autre, de prendre l'accord de dominante dans la nouvelle gamme?

Qu'appelez-vous tons voisins ou tons relatifs?

Comment deux tons sont-ils relatifs?

Quelles sont les modulations les plus naturelles?

Quels sont les relatifs de *Mi* majeur?

Quels sont les relatifs de *Mi* mineur?

Ne trouve-t-on pas, dans les tons relatifs, des accords qui sont les mêmes? donnez nous en des exemples?

Quels sont les accords semblables dans les tons de *Mi b* et de *La b* majeurs?

Avec quels accords peut-on préparer les modulations?

Comment s'y prend-on pour faire les modulations dans la mélodie?

Quelles sont les notes qui servent le plus à faire les modulations dans la mélodie?

Une même note ne change-t-elle pas de caractère suivant le ton où l'on est?

D'où vient que la dominante détermine si bien les modulations?

Ne pourrait-on pas accompagner en *Si* mineur, par exemple, une mélodie qui serait écrite en *Ré* majeur?

Les Cadences n'offrent-elles pas un moyen sûr de reconnaître les modulations?

Quel est le meilleur moyen de bien comprendre les mélodies?

Comment module-t-on dans les tons éloignés?

Qu'appelle-t-on modulations enharmoniques? comment se font-elles? quelle est leur utilité?

La mélodie, lorsqu'elle n'est pas soutenue par l'orchestre, peut-elle moduler dans les tons éloignés? peut-elle faire alors des modulations enharmoniques?

Quels sont les tons dans lesquels peut passer la mélodie, lorsqu'elle n'est pas soutenue par l'orchestre?

Qu'appelle-t-on modulation entière?

Qu'appelle-t-on demi-modulation ou modulation passagère?

Donnez-nous par écrit des exemples de ces deux espèces de modulations?

Au moyen de quels accords fait-on principalement les modulations passagères?

CHAPITRE XVI.

DES FAUSSES RELATIONS D'OCTAVES.

INSTRUCTIONS.

Il est bien dans l'harmonie comme dans la mélodie que les changemens chromatiques se fassent à la même place, pour l'harmonie et pour la mélodie, et dans la même partie et à la même place pour l'harmonie, Ex:

Le premier exemple est naturel; le second chante mal; on ne pourrait le rendre possible que de la manière suivante,

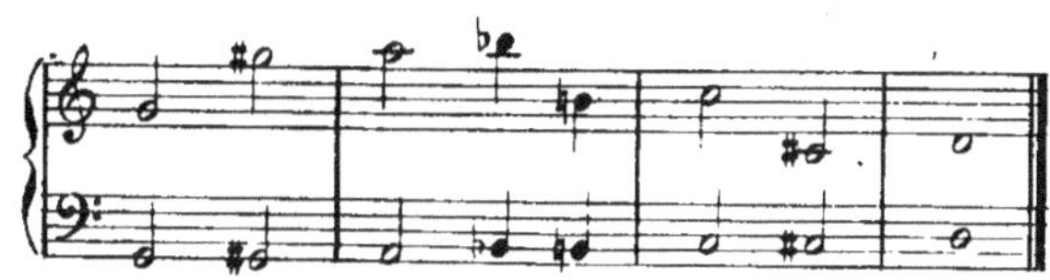

Mais il y aurait dans la main droite, écrite ainsi, une recherche de bizarrerie entièrement ridicule.

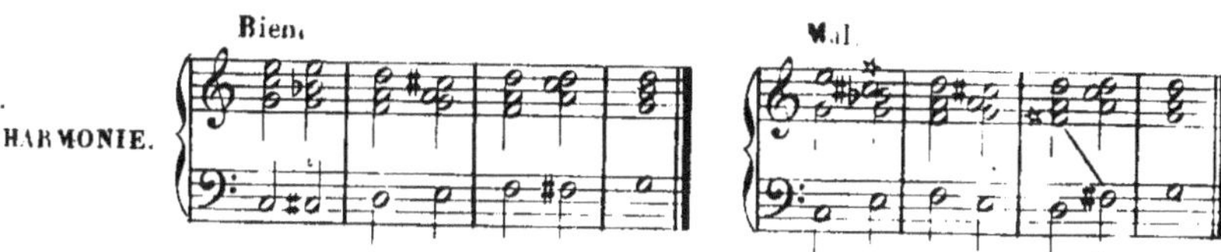

Dans le premier exemple, il n'y a pas de fausses relations d'octaves, puisque le changement chromatique se fait dans la même partie, c'est-à-dire à la basse.

Il est mieux sans doute d'isoler la note qui doit changer chromatiquement, Ex

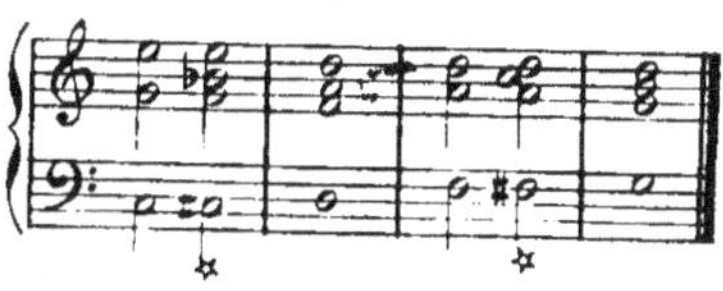

Je ne double pas l'*Ut* et le *Fa* au moment où ils subissent le changement chromatique; on peut cependant les doubler, il suffit alors qu'une des parties fasse régulièrement le changement chromatique; les autres descendent ou montent conjointement, ou bien marchent par intervalles disjoints, Ex:

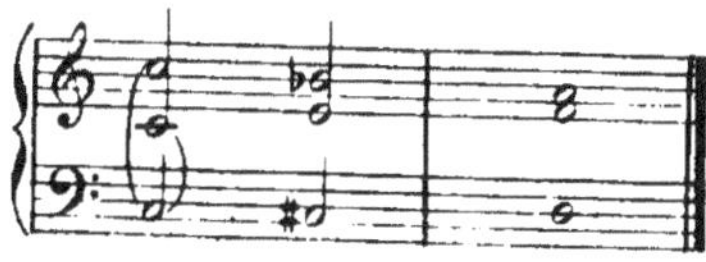

Dans le second exemple, en tête du quel j'ai placé le mot *mal*, il y a des fautes de fausses relations d'octaves aux endroits signalés par des astériques, Ex:

On appelle donc *fausses relations d'octaves* le rapport qui existe entre deux notes qui sont à distance d'Octave augmentée ou diminuée l'une de l'autre, Ex:

Ces fausses relations sont tolérées, lorsqu'une des deux parties reste en place ou fait en même temps le changement chromatique, Ex:

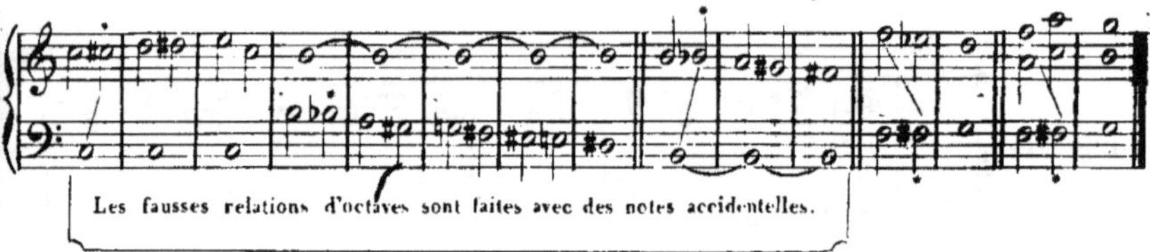

EXEMPLES DE FAUSSES RELATIONS DÉFENDUES.

RELATIONS D'OCTAVES PERMISES.

Dans la musique instrumentale on fait quelquefois les fausses relations d'Octaves, mais principalement dans les accompagnemens.

Les fausses relations qu'on fait avec les notes accidentelles sont généralement permises, Ex:

EXAMEN.

Comment doit-on faire les changemens chromatiques, pour l'harmonie et pour la mélodie?

Ne doit-on pas isoler la note qui fait le changement chromatique? donnez-nous des Ex:

Peut-on doubler néanmoins les notes qui font le changement chromatique? comment réalise-t-on l'harmonie alors?

Qu'appelle-t-on fausse relation d'Octave?

Existe-t-il des cas où l'on puisse tolérer ces fausses relations d'Octaves?

Les fausses relations d'octaves peuvent-elles se rencontrer dans la musique instrumentale?

Les permet-on, lorsqu'on les fait avec des notes accidentelles?

CHAPITRE XVII.

ACCORDS DE SEPTIÈMES DÉRIVÉES.

INSTRUCTIONS.

Les deux septièmes placées, l'une sur le second degré de la gamme majeure, et l'autre sur le second degré de la gamme mineure, sont presque les seules qu'on emploie dans la musique libre, Ex:

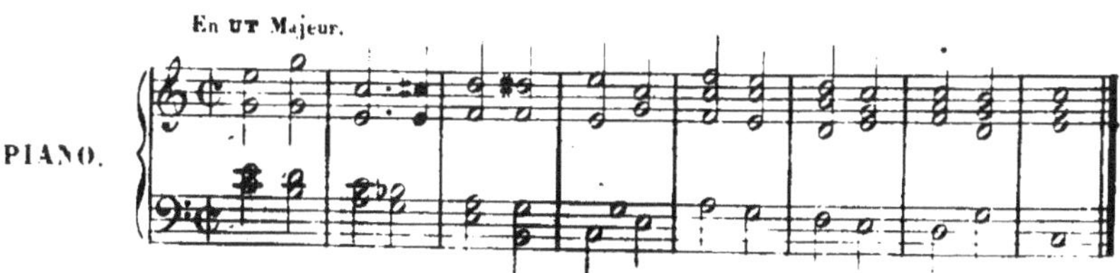

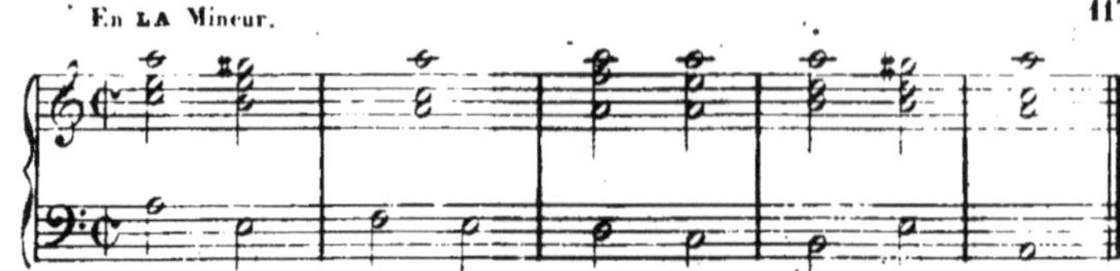

Les autres se font avec certaines formules harmoniques usitées dans la musique ancienne, Ex:

RENVERSEMENS.

Les septièmes ont chacune trois Renversemens, qu'on emploie fréquemment; le second renversement est pourtant moins utile que les autres, parceque la Quinte de l'accord est placé à la basse, Ex:

Voici maintenant les Renversemens des autres septièmes moins usitées que les précédentes.

EN UT MAJEUR.

EN ·LA MINEUR.

Cés deux dernières Septièmes, en *La* mineur, se retrouvent dans la gamme d'*Ut* majeur; mais elles diffèrent par leur Résolutions, ainsi que nous le verrons bientôt.

NOMS DONNÉS AUX SEPTIÈMES.

Les Septièmes primitives, celles qu'on trouve dans la nature, sont:

La Septième dominante,

La Septième sensible,

La Septième diminuée.

Les autres, que j'ai appelées *Septièmes dérivées*, ne sont pas dans la nature; les Maîtres les ont formées par analogie, et les ont nommées *Septièmes de Seconde, troisième et quatrième espèces:* aussi, elles sont plutôt harmoniques que mélodiques, de sorte qu'on les arpège plus dans l'harmonie que dans la mélodie.

On forme ces Septièmes en ajoutant une note au-dessus des accords de trois sons que nous avons déjà fait connaître, et que nous rappelons ici, Ex:

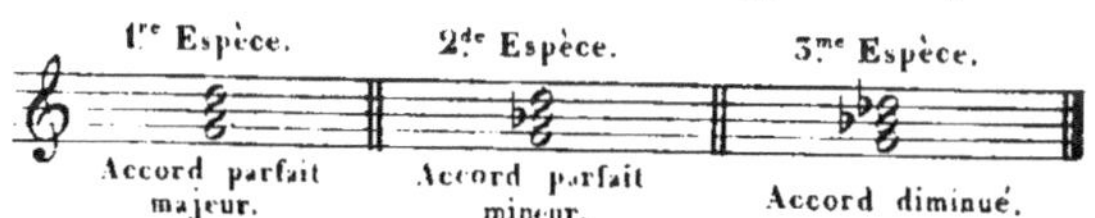

La pratique nous a démontré qu'on pouvait placer une Septième mineure sur chacun de ces accords, Ex:

On a essayé ensuite de placer une Septième majeure sur chacun de ces accords; mais on a reconnu que l'accord parfait majeur pouvait seul en recevoir une, Ex:

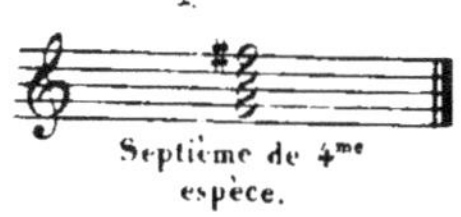

EMPLOI DE CES ACCORDS.

La Septième dominante, ainsi que nous l'avons dit, s'emploie sans qu'il soit besoin de préparer sa note la plus élevée; elle peut se briser dans tous les sens, tant dans la mélodie que dans l'harmonie, parcequ'elle est un accord naturel.

Les anciens harmonistes rangeaient parmi les accords naturels la Septième de seconde espèce, placée sur le second degré de la gamme majeure, et la Septième de troisième espèce qu'on trouve sur le second degré de la gamme mineure; ils les employaient selon les règles du *double emploi,* que nous expliquerons dans un autre ouvrage. Les harmonistes modernes, adoptant quelques préceptes de ces maîtres anciens, ont employé ces deux Septièmes dérivées sans préparation, en les plaçant indifféremment sur le temps fort ou le temps faible de la mesure, tandis que les autres Septièmes dérivées ne pouvaient être frappées que sur les temps forts, ou du moins ne pouvaient se frapper sur les temps faibles que lorsqu'il y en avait déjà sur les temps forts, Ex:

Par la même raison, on employait assez fréquemment la Septième de seconde espèce placée sur le second degré de la gamme majeure, et la Septième de troisième espèce placée sur le second degré de la gamme mineure avec leur Quinte, tandis qu'on supprimait ordinairement cette Quinte dans les autres Septièmes dérivées qu'on a toujours regardées comme le produit des suspensions, c'est-à-dire, comme de simples modifications des accords de trois sons, et non comme des accords nouveaux.

PRÉPARATION DES SEPTIÈMES DÉRIVÉES.

La préparation des Dissonances joue un rôle important dans la musique sévère; elle est moins respectée dans la musique libre.

La préparation se fait en syncopant la Dissonance, de cette manière:

On appelle *Préparation* la première partie de la syncope, ainsi que nous l'avons indiqué dans l'exemple précédent. Dans la musique sévère, cette première partie de la syncope doit avoir au moins autant de valeur que la dissonance, si elle n'en a pas une plus grande; on fait peu d'attention à cette règle dans la musique libre.

La préparation s'appelle *valeur boiteuse*, lorsqu'elle a une valeur moindre que la Dissonance, Ex:

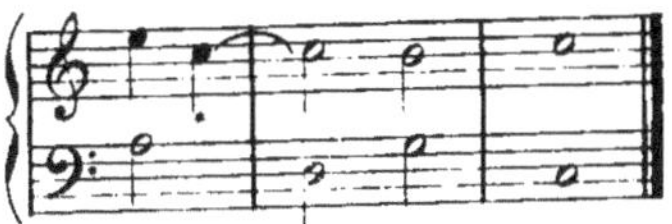

Les Classiques défendent même de lier une noire à une dissonance quelle qu'elle soit; la préparation, selon eux, doit être au moins une blanche; cette défense, je l'avoue, est par trop sévère; dans les mesures à trois temps, on tolère les valeurs boiteuses pour la musique sévère, Ex:

Dans la musique libre, il est mieux, si on emploie ces valeurs boiteuses, de ne pas les lier, comme dans l'exemple précédent.

Règle: On doit préparer la dissonance dans toutes les Septièmes dérivées ; le contraire serait regardé comme une faute grave dans la musique sévère Ex:

On trouve cependant dans les meilleurs auteurs les Septièmes du second degré employées sans préparation, Ex:

La Septième employée comme note accidentelle, se rencontre souvent, Ex:

Du reste, les Dissonances employées comme broderies, appogiatures, ou notes de passage, n'ont pas besoin de préparation.

RÉSOLUTION DES SEPTIÈMES DÉRIVÉES.

La Septième, dans ces accords, doit se résoudre en descendant conjointement par ton ou par demi-ton, quel que soit le renversement de l'accord, Ex:

ARPÉGEMENT DES SEPTIÈMES DÉRIVÉES.

On arpège rarement les Septièmes dérivées dans la mélodie; on peut établir, comme règle, que les Dissonances qui ont besoin de préparation ne peuvent pas changer de place pendant la durée de l'accord dans lequel elles sont frappées; ainsi, dans la Septième dérivée de seconde espèce *Ré Fa La Ut*, l'*Ut* doit faire sa résolution dans la partie où il a été entendu primitivement, Ex:

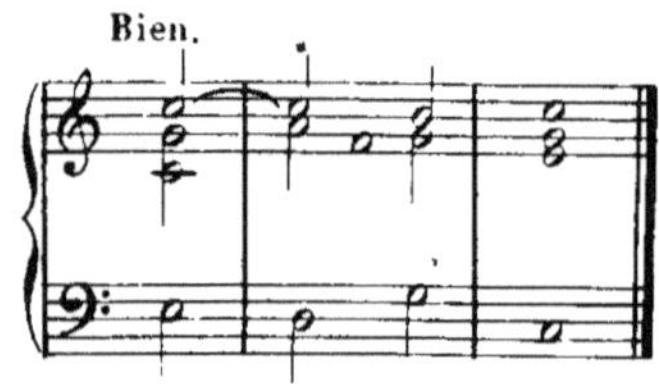

On peut cependant, avant de faire résoudre l'*Ut* sur le *Si*, passer mélodiquement par une des notes de l'accord de Septièmes, Ex:

Mais il faut alors, comme on le voit ici, qu'en supprimant cette note intermédiaire, la dissonance fasse sa résolution régulière.

On peut briser pourtant les trois premières notes de l'accord, et les faire changer de place pendant la durée de la dissonance, Ex:

On brise quelquefois de la manière suivante les accords de Septièmes dérivées dans les accompagnemens du Piano, ou des autres instrumens employés à l'orchestre,

L'emploi le plus poétique peut-être qu'on ait fait de la Septième dérivée de seconde espèce se trouve dans le *Freïschütz* de Weber, Ex:

Nous avons déjà dit qu'on pouvait briser à volonté les accords primitifs, parce-qu'ils n'ont pas besoin de préparation dans leur emploi.

DE LA SEPTIÈME DE TROISIÈME ESPÈCE, ET DE LA SEPTIÈME SENSIBLE.

La Résolution naturelle de la Septième de troisième espèce se fait ainsi:

Tandis que la Septième de sensible se résout de la manière suivante:

- La Première se résout sur la dominante de la gamme, la seconde va sur l'accord de la tonique. Dans la Septième de troisième espèce, la dissonance *La* doit être préparée; dans la Septième sensible, elle peut s'employer sans préparation.

La véritable fondamentale de la Septième sensible *Si Ré Fa La*, est *Sol*, tandis que le *Si* est la fondamentale de la Septième de troisième espèce *Si Ré Fa La*.

Dans la Septième sensible, le *La* ne peut pas se mettre au-dessous du *Si*; dans la Septième de troisième espèce, le *La* peut se placer indifféremment au-dessous de toutes les notes de l'accord.

Dans la Septième sensible, le *Si* doit monter diatoniquement à l'*Ut*; dans la Septième de troisième espèce, le *Si* a une marche libre.

Dans la Septième sensible, le *Fa* va au *Mi*; dans la Septième de troisième espèce, il a une marche libre.

On pourrait croire que c'est parcequ'on a confondu ces deux accords qu'on a employé quelquefois la Septième de troisième espèce sans préparation.

DE LA SEPTIÈME DE SECONDE ESPÈCE.

On trouve aussi cette Septième de seconde espèce dans les gammes d'*Ut* majeur, de *La* mineur, de *Fa* majeur, et de *Si♭* majeur, Ex:

Leur Résolution se fait également sur l'accord de *Sol*, modifié suivant le ton où l'on est, Ex:

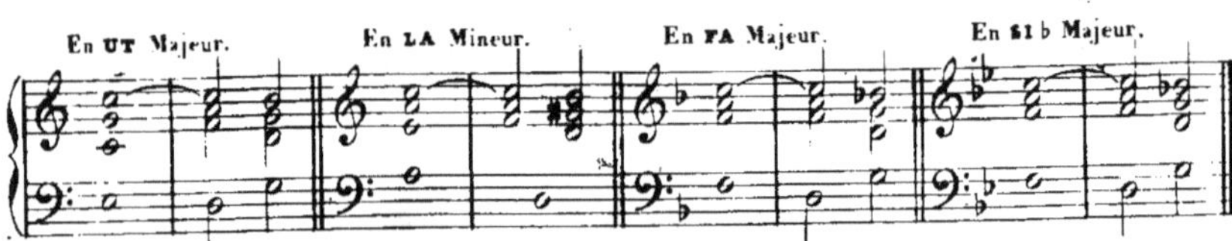

On rencontre aussi dans trois gammes différentes l'accord de Septième de quatrième espèce formé par les mêmes notes, Ex:

Cette Septième, prise sur le premier degré d'une gamme majeure, s'emploie quelquefois dans le cours d'une mélodie; les deux autres ne sont usitées que dans une suite de Septièmes, marchant d'une manière uniforme, régulière, appelée *marche* ou *Progression harmonique*. Nous parlerons bientôt de ces marches d'harmonie qui jouent un rôle si important dans la musique sévère.

CHAPITRE XVIII.

ENCHAINEMENT DES ACCORDS DE TROIS SONS,
RÉSOLUTION NATURELLE DES ACCORDS DISSONANS.

ENCHAINEMENT DES ACCORDS CONSONNANS.

On dit qu'excepté les deux accords de trois sons, *l'accord parfait majeur et l'accord parfait mineur*, tous les autres sont dissonans.

Nous savons que les seuls intervalles Consonnans sont l'Octave, la Tierce majeure et mineure, et la Quinte parfaite; nous avons rangé aussi la Quarte parfaite au nombre des Consonnances. Tous les autres intervalles sont dissonans; mais, comme on peut le voir dans mes *Partimenti*, ils ne le sont pas au même degré; le mot *Dissonant* n'est pas une qualification qui convienne également à tous les intervalles appelés dissonans dans nos écoles.

Un accord formé par des intervalles consonnans est un accord Consonnant; il devient Dissonant dès qu'il se mêle une ou plusieurs dissonances, à ses intervalles Consonnans.

Explications: L'enchainement des accords se compte toujours par leur fondamentale, n'importe la place qu'elle occupe dans la Réalisation, Ex:

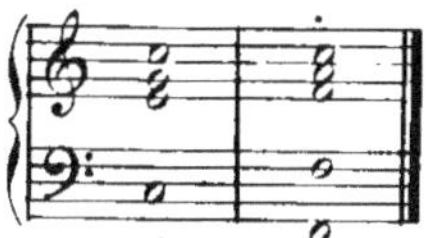 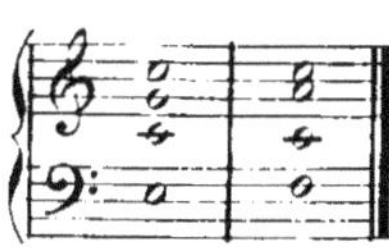 

On dit que dans ces trois exemples l'accord d'*Ut Mi Sol* s'enchaine avec celui de *Fa La Ut* par quarte supérieure ou par quarte inférieure, (ce qui est identiquement la même chose), parceque de l'*Ut* fondamentale du premier accord il y a une quarte supérieure ou une quarte inférieure contre la fondamentale du second accord.

Les accords dont les fondamentales marchent par degrés disjoints produisent généralement un bon effet, Ex:

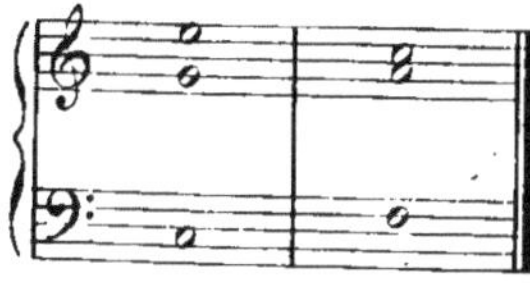 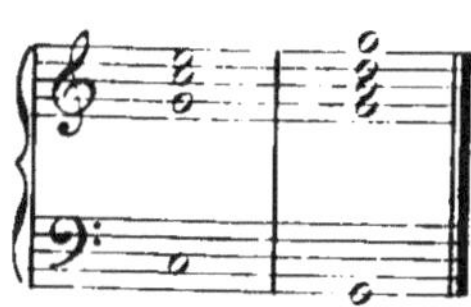 

Les Renversements de ces accords ainsi enchaînés donnent encore une bonne harmonie, Ex:

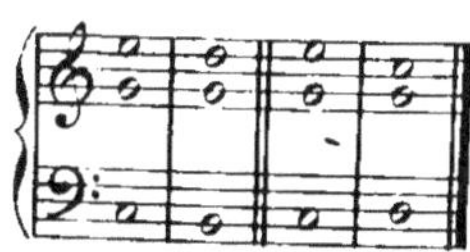

L'effet est moins régulier, lorsque l'enchaînement des fondamentales se fait par Secondes, Exemple,

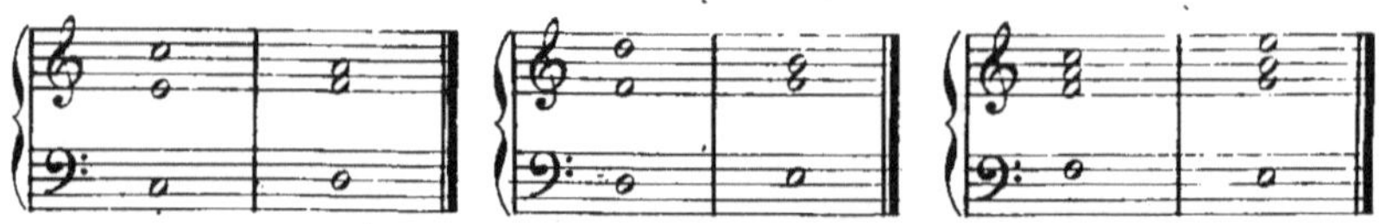

Les enchaînemens suivants, faits par Secondes, sont meilleurs, Ex:

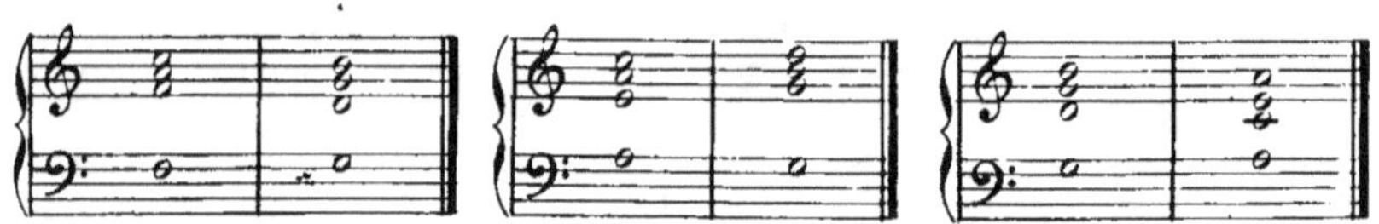

L'enchaînement par Seconde du septième degré est généralement bon, Ex:

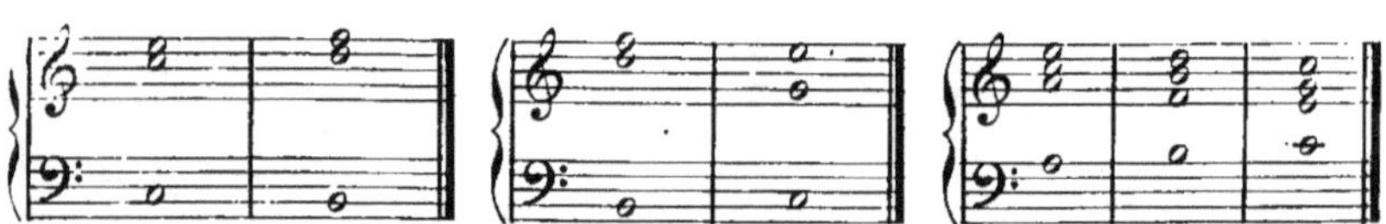

L'enchaînement par Tierce supérieure est plus faible quand on va d'un accord majeur sur un accord mineur, que d'un accord mineur sur un accord majeur, Ex:

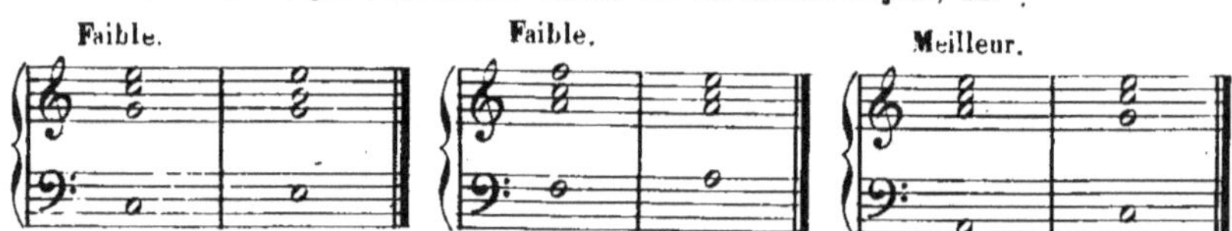

L'accord du troisième degré, dans le mode majeur, bien entendu, donne une harmonie faible; on l'emploie généralement dans les progressions, Ex:

On peut faire les mêmes observations pour les accords pris dans le mode mineur, celui du troisième degré excepté, parcequ'il n'existe pas.

Ces enchaînemens, du reste, subissent une foule de modifications, soit par leurs renversemens, soit par les divers arrangemens de leurs notes dans les parties placées au-dessus de la basse, soit enfin par la manière dont ils sont amenés; il nous serait bien difficile et peut-être impossible de les faire connaître.

. On a dit que le premier renversement des accords adoucissait la dureté de quelques successions par seconde, d'après cette opinion

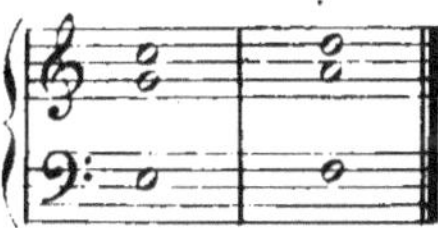

serait plus harmonieux que

Ce n'est pas mon avis; et j'ajoute que le second exemple serait moins bon, si on ne doublait pas la Tierce dans l'accord de *Ré*, Ex:

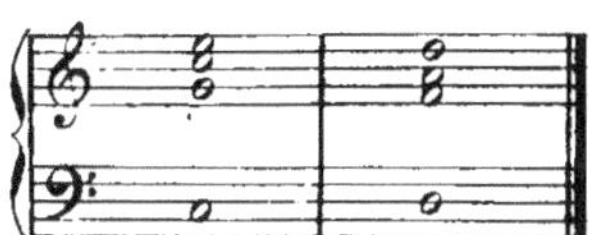

Tout cela nous prouve que, dans les arts, on ne peut arriver à un certain degré de force et de perfection que par une étude constante, bien dirigée, et surtout par l'observation. Voilà pour quelles raisons je procède principalement dans cet Ouvrage par l'analyse très détaillée des intervalles composés d'abord de deux notes et puis de plusieurs, lorsqu'ils deviennent ce qu'on appelle des *Accords*. Il est plus facile à l'oreille de bien apprécier un intervalle isolé, que lorsqu'il est multiple; ainsi, deux notes, sont plus faciles à comprendre que trois ou quatre frappées simultanément.

Il serait facile de faire un traité d'harmonie dans lequel on donnerait simplement les accords, leurs noms, la résolution régulière de quelques unes de leurs notes, il ne serait pas même nécessaire d'être musicien pour composer un tel livre; il suffirait d'ouvrir ma Panharmonie, par exemple, et d'en extraire la nomenclature des accords. Ce qu'il importe dans le traité d'harmonie le plus simple, le plus élémentaire qu'on veuille composer, c'est d'inventer pour l'élève un mode de travail qui lui apprenne à se servir des accords pour accompagner convenablement les mélodies qu'il aura composées C'est ce que j'ai fait dans ma *Panharmonie* par les accords, c'est ce que je veux faire ici par les intervalles.

Dans la Panharmonie chaque Chapitre renferme à peu près tout ce qui le concerne; ici les matières semblent ne pas se présenter avec la même régularité, et cependant elles sont ordonnées aussi d'une manière progressive, naturelle, et telle que me l'a conseillée mon expérience dans l'enseignement.

RÉSOLUTION NATURELLE DES ACCORDS DISSONANS.

La Résolution d'un accord dissonant est naturelle, lorsque sa fondamentale se résout par Quarte supérieure ou par Quinte inférieure sur la fondamentale de l'accord suivant, Ex:

Telle est la seule Résolution naturelle de tous les accords dissonans; nous parlerons bientôt de leurs résolutions exceptionnelles.

En *Ut* majeur, par exemple, *Si Ré Fa* va naturellement sur *Ut Mi Sol*, parceque, nous l'avons déjà dit, l'accord diminué pris sur le Septième degré du mode majeur et du mode mineur représente l'accord de Septième dominante privé de sa dominante, Ex:

représente

Dans les modulations, l'enchaînement des accords se fait de la même manière; si on passe, par exemple, d'*Ut* en *Sol*, Ex:

L'accord du premier degré *Ut Mi Sol*, en *Ut*, comptera dans la théorie comme s'il était le premier degré de la gamme de *Sol*; de sorte que dans cette succession, *Ut Mi Sol*, et *Ré Fa♯ La*, on ira du 1.er degré au 5.me, quoique la fondamentale *Ut*, qui appartient au premier degré de la gamme d'*Ut*, et celle de *Ré*, au cinquième de la gamme de *Sol*, semblent s'enchaîner ici par seconde.

Le Fa♯, dans *Ré Fa♯ La*, nous force à considérer cet accord comme le 5.me degré de la gamme de *Sol*, et non comme le second de la gamme d'*Ut*. En effet ce 1.er exemple

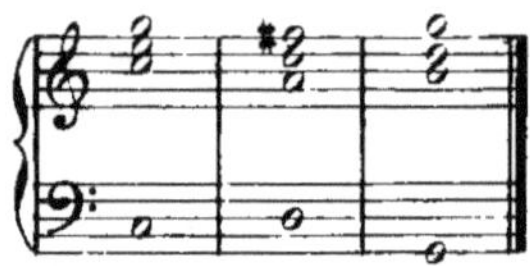
est aussi bon que celui-ci
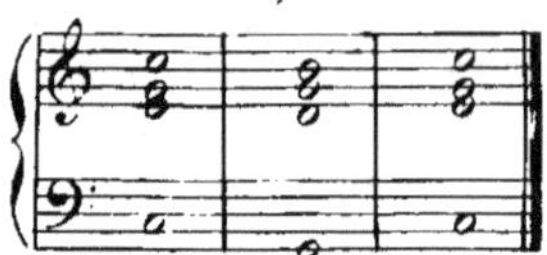

quoique la sensation qu'ils font naître ne soit pas identiquement la même.

En enseignant l'enchaînement des accords, je veux parler de l'effet moral qu'ils produisent, et non de la représentation matérielle de leurs notes sur le papier: j'ai toujours eu beaucoup de peine à faire comprendre aux commençans que dans le cas suivant, par exemple,

Les fondamentales *Ut* et *Mi* s'enchaînent réellement et moralement par Quinte supérieure et non par Tierce supérieure, puisqu'on va d'*Ut*, premier degré de la gamme d'*Ut*, à *Mi*, 5ᵐᵉ degré de la gamme de *La*. Pour les yeux, il y a bien une Tierce supérieure d'*Ut*, à *Mi* dans la basse, mais pour l'oreille, *Ut Mi Sol* représente au *premier degré*, et *Mi Sol ♯ Si Ré*, un cinquième degré.

CONSEILS POUR LE CHAPITRE XVII.

Il faut étudier ces différentes Septièmes avec le plus grand soin dans toutes les gammes majeures ou mineures, et leur donner chaque fois leur préparation et leur résolution la plus régulière. On les comparera constamment entr'elles afin de bien connaître la différence de leur effet; on les écrira dans tous leurs renversements.

EXERCICES.

1º *Verbalement:* Quelle est la Septième de seconde espèce? Comment faites-vous la Septième de quatrième espèce? &.

2º *Sur le papier:* Écrivez la Septième de première espèce en *Fa* mineur; faites tous ses renverments, donnez lui chaque fois sa Résolution naturelle; n'oubliez pas aussi de la préparer.

3º *Sur le Piano:* Frappez la Septième de quatrième espèce en *Mi* majeur; vous aurez soin de la préparer et de lui donner sa bonne résolution; faites entendre tous ses renversements.

4º *Sur le Piano, sans regarder:* Quel est cet accord? Dans quel ton est-il? Quel est ce renversement?

EXAMEN.

Quelles sont les Septièmes qu'on emploie principalement dans la musique libre?

Comment se font ordinairement les autres Septièmes?

Combien donne-t-on de Renversements aux Septièmes dérivées?

Ces Renversements sont-ils également usités?

Comment nommez-vous les Septièmes primitives?

Comment nommez-vous les Septièmes dérivées?

Comment forme-t-on ces Septièmes?

Quels sont les accords de trois sons qui peuvent recevoir des Septièmes mineures?

Quels sont ceux qui peuvent recevoir une Septième majeure?

Comment peut-on employer la Septième dominante?

N'a-t-on pas rangé la Septième de seconde espèce parmi les accords naturels?

Pourquoi supprimait-on la quinte dans les Septièmes de 2ᵐᵉ 3ᵐᵉ et 4ᵐᵉ espèces, et pourquoi l'employait-on dans la Septième de 2ᵐᵉ espèce?

Qu'appelle-t-on préparation? comment se fait-elle?

La préparation est-elle usitée dans la musique moderne autant que dans la musique ancienne?

Faut-il que la première partie de la préparation ait au moins autant de valeur que la seconde?

Doit-on préparer la dissonance dans toutes les Septièmes dérivées?

Trouve-t-on quelquefois la Septième de seconde espèce employée sans préparation?

Les Septièmes peuvent-elles s'employer comme notes accidentelles? ont-elles besoin de préparation?

Comment fait-on résoudre les Septièmes?

Quelles sont les notes qu'on peut arpéger dans les Septièmes dérivées? comment les brise-t-on?

Peut-on arpéger les dissonances qui ont besoin de préparation, et les faire changer de place pendant la durée de l'accord auquel elles appartiennent?

Peut-on briser à volonté les accords primitifs?

Quelle différence y a-t-il entre la Septième de troisième espèce, et la 7.me sensible?

La même Septième de seconde espèce se retrouve-t-elle dans plusieurs gammes différentes? se résout-elle alors sur le même accord?

Trouve-t-on aussi la Septième de seconde espèce dans plusieurs gammes?

Sur quel degré cette Septième de seconde espèce doit-elle s'employer de préférence dans le cours d'une mélodie?

CONSEILS POUR LE CHAPITRE XVIII.

L'enchaînement des accords est un des chapitres les plus importans d'un traité d'harmonie. Des fautes de quinte produisent certainement un effet moins désagréable à entendre, qu'un mauvais enchaînement d'accords. Ainsi *Ut Mi Sol* et *Sol Si Ré*, mal réalisés, produisent encore plus d'effet que *Ut Mi Sol* et *Ré Fa La* bien écrits. C'est pourquoi j'engage sérieusement l'élève à étudier constamment au Piano la succession des accords, à bien analyser les bonnes partitions. On se forme ainsi le goût, et l'on s'habitue peu à peu à créer de riches modulations et de belles successions d'accords.

EXERCICES.

1.º *Verbalement:* Comment s'enchaînent les accords de trois sons? quelle est la résolution naturelle de cet accord dissonant? &.

2.º *Sur le papier:* Faites sur le papier l'enchaînement de ces deux accords; écrivez aussi leur résolution.

3.º *Sur le Piano:* Frappez l'accord de *Fa*, en *Ut* majeur; faites-le suivre d'un accord pris dans la même gamme, &.

4.º *Sur le Piano, sans regarder:* Quels sont les deux accords que je viens de faire entendre? &.

EXAMEN.

Quels sont les accords Consonnans? quels sont les accords Dissonans?

Quels sont les intervalles Consonnans? quels sont les intervalles Dissonans?

Comment un accord est-il consonnant? comment devient-il dissonant?

Par quelle note de l'accord compte-t-on l'enchaînement des accords?

Les accords, dont les fondamentales marchent par degrés disjoints, produisent-ils généralement un bon effet? en est-il de même de leurs renversements?

Les accords produisent-ils moins d'effet lorque leurs fondamentales s'enchaînent par seconde?

Donnez-nous les meilleurs enchaînemens des accords?

Comment peut-on employer l'accord du troisième degré en majeur?

Comment fait-on la résolution naturelle des accords dissonans?

CHAPITRE XIX.

ACCORDS ALTÉRÉS.

INSTRUCTIONS.

Altérer un accord signifie, comme on peut le voir dans la *Panharmonie musicale*, hausser ou baisser d'un demi-ton la quinte seule des accords parfaits majeurs, Ex:

 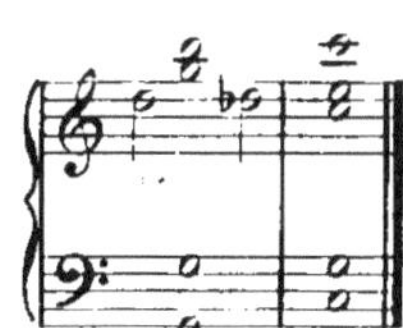

La note altérée se résout en montant d'un demi-ton si l'altération a été faite en montant; elle se résout en descendant d'un demi-ton si l'altération a été faite en descendant.

On n'altère cette quinte que dans les accords parfaits majeurs, ou dans ceux dont les trois premières notes donnent un accord parfait majeur; ces accords sont les suivans:

Accord parfait majeur,  partout où il se trouve.

Accord de Septième dominante, dans tous les tons et tous les modes.

Le même accord pris sans sa note fondamentale,  c'est toujours le Ré qu'on altère.

La Neuvième dominante majeure, dans tous les tons.

Le même accord pris sans sa note fondamentale,  c'est encore le Ré qu'on altère.

La Neuvième mineure, dans tous les modes mineurs.

Le même accord pris sans sa note fondamentale, c'est encore le Ré qu'on altère.

Il se présente souvent dans ces accords ainsi altérés un intervalle de tierce diminuée; nous avons déjà dit que la tierce diminuée n'était pas admise dans la bonne harmonie, et qu'il fallait la convertir en Sixte augmentée, Ex:

Ces accords étant toujours dissonans, suivent pour leur résolution naturelle ce que nous avons dit à ce sujet dans le Chapitre précédent. La note altérée seule subit une modification nouvelle; les autres notes de l'accord restent soumises pour leur marche harmonique aux règles que nous leur avons déjà données.

Un accord altéré, chaque fois qu'il renferme un intervalle de Sixte augmentée, s'appelle aussi *Accord de Sixte augmentée*; on dit, par exemple, *Accord de Septième domi-nante avec Quinte augmentée* ou *diminuée*, ou bien simplement accord de *Sixte augmentée*.

Il vaut mieux dans tous les cas dire, accord de Neuvième avec Quinte altérée, accord de Septième avec Quinte altérée, &, que d'adopter simplement le nom de *Sixte augmentée*.

Ces accords, lorsqu'ils sont altérés, ont presque tous les renversemens. Il est facile de comprendre que les renversemens seuls, qui donneraient forcément une tierce di-minuée, doivent être défendus, Ex:

On fait précéder ordinairement la note altérée de la même note non altérée, Ex:

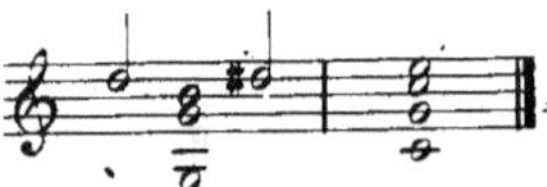

On adoucit ainsi l'effet de l'altération, et l'on ne rend pas l'accord méconnaissable.

Cependant, on emploie fréquemment l'altération en descendant, sans lui donner cette espèce de préparation, Ex:

Le *Fa* naturel à la basse remplace un *Fa* ♯, l'accord est celui-ci, *Si Ré* ♯ *Fa* ♯ *La*, Septième dominante de *Mi*.

On peut toujours altérer ainsi la Quinte dans tous les accords pris sur la dominante des gammes majeures et mineures; la résolution se fait sur un accord majeur.

On verra dans la *Panharmonie* que ces accords, dont la Quinte est altérée en descendant, sont faits avec la dominante de la dominante d'un ton mineur; nous sommes ici en *La* mineur, l'accord *Si Ré* ♯ *Fa* ♯ *La* est la dominante de *Mi Sol* ♯ *Si*, qui, à son tour, est domi-nante de *La* mineur.

CONSEILS.

Étudiez ces accords dans ma Panharmonie; faites en un tableau complet, avec tous les renversemens, et dans tous les tons. Les accords altérés produisent en général un effet plein de force et de mordant; on ne doit pas en prodiguer l'emploi, ni trop les prolonger quand on les fait entendre. L'altération en montant a lieu surtout dans la mélodie.

L'altération en descendant s'emploie davantage dans l'harmonie.

Les accords altérés sont peu usités dans l'ancienne école; on les emploie plus souvent dans la musique moderne.

EXERCICES.

1? Verbalement: Altérez l'accord de Septième dominante en *Ut* majeur en montant et en descendant, &.

2? Sur le papier: Écrivez l'accord de Neuvième majeure en *Fa* avec l'altération en montant; donnez sa résolution naturelle à cet accord.

3? Sur le Piano: Frappez l'accord de Septième dominante sans fondamentale en *Fa* mineur avec l'altération en descendant; donnez lui sa résolution naturelle.

4? Sur le Piano, sans regarder: Quel est l'accord que je frappe? dans quel ton est-il? quelle doit être sa résolution naturelle?

Remarque: Il est des accords altérés qui ne peuvent se résoudre qu'en modulant; tel est le suivant,

En **UT** Mineur.

Le *Ré* ♯ ne peut aller que sur le *Mi* ♮, c'est donc une modulation nécessaire; il pourrait cependant se convertir en *Mi*♭. Comme nous allons bientôt le voir, lorsque nous parlerons des résolutions exceptionnelles pour les accords dissonans.

EXAMEN.

Que signifie le mot *altérer?*

Comment se résout la note altérée?

Dans quels accords peut-on placer l'altération?

Quelle note altère-t-on?

Faites le tableau de tous les accords qu'on peut altérer en *Ré* majeur et en *Mi* mineur?

Écrivez ces accords dans tous leurs renversements usités?

Peut-on employer la tierce diminuée?

Ne doit-on pas la remplacer par l'intervalle de Sixte augmentée?

Ces accords altérés ne doivent-ils pas suivre les règles données pour la résolution des accords dissonans?

Les accords altérés ne peuvent-ils pas s'appeler quelquefois accords de sixte augmentée?

Peut-on donner tous leurs renversements aux accords altérés?

Ne fait-on pas précéder ordinairement la note altérée de la même note non altérée? Pourquoi?

Comment fait-on le plus souvent l'altération en descendant? Est-il nécessaire alors que la note altérée soit précédée de la même note non altérée?

Remarque: L'accord de trois sons, pris sur le 3ᵐᵉ degré d'une gamme mineure, ne peut pas même s'employer comme un accord altéré. Dans un accord altéré, la quinte qui est augmentée accidentellement représente une quinte juste; tandis que dans l'accord augmenté, qu'on trouve sur le 3ᵐᵉ degré d'une gamme mineure, la quinte augmentée fait naturellement partie de l'accord.

CHAPITRE XX.

DES NOTES QUI ONT UNE MARCHE FORCÉE.

RÉSOLUTIONS EXCEPTIONNELLES DES ACCORDS DISSONANS — PARTIES ÉCHANGÉES.

INSTRUCTIONS.

Les Dissonances, la note sensible, les notes altérées ont une *marche forcée*, c'est-à-dire, une seule manière de se résoudre régulièrement. On sait que la note sensible doit se résoudre en montant d'un demi-ton, que les Dissonances de Septièmes et de Neuvièmes doivent descendre conjointement, et que les notes altérées montent d'un demi-ton si l'altération a été faite en montant, tandis qu'elles descendent d'un demi-ton, si l'altération a été faite en descendant.

Ces règles primitives subissent dans la pratique des modifications importantes que je vais faire connaître.

1º Toutes les notes qui ont une marche forcée peuvent, par exception, rester en place, au lieu de faire leur résolution naturelle, Ex:

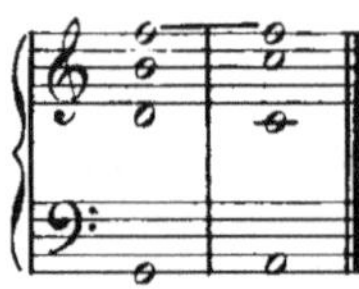

au lieu de

Dans ce cas, la fondamentale de l'accord dissonant, ici *Sol*, peut ne pas se résoudre par quarte supérieure, et aller sur tout autre accord que celui de la tonique.

2º Les notes qui ont une marche forcée peuvent changer chromatiquement ou enharmoniquement, tant en montant qu'en descendant, Ex:

Chromatiquement.

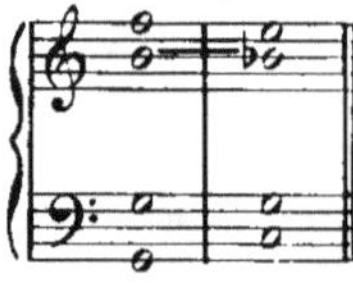

au lieu de

Enharmoniquement.

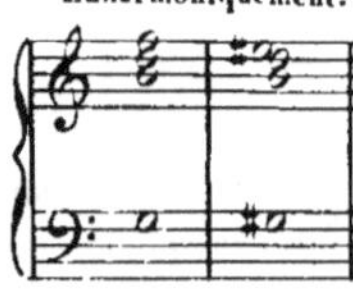

au lieu de

134

Il est bien entendu que, dans tous ces cas exceptionnels, il n'est pas nécessaire que la fondamentale fasse sa résolution naturelle par quarte supérieure, ou quinte inférieure.

3? Pourvu que les notes qui ont une marche forcée fassent leur résolution naturelle, la fondamentale peut aller sur un accord quelconque, qui renfermera les notes sur lesquelles les dissonances de l'accord précédent doivent faire leur résolution, Ex:

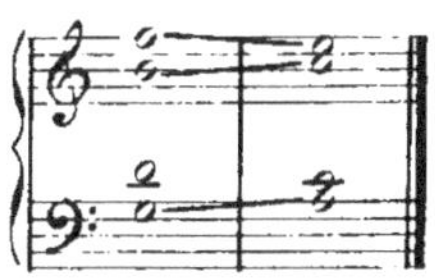

au • lieu de

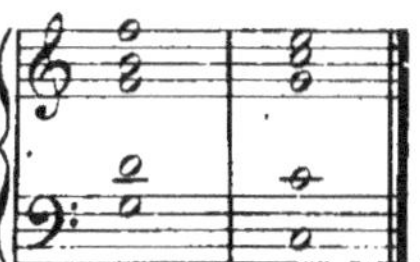

4? Les dissonances de Septième peuvent monter de seconde, pourvu que leur fondamentale descende de tierce, Ex:

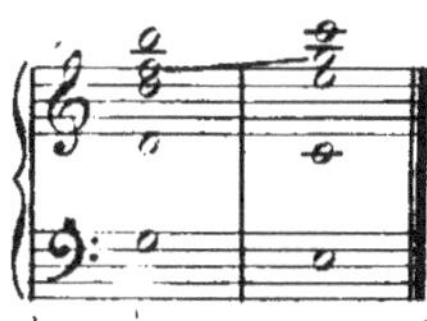

au lieu de

C'est ce qu'on appelle parties *échangées*; en effet, dans ce dernier exemple, le *Sol* qui descend au *Mi* dans la basse prend la bonne résolution du *Fa* qui monte au *Sol* dans une partie *haute*; c'est un échange de résolutions.

CONSEILS.

Il faut employer souvent ces quatre cas exceptionnels; la musique devient ainsi plus forte, plus pittoresque. Si vous lisez les Partitions de Weber, de Beethoven, vous y trouverez fréquemment des exemples de ces résolutions exceptionnelles, qui impriment à toute composition musicale un cachet extraordinaire d'énergie et d'originalité. C'est avec ces exceptions qu'on fait les modulations passagères, si nombreuses et si utiles dans la musique moderne; c'est par ces modulations inattendues qu'on donne à l'harmonie quelque chose de notre irritabilité nerveuse; on ne saurait mieux peindre les sensations qui nous agitent.

Une âme passionnée, qui sent vivement, se complait dans ces modulations passagères, et sait toujours les employer à propos.

EXAMEN.

Qu'appelle-t-on *marche forcée*? quelles sont les notes qui ont une marche forcée? Donnez-nous la résolution naturelle de ces notes.

Qu'appelle-t-on *Résolutions exceptionnelles* des accords? quelles sont ces résolutions?

Qu'appelle-t-on *parties échangées*?

Quel est le caractère de ces cas exceptionnels?

Doit-on employer souvent ces quatre exceptions?

CHAPITRE XXI.

DES RETARDS.

INSTRUCTIONS.

Un retard n'est qu'une espèce de suspension dont la résolution se fait, pour ainsi dire, d'une manière arbitraire. Un retard se résout ordinairement par degrés disjoints, soit en montant soit en descendant; une suspension se résout en descendant par degré conjoint et rarement en montant, surtout dans la musique Classique. Les suspensions, très usitées dans la musique ancienne, sont aussi très souvent employées aujourd'hui; elles donnent de la force et de la grandeur à la musique. Les retards, proprement dits, ne se placent ordinairement que dans les Compositions modernes; on en trouve pourtant quelques exemples dans la musique ancienne.

Lorsqu'une harmonie est réalisée à plusieurs parties, on peut retarder arbitrairement une note quelconque des accords dont elle est formée, Ex:

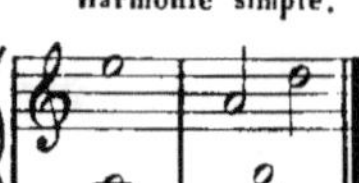

On peut retarder une mélodie entière; c'est ainsi qu'on place une suite de Syncopes dans une partie quelconque, Ex:

On peut faire même des octaves retardées, Ex:

Les Syncopes s'emploient souvent dans des situations dramatiques.

CONSEILS.

On ne doit pas sans doute faire abus des retards; mais j'engage l'élève à les étudier avec soin; il trouvera des effets nouveaux dans ce travail. On compose d'abord son harmonie sans y placer de retards, puis on syncope celle des parties qu'on veut choisir.

EXAMEN.

Qu'appelle-t-on Retards?

Quelle différence y a-t-il entre une suspension et un retard?

Peut-on employer quelquefois le retard dans la musique sévère?

Peut-on retarder arbitrairement telle note que ce soit des accords?

Peut-on faire une suite de retards dans une même partie?

CHAPITRE XXII.

DE LA PÉDALE.

INSTRUCTIONS.

La Pédale ne se fait qu'avec la tonique ou la dominante, prolongée pendant un certain nombre de mesures. La Pédale peut cependant ne durer qu'une mesure, ou même une moitié de mesure.

Une note, à la basse, est *Pédale*, chaque fois qu'elle reçoit des accords dont elle ne fait pas partie. Trois accords, dont celui du milieu est étranger à la tenue placée dans la basse, font de cette tenue une Pédale passagère, Ex:

Cet accord étranger, placé sur la Pédale, s'appelle accord de *Neuvième tonique*, s'il représente simplement un accord de trois sons placé sur la dominante, Ex:

On l'appelle accord de *Onzième Tonique* s'il fait entendre l'accord de Septième dominante, avec ou sans fondamentale, Ex:

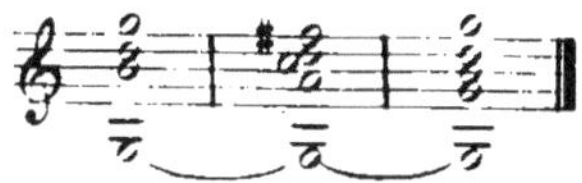 

On le nomme accord de *treizième tonique* s'il est fait par la neuvième majeure ou mineure, avec ou sans fondamentale, Ex:

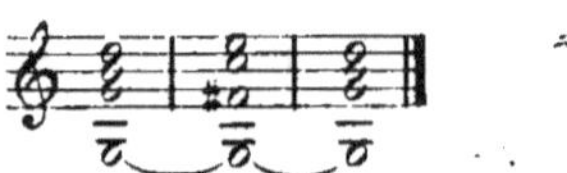 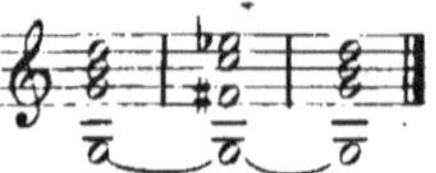

C'est l'intervalle le plus élevé de l'accord de dominante qui donne leur nom à ces accords d'après leur distance de la pédale, Ex:

On leur donne la qualification de *Tonique* parcequ'ils se font sur la pédale de la tonique.

En réalité, ce ne sont là que des accords de dominante frappés sur une pédale passagère.

La pédale doit faire partie du premier et du dernier accord qu'on frappe à son début et lorsqu'elle finit. Il faut aussi qu'elle soit note réelle, et le plus souvent fondamentale des accords à toutes les cadences qu'on fait pendant sa durée.

On évite autant que possible de faire un seconde mineure avec la pédale.

On place quelquefois la pédale dans une partie intermédiaire. Je n'approuve point cette licence qui est employée pourtant par les compositeurs les plus célèbres.

Une tenue n'est réellement pédale que lorsqu'elle reçoit des accords étrangers.

La pédale sert à maintenir la tonalité. Elle s'emploie au commencement, au milieu, ou à la fin d'un morceau. Il peut y avoir plusieurs fois des pédales dans un même morceau de musique.

Toute suite d'accords qui s'enchainent régulièrement peut se placer sur la pédale.

C'est la partie placée immédiatement au-dessus de la pédale qui fait la véritable basse de l'harmonie, lorsque la pédale est elle-même étrangère à l'accord.

Il ne faudrait pas que la pédale fût trop longtemps étrangère à l'harmonie.

On peut moduler sur la pédale, pourvu qu'aux cadences, cette pédale fasse partie de l'accord.

On ne doit placer sur la pédale que des modulations passagères.

CONSEILS.

Il faut préférer la pédale à une basse qui chanterait mal, et nuirait à la simplicité de l'harmonie. Une pédale, en mineur, est plus difficile à faire que dans le mode majeur. On trouve souvent des pédales intermédiaires dans la musique de Beethoven; il faut les étudier.

EXAMEN.

Avec quelles notes de la gamme fait-on la pédale?

Pendant combien de temps la pédale peut-elle se prolonger?

Sous quelles conditions une basse devient-elle pédale?

Quand fait-on une pédale passagère?

La pédale, à son début, et lorsqu'elle finit, ne doit-elle pas faire partie de l'accord, surtout comme note fondamentale?

Peut-on faire des cadences dont la pédale ne soit pas note réelle?

Blameriez-vous une pédale qui serait toujours étrangère à l'harmonie?

Peut-on moduler sur la pédale?

Quelles sont les modulations qu'on doit placer sur la pédale?

Est-il bien de faire une seconde mineure contre la pédale?

Fait-on quelque fois des pédales intermédiaires?

Une tenue est-elle toujours pédale?

Quel est le but principal de la pédale?

Peut il y avoir plusieurs pédales dans un même morceau?

Peut-on employer la pédale au commencement, au milieu et à la fin d'une composition?

Quelles sont les suites d'accords qu'on peut placer sur la pédale?

CHAPITRE XXIII.

DES QUINTES ET OCTAVES DÉFENDUES.

On défend deux ou plusieurs quintes ou octaves de suite, lorsqu'elles sont frappées par mouvement semblable. Ex:

Il est permis d'arriver sur une quinte ou une octave par le mouvement semblable, lorsque la quinte n'est pas précédée d'une quinte et l'octave d'une octave, Ex:

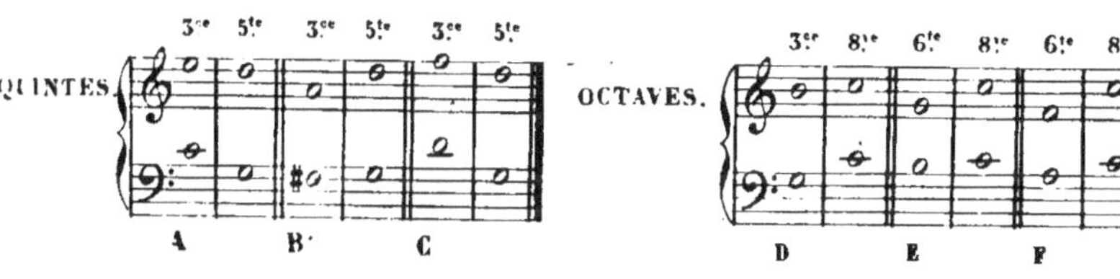

Dans ces derniers cas, il est mieux que la partie supérieure, marche par degrés conjoints, et la partie inférieure par degrés disjoints. Ainsi on peut se servir de l'exemple A et D, et plus rarement des exemples B, E, et C, F.

CHAPITRE XXIV.

DES SUSPENSIONS.

1º Toute note qui descend par seconde peut être suspendue, Ex:

Il faut que, la suspension étant ôtée, l'harmonie reste correcte.

2° On ne devra doubler qu'à l'octave inférieure la note sur laquelle se résout la suspension, Ex:

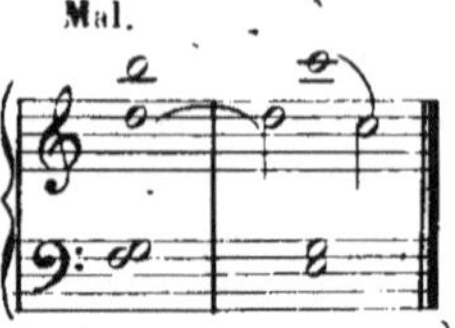

On peut faire des suspensions doubles, triples et quadruples, en observant ces deux préceptes.

Les suspensions les plus usitées sont celles qu'on fait avec les accords de 9me, 11me, et 13me toniques, Ex:

On peut faire résoudre les notes des suspensions doubles, triples ou quadruples les unes après les autres.

Les suspensions produisent un bon effet sur la pédale; elles ennoblissent l'harmonie.

Le caractère principal des suspensions c'est d'être dissonant.

CHAPITRE XXV.

DES MARCHES HARMONIQUES.

Une succession régulière de notes, procédant toujours par les mêmes intervalles, soit en montant, soit en descendant, s'appelle *Marche* ou *progression harmonique* ou *d'harmonie*, Ex:

Cette succession doit être régulière dans toutes les parties; mais il n'est pas nécessaire qu'il y ait partout le même dessin; il est mieux au contraire que chaque partie fasse un dessin différent. On trouvera des exemples nombreux de *marches harmoniques* dans mes *Partimenti*.

Ordinairement, toutes les parties montent si la basse fait une progression ascendante, tandis qu'elles descendent si la basse descend.

Les marches harmoniques neuves et bien faites produisent toujours un bon effet.

CHAPITRE XXVI.

DU RHYTHME.

Chaque fois qu'on frappe une note nouvelle ou fait un Rhythme nouveau: Rhythme ou valeur de notes sont donc synonymes. Chaque coup de baguette sur un tambour donne un rhythme nouveau.

Les rhythmes qui produisent le plus d'effet sont ceux qui ont le plus de symétrie entr'eux, Ex:

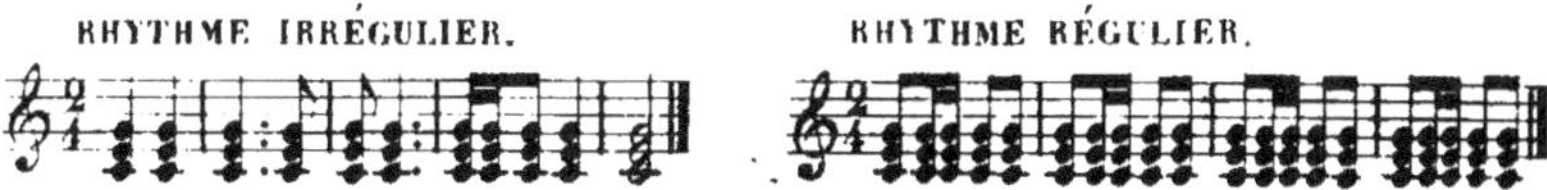

Le rhythme est une des parties les plus importantes de la musique dramatique. J'engage l'élève à lire avec soin ce que j'en ai dit dans la *panharmonie musicale*, et surtout dans mes *études harmoniques du conservatoire*, ouvrage important que je vais bientôt publier.

CHAPITRE XXVII.

DE LA PROSODIE — DES NUANCES.

Il faut chanter les paroles comme on les déclame; ainsi,

serait déclamé d'une manière ridicule; il faut écrire ces paroles à peu près, du moins, de la manière suivante,

Il faut que les syllabes sur lesquelles on *appuie* en parlant tombent sur des temps forts, lorsqu'on les chante. On ne pourrait manquer à ce principe que pour ne pas détruire la régularité du rhythme.

Il est aussi très important de varier les effets de la musique par la diversité des nuances, il ne faudrait pas toujours chanter d'une manière forte ou douce.

On doit entremêler avec art, les *F* aux *P*, les *dolce* aux *rinforzando*; les *crescendo* aux *minuendo.* & Ces contrastes, quand ils sont bien amenés, produisent toujours le meilleur effet.

CHAPITRE XXVIII.

RÈGLES GÉNÉRALES POUR LA RÉALISATION DES ACCORDS.

Il faut, en écrivant les accords à plusieurs parties, éviter les fautes de quintes et d'octaves.

On double de préférence la fondamentale, puis la quinte et rarement la tierce.

On supprime d'abord la quinte, puis la fondamentale et rarement la tierce.

Il ne faut pas constamment employer des intervalles augmentés ou diminués, ou faire des sauts continuellement grands, en écrivant les intervalles.

On doit soigner la résolution des dissonances et de la note sensible.

Il faut bien préparer et résoudre la quinte de l'accord, lorsqu'elle est la basse.

Les notes d'un accord entendu font ordinairement leur résolution sur celles de l'accord suivant dont elles sont les plus près.

Il faut qu'il y ait un sens mélodique dans chacune des parties dont on se sert pour réaliser les accords.

Le chant principal doit toujours prédominer.

CHAPITRE XXIX.

NOUVELLE ANALYSE DES INTERVALLES SOUS LE RAPPORT DE L'HARMONIE ET DE LA MÉLODIE,

OU CONSEILS SUR LA MEILLEURE MANIÈRE D'ÉTUDIER LES ACCORDS.

DE L'UNISSON ET DE L'OCTAVE.

La manière la plus sûre d'étudier les accords et de bien les comprendre, c'est d'analyser séparément chacun des intervalles dont ils sont composés; tel est le but que je me suis proposé en écrivant ce livre.

L'unisson n'est pas un intervalle, car un intervalle est la distance d'un point à un autre;

or, de *Sol* à *Sol*, Ex:  il n'y a aucune distance, aucun intervalle: Donc

l'unisson est un son unique, un même son, qui peut être rendu par plusieurs voix ou plusieurs instruments réunis sans faire entendre un intervalle, mais en prenant alors plus ou moins de force, suivant le nombre de voix ou d'instruments qui l'exécutent en même temps. C'est pourquoi, toute mélodie peut être doublée arbitrairement par l'unisson, puisque cette manière de la faire entendre ne change pas son caractère principal, et ne fait que lui donner plus ou moins de force sonore.

Prenez, par exemple, l'air national de la Marseillaise, et faites-le entonner à l'unisson par un grand nombre de voix ou d'instruments réunis, aulieu de détruire son effet vous lui donnerez au contraire plus d'éclat.

Il est bien dans un orchestre, lorsqu'on a une partie de chant qu'on veut faire prédominer sur toutes les autres parties, de la doubler à l'unisson par un ou plusieurs instruments.

Les unissons, opposés aux masses d'harmonie, produisent l'effet le plus dramatique.

Dans *l'Orphée* de Gluck, scène de l'enfer, il y a un unisson qui fait frissonner; c'est lorsqu'Orphée implore les Larves, et que toutes d'une voix unanime répondent: *non!* sur la même note; l'effet en est terrible. Gluck aurait pu sans doute faire entendre par ces voix l'accord complet de la septième diminuée; mais il a préféré l'unisson, et c'est la une idée sublime.

Berton à tiré un grand parti de l'unisson dans l'Andante de l'ouverture de *Montano*.

Tous les écrivains musicaux ont usé de cette ressource si dramatique. C'était là, dit-on, l'harmonie des anciens Grecs, qui ne chantaient qu'à l'unisson et à l'octave; En effet, certains airs nationaux, chantés à l'unisson par un nombre immense de voix, électriseront toujours la foule.

Lorsqu'on veut composer un Duo pour deux voix ou pour deux instruments, en donnant à chaque voix ou à chaque instrument un chant différent, on doit éviter de faire entendre plusieurs unissons de suite par le mouvement semblable, Ex:

Il n'y a ici qu'une seule et même partie, et non deux chants différents; il n'y a pas Duo. Lorsqu'on frappe un unisson, et qu'on veut ne pas détruire le Duo, on doit arriver sur cet unisson par mouvement contraire, ou oblique, Ex:

On peut cependant frapper un unisson par mouvement semblable, pourvu qu'il n'y ait pas deux unissons de suite, en supposant toujours qu'on veut écrire un Duo, formant une harmonie réelle à deux parties, Ex:

La pratique nous apprend que le N? 1 est meilleur que le N? 2, et que celui-ci doit être préféré au N? 3. C'est ce qu'on peut exprimer par les trois règles suivantes:

1? La partie supérieure marche par degrés conjoints, tandis que la partie inférieure va par degrés disjoints.

2? La partie supérieure marche par degrés disjoints, tandis que la partie inférieure va par degrés conjoints: C'est le contraire.

3? Les deux parties vont par degrés disjoints.

Pour donner une idée bien exacte de l'unisson, je dirai qu'à l'orchestre tous les 1ers violons jouent à l'unisson entr'eux, et qu'il en est de même des seconds violons, des altos et des basses: cependant, malgré ce grand nombre d'instrumentistes, l'harmonie n'est souvent qu'à trois ou quatre parties différentes.

L'unisson représente l'unité 1. L'unité est le principe des nombres; 2 en est le premier.

L'unisson peut être comparé à une corde unique; divisez cette corde en deux parties égales, vous aurez l'octave, Ex:

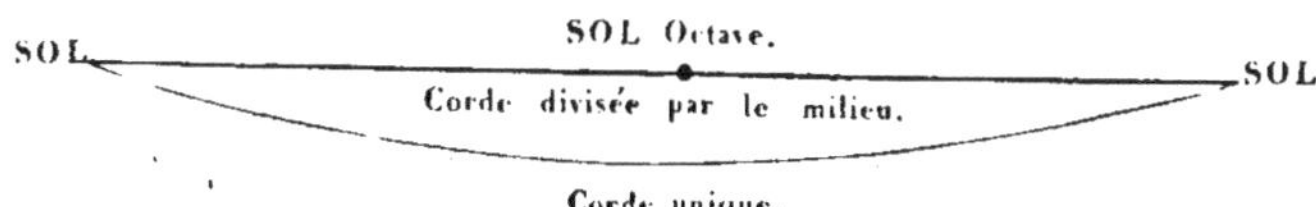

L'octave n'est que la réplique de la même note à la distance de 8 notes, qui forment la gamme. Voilà pourquoi tout ce que nous avons dit pour l'unisson peut également s'appliquer à l'octave.

Lorsqu'on veut écrire à plusieurs parties différentes, on doit éviter de faire entendre plusieurs octaves consécutives, parcequ'on ferait ainsi des fautes d'octaves.

Il est certain que lorsqu'on veut écrire à trois parties, dont chacune donne une mélodie qui diffère de l'autre, on se trompe en faisant des unissons ou des octaves, puisqu'alors deux ou trois parties font entendre une même mélodie, Ex:

Voilà les seules raisons qui font défendre les unissons ou les octaves par mouvement semblable. l'Octave à plus de plénitude que l'unisson; on peut aisément s'en convaincre sur le Piano, Ex:

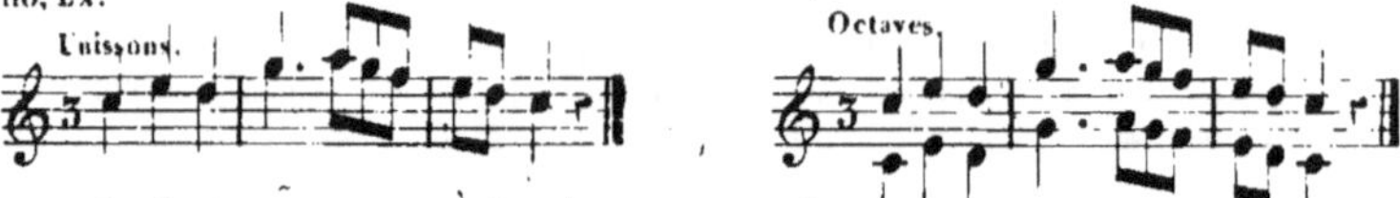

Les notes de l'unisson sont représentées par le même nombre de vibrations, tandis que celles de l'octave ont un nombre de vibrations différentes qui en rendent le son de moitié plus aigu que celui de l'unisson.

Dans les écoles, l'octave s'appelle consonnance parfaite; Je crois qu'il serait plus convenable de la nommer *Equisonance*, c'est-à-dire, qui résonne également, qui fait entendre le même son à l'octave.

L'octave n'est donc que la réplique de l'unisson: elle sert de borne à tous les intervalles; tous les sons au-dessus de l'octave ne sont que les répliques des premiers sons compris dans la première octave.

On peut doubler à l'unisson ou à l'octave toute mélodie, lorsqu'elle est isolée; il serait quelquefois dangereux, lorsqu'elle est accompagnée par d'autres mélodies, de la doubler à l'octave, parcequ'on pourrait convertir des suites de quartes en suites de quintes défendues, et doubler à l'octave supérieure la note qui sert de résolution à la suspension. Mais on peut toujours doubler à l'unisson, une mélodie quelconque. On peut placer une suite d'octaves mélodiques dans un instrument, Ex:

La voix ne pourrait pas dire aussi facilement ces octaves; mais on peut obtenir des effets dramatiques d'un intervalle d'octave placé dans la voix, Ex:

Ces octaves produisent ensuite des effets différents, suivant les accords sur lesquels on les frappe, Ex:

On peut mêler d'autres notes à l'octave mélodique, sans en détruire le caractère principale, Ex:

Il faut que ces notes intermédiaires appartiennent au ton où l'on est, et s'accordent aussi avec les notes de l'harmonie qui les accompagne.

On peut les faire par demi-tons en *gammes chromatiques*, comme on dit vulgairement.

J'ai dit dans ma Panharmonie, page 140, qu'une gamme par demi-tons pouvait appartenir à tous les tons, et se faire sur tous les accords.

C'est une étude que je conseille aux élèves. Il existe d'autres manières de placer l'octave mélodique dans la voix; le travail les apprendra.

Deux octaves frappées simultanément sont harmoniques, Ex:

Elles sont mélodiques lorsqu'on les frappe successivement. Ex:

On croit que l'unisson et l'octave étaient la seule harmonie des anciens grecs; il est à supposer que les chrétiens n'employèrent pas d'autres intervalles harmoniques.

DES SECONDES ET DES SEPTIÈMES.

Nous savons qu'une seconde renversée devient une septième, et qu'une septième donne une seconde en se renversant: Ainsi, la seconde devient septième par rapport à l'octave, Ex:

La septième aura donc les mêmes propriétés que la seconde; tout ce que nous dirons pour la note inférieure de la seconde, (le *Sol* ici), s'appliquera au même *Sol*, note supérieure de la septième.

Nous faisons observer que la distance de seconde du *Sol* au *la* peut devenir plus grande, sans que cette seconde change de nature, Ex:

Nous devons regarder ces trois intervalles comme une même seconde, dont les deux notes sont plus ou moins éloignées. Il y a sans doute un différence bien faible, qui provient de l'éloignement plus ou moins grand des deux notes *Sol La*; l'élève, pour s'en convaincre, devra frapper ces intervalles sur le Piano, afin de se familiariser avec leur effet véritable: La pratique nous apprend que plus les notes d'une dissonance sont éloignées, et moins elles

sont dures; C'est pourquoi  sera plus dur que ainsi de suite.

On appélle dissonance le concours de deux notes qui produisent un effet dur à l'oreille.

Les Secondes, à cause du choc immédiat des deux notes dont elles sont formées, donnent une dissonance.

Ce que nous disons pour la Seconde s'applique à la Septième; ainsi,  est un peu plus dur que

Il y a quatre espèces de Secondes, et aussi quatre espèces de Septièmes, Ex:

DE LA SECONDE DIMINUÉE.

La Seconde diminuée est un intervalle enharmonique qui, dans notre système représente l'unisson, Ex:

; c'est comme s'il y avait , ou .

Quelques Instrumentistes veulent faire sentir sur leur instrument le Comma ou Quart de ton par lequel les deux notes de cet intervalle diffèrent entr'elles. Cela est possible, et peut être tenté quand ils jouent des *Solo*; mais que deviendraient nos Orchestres si chaque instrumentiste voulait faire sentir cette différence, que le calcul peut seulement, pour ainsi dire, nous faire percevoir, et que le Piano ne possède pas encore dans son tempérament. *Sol* ♯ et *La* ♭ représentent la même note sur le Piano, et se font avec la même touche.

La Seconde diminuée est donc un unisson; mais puisqu'elle est un unisson, elle doit en suivre les règles.

On emploie la Seconde diminuée, au lieu de l'unisson, lorsqu'on veut passer, par exemple, d'un ton qui a plusieurs dièses, dans un ton qui a plusieurs bémols. Pour aller d'*Ut* ♯ à *Ré* ♭, je suppose, une voix tient le *Sol* ♯, tandis que les autres parties attaquent l'accord de *Ré* ♭ *Fa La* ♭, Ex:

On comprend que le *Sol* ♯ remplace ici le *La* ♭ dans la seconde mesure. On conserve le *Sol* ♯ pour ne pas surprendre l'exécutant, qui, au premier abord, se croirait obligé de changer de doigt, si l'on convertissait le *Sol* ♯ en *La* ♭ dans la seconde mesure.

Quelques musiciens, ceux qui jouent du Piano surtout, font souvent des intervalles enharmoniques, pour donner à leur composition une couleur fantastique, qu'elle n'obtient nullement ainsi, si elle ne l'a pas sans le secours de ces moyens puérils, dont il est convenable de bien se garder

146

L'accord suivant parait bizarre d'abord, Ex:  ;

mais, en l'exécutant sur le Piano, on reconnait de suite que c'est un simple accord de *Réb Fa Lab*.

DE LA SEPTIÈME AUGMENTÉE.

Tout ce que nous venons de dire pour la Seconde diminuée s'applique à la Septième augmentée, avec cette différence que la seconde diminuée remplace un unisson, tandis que la septième augmentée représente l'octave.

Nous traiterons donc la septième augmentée, intervalle enharmonique, comme l'octave.

2º DE LA SECONDE MINEURE.

Si on altère d'un demi-ton l'unisson ou la Seconde diminuée, on fait de suite un intervalle de seconde mineure, qui forme peut-être la plus dure des dissonances. Ex:

La pratique et le sentiment nous apprennent qu'il faut préparer la note inférieure de cet intervalle; on devra donc, si on veut faire entendre cette seconde mineure avec le plus de correction possible, en préparer le Sol, Ex:

Comme on le voit, c'est par la liaison qu'on prépare une note dissonante; nous voulons préparer le *Sol* ici, il faut alors que cette note ait été entendue dans la mesure précédente, et qu'elle reste à la même place, et dans la même partie, au moment où l'on frappe contr'elle un intervalle de seconde mineure, Ex:

Le second *Sol* est préparé ici par le premier; ce n'est donc que sur cette seconde note qu'on peut attaquer la seconde mineure *Lab*; c'est toujours ainsi que se fait la préparation d'une dissonance.

On pourrait aussi, au lieu de préparer cette seconde note, la frapper spontanément sans aucune préparation; mais il est facile de se convaincre sur le Piano que la dissonance est alors d'une dureté presqu'insupportable. Nous parlons ici de l'harmonie à deux parties, car, lorsque les accords sont plus complets, il s'y trouve alors des tierces ou des Sixtes qui détruisent, ou du moins affaiblissent la dureté de cette dissonance non préparée. Voici les deux cas: le premier est seul accepté comme bon par les maîtres de l'art, Ex:

Nº 1.  Nº 2.

Quelques Compositeurs ont pensé pourtant qu'on ne devait pas tout-à-fait proscrire le N.º 2; ils l'ont employé rarement, en lui donnant toujours une bonne résolution. En effet la note dissonante, même lorsqu'elle n'est pas préparée, peut être tolérée, si elle a une résolution convenable.

Une dissonance non préparée produit toujours une secousse plus forte, parcequ'elle est plus inattendue.

Lorsqu'on a frappé un intervalle dissonant, il faut lui donner le plutôt possible une résolution qui satisfasse l'esprit, toujours impatient de perdre l'impression gênante qu'il vient de recevoir par la dissonance, pour entendre un intervalle qui le repose par la douceur de sa mélodie. Lorsqu'on vient de frapper une dissonance, on la fait *résoudre* sur une consonnance, dont l'harmonie est agréable à l'oreille; c'est ce qu'on appelle *résolution*.

Cette résolution se fait de plusieurs manières; la meilleure, c'est lorsque la note inférieure descend d'un ton, et que la note supérieure reste en place, Ex:

Si on voulait faire descendre la note inférieure, (ici le Sol,) d'un demi-ton, il faudrait changer le *La*♭ en une autre note, qui fît un intervalle consonnant avec celle de la résolution, Ex:

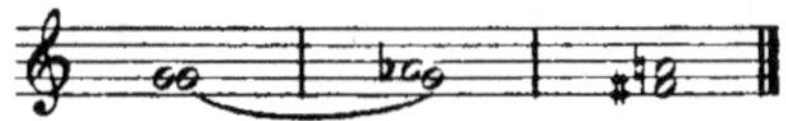

Cependant le *La*♭ peut aller par degrés disjoints sur d'autres notes, Ex:

Il sera facile de reconnaître au Piano quelles sont les meilleures résolutions dans l'exemple précédent.

Dans la *résolution*, la note inférieure, le *Sol* ici, peut aussi rester en place, et la note supérieure, le *La*♭, marcher à volonté, Ex:

Le *Sol* inférieur représente alors une Pédale. Cette note inférieure pourrait encore au lieu de descendre conjointement ou de rester en place, aller par degrés disjoints sur une note qui fît un intervalle consonnant avec la note supérieure qu'on aurait choisie, si on ne gardait pas la même, Ex:

Ces deux derniers cas ne sont pas régulièrement écrits; on ne devrait toute fois les employer qu'en écrivant à plus de deux parties; mais on serait à coup sûr blâmé par les écrivains consciencieux.

On pourrait aussi faire la préparation par la note supérieure, Ex:

Ces deux exemples sont bons, parceque le *Sol* est une note de passage; le cas suivant est plus dur, Ex:

parceque le Sol a tout à fait le caractère d'une note réelle, frappée alors sans préparation.

La dissonance, lorsqu'elle est note accidentelle, peut se frapper sans préparation, pourvu qu'on emploie le plus souvent les mouvements contraire ou oblique, Ex:

On pourrait, à la rigueur, faire ce qui suit,

Cependant, je crois que pour adoucir ces dissonances de secondes mineures, il faudrait faire dire les deux parties par une voix et un instrument, ou par des instruments différant par le timbre.

Les exemples suivans, où les secondes mineures représentent des notes accidentelles, peuvent être employés,

Il est bon de remarquer que la seconde mineure, lorqu'elle est faite par une note accidentelle, peut se frapper sans préparation au-dessus et au-dessous de la note qui reste en place, Ex:

Dans la résolution, la note supérieure peut revenir sur la note inférieure, pendant que celle-ci reste en place, ou saute sur une autre note qui fait un bon intervalle avec la note supérieure, Ex:

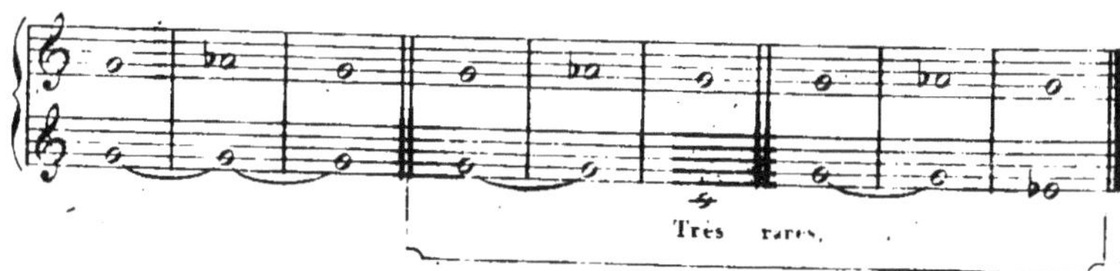

On comprend qu'à deux parties, surtout; cette manière de faire résoudre la seconde mineure est très dure, et doit être employée le plus rarement possible.

Ainsi, pour écrire correctement, il faut préparer la note inférieure de la seconde mineure, et la faire descendre d'un ton dans la résolution, en maintenant à la même place la note supérieure, Ex:

On pourrait encore, pour la résolution, conserver le *Sol* à la même place, en faisant marcher la partie supérieure, Ex:

Ce *Sol*, ainsi que nous venons' de le dire, représente alors une Pédale.

La seconde mineure, prise comme intervalle harmonique, peut servir à peindre la douleur,.le déchirement, Ex:

Stabat Mater. (**Pergolèse.**)

Grâve.

On ne pourrait pas faire une suite de secondes mineures, Ex:

Mélodiquement, la seconde mineure sert à faire les Trills en *Tremolo*, Ex:

Elle peut aussi exprimer la douleur, Ex:

Une Gamme Chromatique qui n'est qu'une suite de secondes mineures, peint très bien la douleur, si on la dit dans un mouvement lent, Ex:

Don Juan. (**Mozart.**)

Andante.

Elle exprime aussi la fureur de la tempête, si on la dit dans un mouvement vif. Tous ces effets empruntent beaucoup de leur force aux accords qu'on emploie. Ainsi la gamme Chromatique est plus terrible sur un accord de septième diminuée que sur un accord mineur; elle perd une grande partie de sa sombre énergie, si on la dit sur un accord maj:

Cette gamme Chromatique, jouée piano dans un mouvement vif, peut rendre les effets du vent, ou bien exprimer les sentimens de vengeance cachés au plus profond du coeur.

Une gamme Chromatique, dans un mouvement assez vif, rend avec beaucoup d'énergie la douleur, le désespoir.

On trouvera ces effets dans les bonnes Partitions, nous conseillons à l'élève de bien les étudier. Le travail fera beaucoup plus pour ses études dramatiques que tout ce que nous pourrions lui dire encore dans ce livre.

La voix chante difficilement avec justesse une suite de secondes mineures. Quelques artistes ont voulu faire des gammes par Quarts de ton; rien n'est plus faux. Sur le violon, par exemple, on est obligé, pour ainsi dire, de faire glisser le doigt sur la corde, ce qui donne l'effet d'une espèce de miaulement.

Cependant un ou deux intervalles, amenés par Quarts de ton, peuvent donner une certaine expression au chant qu'on fait entendre.

Nous savons que plus les notes dissonantes sont éloignées, et moins elles sont dures; cette observation s'applique surtout à la seconde mineure; en éloignant ici le *Sol* du *La*♭,

on obtient d'abord une neuvième mineure, 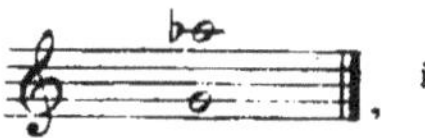 intervalle qu'on peut frapper sans préparation, même d'après les règles enseignées dans nos écoles.

Je vais tâcher de donner plus de précision à ces différentes manières d'employer la seconde mineure. Les Dissonances se font par les suspensions, par la Pédale, par les retards, les broderies, les appogiatures ou les notes de passage, ou bien elles se trouvent dans certains accords.

1º Lorsqu'une seconde mineure dérive d'une suspension, il faut qu'il y ait nécessairement *préparation*, puisqu'une note ne peut être suspendue si elle n'a été entendue précédemment comme note réelle; on ne peut prolonger que ce qui est déjà. Ex:

Dans ce cas la note suspendue doit se résoudre en descendant conjointement, et la note supérieure reste le plus souvent à la même place, comme on le voit dans l'exemple précédent. Cependant le *La*♭ pourrait aller sur un *Si*♮ ou sur un *Ré*, et plus rarement sur un *Ut*, ou tout autre note, si l'harmonie n'était pas, comme ici, à deux parties.

Il serait difficile de donner à la suspension une des résolutions exceptionnelles qu'on peut appliquer à toute dissonance.

2º La seconde mineure se fait sur une Pédale, lorsqu'une des deux notes dont elle est formée reste à la même place, tandis que l'autre monte ou descend par un mouvement oblique, Ex:

Dans le Nº 1, le *Sol* fait une pédale inférieure; dans le Nº 2, il représente une pédale supérieure, ou intermédiaire. On pourrait considérer encore ici les secondes frappées contre le *Sol* comme des notes de passage.

3º lorsque l'une des deux notes qui forment la seconde mineure provient d'un *Retard*, sa résolution peut se faire par degrés disjoints, Ex:

Représente

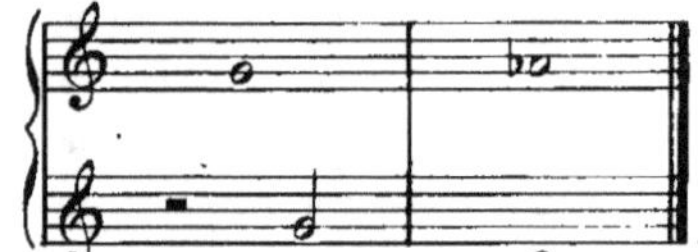

Harmonie retardée.

Harmonie réelle ou non retardée.

On suit dans ce cas les règles données pour les retards.

4º La seconde mineure, frappée comme broderie, est un peu dure, Ex:

Il est bien alors que leurs deux parties soient faites par deux instruments dont le timbre diffère.

L'effet serait plus dur, si, en faisant rester le *La♭* en place, on attaquait le *Sol* en broderie, Ex:

Parcequ'ainsi il n'y a plus cette espèce de préparation que le *Sol* semble fournir dans l'exemple précédent.

5º La seconde mineure qui dérive de l'appogiature ressemble beaucoup à la 2ᵈᵉ que nous venons d'indiquer; on supprime simplement le premier *Sol*, Ex:

Seulement, l'apparition de la seconde mineure est un peu plus inattendue.

Le cas suivant serait plus dur que les deux précédents:

Dans celui-ci il n'y a aucune espèce de préparation; dans les deux autres, le *Sol* qui reste en place semble faire une préparation que la résolution du *La* ♭ sur le *Sol* peut à peine faire oublier, c'est presqu'une suspension qui reste en place.

On pourrait encore faire l'appogiature de seconde classe avec la seconde mineure, Ex:

Ce cas est plus rare que ceux qui précèdent.

6.º La seconde mineure qu'on fait avec les notes de passage ressemble beaucoup à celle que nous avons placée sur ou sous la pédale.

Il faut dans tous ces cas se conformer aux règles que nous avons données pour les notes accidentelles.

7.º La seconde mineure se trouve dans l'accord de septième de quatrième espèce, *La* ♭ *Ut Mi* ♭ *Sol*, par exemple, en *La* ♭ ou en *Ut* mineur, Ex:

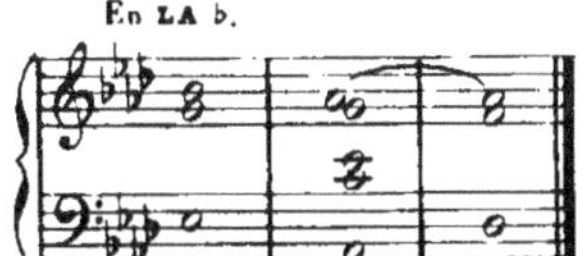

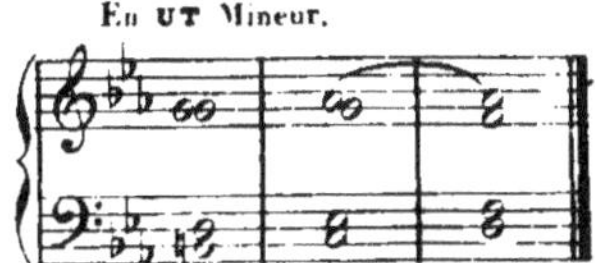

Les anciens Maîtres préparaient toujours alors la septième, parcequ'ils la regardaient comme une suspension; ils supprimaient le plus souvent aussi la quinte de l'accord sur lequel on frappait cette septième; ils faisaient 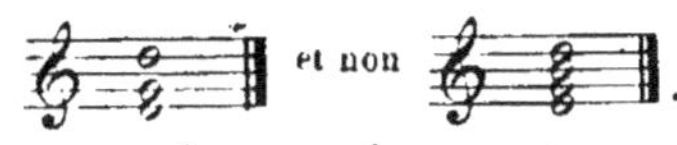 et non .

Les modernes ont quelquefois frappé cette septième sans préparation, à cause de son analogie avec la septième dominante. Du reste, il vaut mieux préparer alors cette dissonance, surtout lorsqu'on n'écrit qu'à deux parties.

8.º Cette seconde mineure, lorsqu'elle prend la forme d'une neuvième mineure, se conforme à ce que nous venons de dire dans les sept cas précédents; elle peut être regardée aussi alors comme dérivant de l'accord de neuvième mineure, Ex:

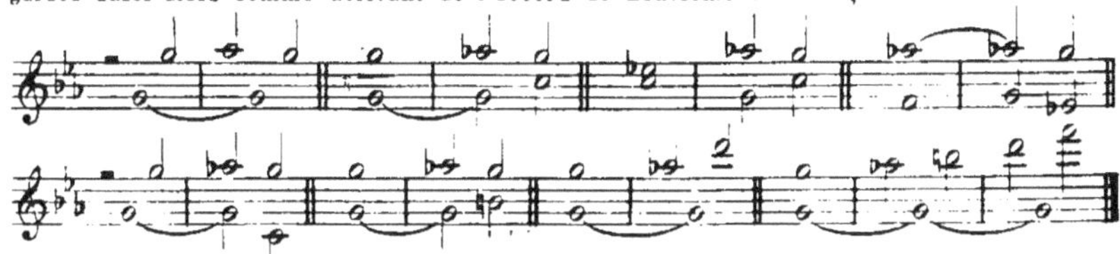

Dans ce cas, la neuvième *La* ♭ n'a pas besoin d'être préparée, mais elle ne peut se placer au moins qu'à distance de neuvième au-dessus du *Sol*; elle ne se fait que sur la dominante de la gamme mineure, et plus rarement, en demi-modulation, sur la dominante de la gamme majeure. On peut briser l'accord dans la partie supérieure; enfin on lui applique toutes les règles que nous avons données pour l'accord de neuvième mineure. Il vaut mieux, à deux parties, que la fondamentale *Sol*, dans la résolution du *La* ♭ sur le *Sol*, aille sur le *Mi* ♭, le *Si* ♮ ou reste en place, parcequ'alors on obtient un bon intervalle, tandis qu'en la faisant marcher sur l'*Ut* on a une quinte qui n'est pas assez harmonieuse pour la résolution d'une dissonance dans une harmonie à deux parties.

Dans tous les cas, à deux parties, il vaut mieux frapper cet intervalle à distance de seconde mineure que dans un éloignement de neuvième; la dissonance est alors accusée plus franchement.

Cet intervalle est trop dur pour être fréquemment employé à deux parties; cette dureté est moins apparente, quand l'harmonie est à trois ou quatre parties.

Lorsqu'on frappe plusieurs intervalles différents ensemble, on doit observer pour chacun d'eux les principes qui leur conviennent; ainsi chaque intervalle doit remplir envers les autres les conditions exigées par les saines règles de l'art. Nous développerons du reste cette matière dans chaque chapitre, parcequ'elle est d'un grand intérêt.

UNION DE L'UNISSON ET DE L'OCTAVE À LA SECONDE MINEURE.

Que la seconde mineure soit à distance de seconde, ou à un intervalle plus éloigné, on peut doubler ses deux notes à l'unisson, sans qu'il en résulte aucun inconvenient, par rapport aux règles élémentaires de l'harmonie: en les doublant à l'octave, on peut ou rendre cette seconde plus dure, ou l'adoucir un peu, suivant qu'on éloigne plus ou moins les deux notes dont elle est formée

DE LA SEPTIÈME MAJEURE.

La seconde mineure renversée donne une septième majeure; Ainsi, en comparant la seconde mineure à l'octave de sa première note, on la convertit en septième, Ex:

Tous les exemples donnés pour la seconde mineure peuvent servir à la septième majeure; il n'y a donc rien de nouveau à dire. Le *Sol*, note supérieure, se résout sur le *Fa*, le *La* ♭, note inférieure, reste en place, ou marche par degrés disjoints, Ex:

On évite le cas suivant:

D'abord le *La* ♭ ne pouvant être regardé, ici que comme une suspension, on a doublé la note *Sol*, sur laquelle va se résoudre le *La* ♭, à l'octave supérieure, pendant la durée de la suspension; Ce qui est absolument défendu. C'est une dureté qu'on a de la peine à expliquer; mais que l'oreille repousse évidemment.

On pourrait dire que c'est l'accord de neuvième dominante, dont la neuvième, contre les règles reçues, est placée audessous de la fondamentale. Le *La* ♭, qui est la neuvième, devrait se trouver au moins à distance de neuvième audessus de la fondamentale *Sol*. Il n'est pas naturel qu'une note, et je parle ici de la neuvième dans l'accord de ce nom, qui est placée naturellement hors des limites de l'octave, puisse y rentrer sans manquer au principe naturel dont elle sort.

154

La neuvième dominante ne peut conserver le nom de neuvième qu'autant qu'elle est au moins à distance de neuvième de la fondamentale; mais elle perdrait son caractère, si, d'une manière quelconque, elle rentrait dans l'octave, Ex:

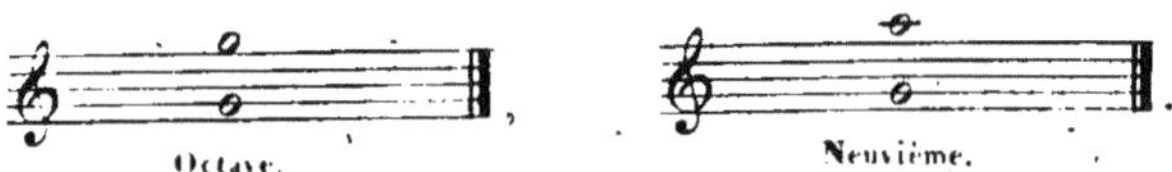

Dans les exemples suivants, il n'y a plus d'intervalle de neuvième

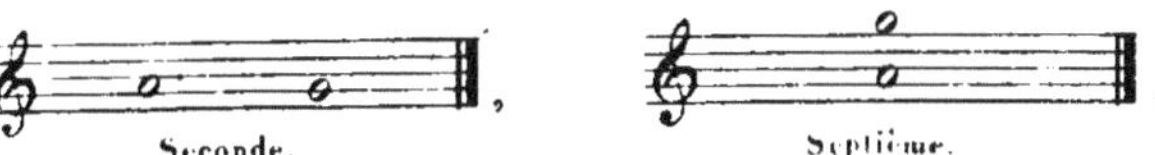

Si on veut faire en harmonie un véritable intervalle de neuvième, il faut le placer en dehors de l'octave, mais, si on l'y fait rentrer, on doit le traiter comme seconde, ou comme son renversement la septième, Ex:

Le premier exemple est bon, parceque le *Sol*, qui est la véritable dissonance, se résout régulièrement; le second exemple est mauvais, parcequ'aulieu de préparer et de résoudre la véritable dissonance, qui devrait être le *Sol* placé dans la partie supérieure, on prend maladroitement la note intérieure pour la dissonance.

En général on produit un effet très dur, lorsqu'on ne prépare pas le *Sol* dans *Sol-La* ♭, et qu'on le maintient à la même place, en donnant au *La* ♭ la résolution qui convient à la véritable dissonance.

Dans les notes accidentelles, on peut frapper la seconde mineure, tantôt en neuvième mineure, et tantôt en septième majeure, Ex:

Il serait impossible de faire plusieurs septièmes majeures de suite, Ex:

Comme la seconde mineure dont elle n'est que le renversement, la septième majeure produit un effet déchirant; il faut bien la préparer et la faire résoudre régulièrement. Voici du reste les meilleures manières de l'employer;

La seconde mineure se frappe ordinairement sur le temps fort; sa résolution se fait sur le temps faible, à moins que la seconde n'occupe une mesure entière; dans ce cas, la résolution doit se faire au commencement de la mesure suivante. Par seconde mineure, nous entendons parler aussi de son renversement la septième majeure, et de la neuvième mineure, qui n'est qu'une seconde mineure agrandie au moins d'une octave. On ne doit pas oublier ce que je viens de dire sur la neuvième mineure, lorsqu'elle dérive de l'accord de ce nom.

3º DE LA SECONDE MAJEURE.

La seconde majeure se compose d'un ton; son renversement donne la septième mineure, Ex:

Nous nous étendons beaucoup sur la théorie des intervalles, parceque, lorsqu'on en connait à fond l'importance, et qu'on sait bien la manière de les employer, on possède non seulement les règles élémentaires de l'harmonie, mais, ce qui vaut mieux encore, on connait le véritable caractère dramatique de chaque intervalle, de chaque accord.

La seconde majeure est moins dure que la seconde mineure, parceque ses deux notes sont séparées par une distance plus grande. Il est presqu'impossible d'entendre une seconde mineure sur un orgue, parceque les vibrations qui la font résonner se contrarient, et se combattent pour ainsi dire de trop près.

La seconde majeure est souvent d'un effet très agréable; elle existe dans le corps sonore, et s'appelle alors septième dominante; elle se fait avec la quatrième note et la cinquième ou dominante, d'une même gamme: ainsi, en *Ré*, cette seconde majeure est *Sol La*, elle se frappe très bien sans préparation; elle peut néanmoins se préparer: sa résolution la meilleure est la suivante:

Dans les exemples suivants, on ne fait que prolonger l'accord de septième dominante,

On cherchera d'autres résolutions, celles, par exemple, que nous avons données pour la seconde mineure.

Ainsi en *Re*, de quelque manière qu'on frappe ces deux notes, *Sol La*, on obtient toujours un effet très agréable, parcequ'elles existent dans le corps sonore, et par conséquent dans la nature. Mais cette seconde majeure, dès qu'on la frappe avec d'autres notes, ou même avec une de ces deux notes seulement, perd toute sa suavité et demande alors à être préparée, Ex:

Dans le N.º 1, la seconde est très douce; dans le N.º 2 l'accord est moins agréable, et l'on sent la nécessité d'en préparer le *Sol;* Dans nos écoles cette préparation pour le N.º 2 doit être rigoureusement employée: nous savons pourtant qu'on ne l'observe pas toujours dans la pratique.

Lorsqu'on éloigne les notes de cet intervalle, *Sol La,* on obtient une neuvième qui peut se frapper sans préparation en *Ut* majeur, parcequ'elle dérive de l'accord de neuvième dominante majeure. Dans ce cas, le *La* descend sur le *Sol,* tandis que le *Sol* inférieur peut rester en place, ou aller sur un *Ut,* un *Mi,* un *Si;* enfin, on peut appliquer alors à cet intervalle toutes les règles que nous avons données pour l'accord de neuvième majeure, Ex:

On peut, en un mot, appliquer à peu près à la seconde majeure tout ce que nous avons dit pour la seconde mineure.

DE LA SEPTIÈME MINEURE.

La seconde majeure, lorsqu'elle est renversée, devient une septième mineure, et reste soumise aux mêmes règles. La dissonance, étant plus éloignée, est par cela même un peu affaiblie. En *Ré,* la dissonance *Sol La* est toujours fort agréable, quelle que soit la position de ses deux notes, et la manière dont on les frappe.

Nous avons dit, en parlant de la neuvième mineure, qu'on ne pouvait pas frapper en *Ut,* par exemple, la *La* b audessous ou même a côté du *Sol* il en est de même de la neuvième majeure.

On ne pourrait frapper la seconde mineure en même temps que la seconde majeure qu'au moyen des notes accidentelles, Ex:

On entend dans le N.º 1 ces deux secondes  et celles-ci dans le N.º 2

On ne peut pas faire plusieurs secondes majeures de suite par degrés conjoints, dans les deux mêmes parties, Ex:

à moins qu'on ne les écrive par mouvement contraire; on pourrait alors, à la rigueur, en frapper deux de suite par degrès disjoins, mais il faudrait que l'harmonie fût à trois ou quatre parties, Ex:

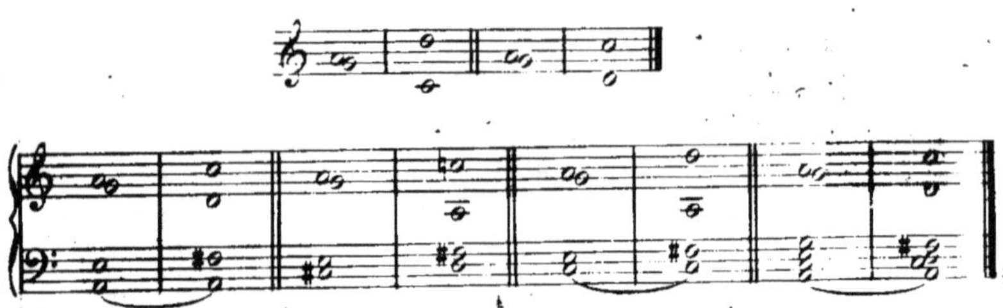

il ne faudrait pas frapper par mouvement semblable, et à distance de seconde, deux fois cet intervalle, Ex:

Toutes les notes données par le corps sonore, et qui résonnent naturellement à notre oreille, peuvent être frappées sans préparation. Ainsi, en faisant vibrer le *La*, on entend.

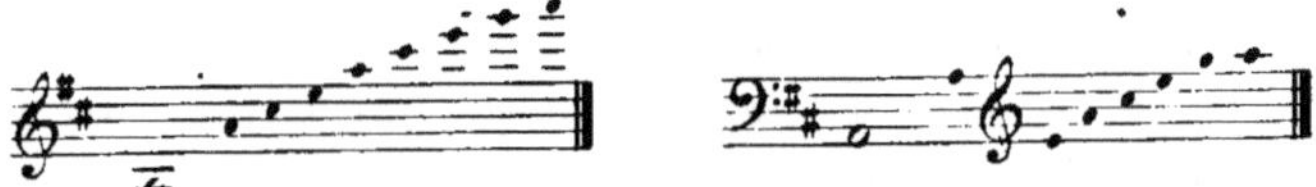

Cet accord a toujours la dominante pour fondamentale; nous sommes donc ici en *Ré*, dont la dominante est *La*. Voilà pourquoi *Sol La*, dans le ton de *Ré*, peuvent toujours se frapper sans préparation, tandis que toute autre seconde majeure dans le même ton est dure, si on ne la prépare point.

Une des règles les plus utiles qu'on doive sans doute au travail des hommes, autant peut-être qu'au hasard, est celle qui prescrit la préparation, comme le seul moyen de sauver, d'adoucir, de naturaliser pour ainsi dire la dissonance. En effet, une note, lorsqu'elle est déjà entendue comme consonnance dans l'accord précédent, n'est plus étrangère à l'oreille; elle existe déjà, et peut se convertir plus facilement en une dissonance, et mieux supporter le choc d'une seconde ou d'une septième. Mais ce n'est pas le corps sonore qui nous a fourni ces moyens; c'est le fruit de l'expérience. Puis, comme toute bonne chose engendre souvent des conséquences fâcheuses, il est arrivé que des maîtres, soit qu'ils aient ignoré que les règles du contrepoint ancien avaient été faites avant la découverte du corps sonore, soit qu'ils aient agi par pédantisme, ces maîtres, dis-je, confondant l'harmonie avec le contrepoint rigoureux, ont posé ce cas de la préparation comme une règle absolue, même pour la dissonance naturelle qu'on trouve dans l'accord de dominante. J'ai déjà dit que les anciens maîtres confondant les accords de septièmes avec les suspensions, prescrivaient à cause de cela de préparer toujours la dissonance; mais il est impossible qu'on trouve rien dans la nature qui prouve par $A + B$ que les dissonances ne peuvent pas se frapper sans préparation.

Or, lorsqu'on sait que la règle de la préparation des dissonances n'est pas obligatoire, mais qu'elle est le moyen le plus convenable d'adoucir l'emploi de ces dissonances, on voit disparaitre bien des doutes, et finir des discussions souvent brûlantes, et l'élève mieux instruit, et surtout moins effrayé d'une chose qu'il ne comprenait pas bien, ne sera plus étonné de trouver ces dissonances employées quelquefois sans préparation même dans les classiques dont on lui recommande l'étude.

C'est ainsi je crois qu'on doit comprendre l'art; je serais fâché de me tromper, parceque je parle d'après ma conviction. Lorsqu'après avoir longtemps cherché l'origine d'une règle dans les meilleurs traités, après en avoir demandé l'explication nette et franche à ceux qui l'ont rappelée dans leurs ouvrages didactiques, je ne trouve, je ne reçois aucune raison satisfaisante, et qu'on me répond simplement, *il faut le faire, parcequ'on l'a fait,* je conclus de là que la règle n'est pas absolue, qu'elle n'existe pas dans la nature, et que c'est l'expérience seule qui nous a enseigné ce moyen pour adoucir l'emploi des dissonances, et les écrire d'une manière plus sûre.

Je dirais donc: il vaut mieux préparer une dissonance, que de la frapper sans préparation: mais ce n'est point une loi irrévocable. De cette manière, l'élève qui peut faire ce qu'il veut, choisit alors ce qui est mieux, au lieu d'éviter une règle qu'il ne comprenait pas d'abord, et qu'il avait du plaisir, à cause de cela, à ne pas observer. On forme ainsi son jugement, on lui apprend à raisonner, et on le conduit à un résultat plus heureux, parcequ'il comprend mieux la valeur des règles qu'on lui donne.

Acceptez toutes les règles comme d'excellents conseils que vous donne une sage et docte expérience, mais n'y voyez rien de surhumain.

Ce que nous disons pour la préparation des dissonances s'applique également à leur résolution. L'expérience et le sentiment de l'harmonie nous ont enseigné que dans sa résolution une dissonance devait *descendre conjointement, rester en place,* ou *changer chromatiquement,* tant en montant qu'en descendant; Ces résolutions sont les meilleures, mais il peut arriver qu'elles gênent le chant, et contrarient la marche des parties; alors on peut leur donner une résolution différente, surtout si on les place dans certains instruments d'orchestre, qui n'ont pas toutes les notes de la gamme, comme les trompettes ou les timbales.

Nous disons qu'une dissonance de 2de, 7me, ou 9me doit se résoudre en descendant, parceque c'est comme une chose étrangère à l'harmonie, qui pèse pour ainsi dire sur elle, et tend, à cause de cela, plutôt à descendre qu'à monter.

On doit chercher à présent, toutes les résolutions qu'on peut donner à la seconde majeure, n'importe la place qu'occupent ses deux notes.

Il ne faut pas oublier qu'une dissonance provient d'un accord de 7me ou de 9me, ou bien des notes accidentelles, ainsi que nous venons de l'enseigner pour la seconde mineure.

La seconde majeure, comme la seconde mineure, varie suivant l'accord sur lequel elle est entendue.

Une seconde majeure, provenant d'un accord de septième, ne peut pas avoir le même caractère que celle qu'on fait avec les broderies, les appogiatures ou les notes de passage; C'est ce dont il est bien important de se convaincre.

4º DE LA SECONDE AUGMENTÉE.

La seconde augmentée se compose d'un ton et demi, Ex: son renversement donne la septième diminuée, Ex:

On a toujours rangé cet intervalle parmi les dissonances, quoiqu'à mon avis il participe autant des consonnances que des dissonances. Une dissonance affecte durement le sentiment; ainsi, la seconde mineure nous fait éprouver un sentiment pénible; la seconde majeure, lorsqu'elle n'est pas prise dans l'accord de la septième dominante, produit un effet plus noble de dissonance que la seconde mineure. La seconde augmentée, au contraire, qui ressemble presque à une tierce mineure, nous laisse une sensation douce ou pénible suivant l'accord et les nuances qui l'accompagnent; elle est sans doute plus dramatique que la tierce mineure, et cependant, si on frappe successivement les trois tierces mineures qui forment l'accord de septième augmentée, l'intervalle qui en se renversant peut réellement donner la seconde diminuée ne semble pas différer des autres tierces mineures que renferme cet accord; ainsi, dans *La* ♯, *Ut* ♯, *Mi*, *Sol*, toutes les notes, de quelque manière qu'elles soient frappées à deux parties, semblent avoir le même caractère, Ex:

La seconde augmentée, *Sol La* ♯, n'est pas plus dissonante que les trois tierces mineures qui précèdent; c'est ce dont il est facile de se convaincre en jouant sans aucun ordre ces quatre exemples sur le Piano

Nous regarderons donc la seconde augmentée comme une consonnance mixte ou une demi dissonance. Voici quelle est sa résolution véritable,

A deux parties, cette résolution n'est pas assez harmonieuse; il faudrait préférer ce qui suit, quoique nous ayons employé les exceptions,

On peut, lorsqu'on frappe la seconde augmentée, passer par toutes les notes de l'accord de septième diminuée auquel elle appartiendrait avant de la faire résoudre, parceque, dans ce cas, il n'y a réellement changement d'accord que lorsqu'on quitte un des accords de dominante de la gamme où l'on est, Ex:

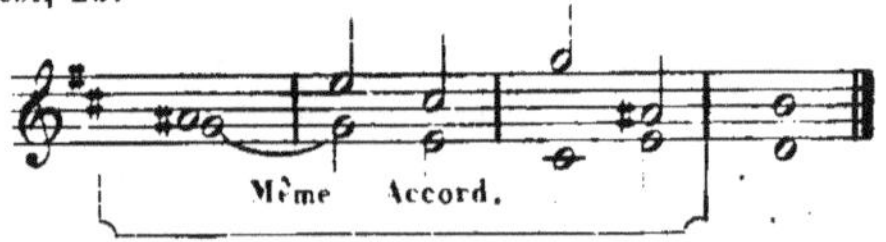

On fait souvent résoudre la seconde augmentée sur l'accord de septième dominante, de cette manière,

La seconde augmentée n'a pas besoin d'être préparée; on peut la frapper selon sa fantaisie, et la faire changer de place pendant la durée de l'accord de septième diminuée auquel elle appartient.

On peut frapper une suite de secondes augmentées par demi-tons et par mouvement semblable, Ex:

Il ne serait pas facile de décider si ces intervalles représentent des secondes augmentées ou des tierces mineures. On ne peut distinguer réellement une seconde augmentée d'une tierce mineure que dans une gamme mineure bien déterminée; mais ici, dans une harmonie à deux parties seulement, il est difficile d'admettre ces intervalles comme une suite de secondes augmentées.

Cette double nature, cette double manière d'être de la seconde augmentée, ou de la tierce mineure, font que l'accord de septième diminuée, qui n'est composé que de tierces mineures, peut servir à moduler dans tous les tons, parcequ'on peut changer enharmoniquement toutes ses notes. Voyez ma Panharmonie, page 79, Ex:

Il n'est peut être pas de ton où l'on ne puisse aller, après un accord de septième diminuée, et même après de simples secondes augmentées. J'oserais presque dire qu'on peut frapper des secondes augmentées ou des 3ces mineures au hasard, sans blesser l'oreille.

La seconde augmentée revêt tous les caractères, depuis la douleur jusqu'au désespoir; elle peut être tendre ou infernale. Cependant, on ne peut lui donner tous ces différents caractères qu'au moyen des accords, Ex:

La partie supérieure, quoiqu'elle conserve le même intervalle, prend un caractère bien différent dans ces deux mesures, à cause de la basse.

La seconde augmentée, frappée comme note accidentelle, n'a plus la même force, parcequ'elle n'est plus un intervalle essentiel de l'harmonie réelle.

La seconde augmentée, dans la mélodie, est dramatique; on ne doit l'employer qu'avec une intention de produire un certain effet. Elle se distingue bien des autres intervalles, Ex:

Il ne faudrait pas répéter la seconde augmentée, lorsqu'elle est mélodique, Ex:

La seconde augmentée, répétée ainsi mélodiquement, est difficile à chanter. Mais les instruments pourraient la faire ainsi. Nous avons assez parlé de cet intervalle, lorsqu'il est pris harmoniquement.

DE LA SEPTIÈME DIMINUÉE.

On peut appliquer à la septième diminuée tout ce que nous avons dit par la seconde augmentée, dont elle n'est que le renversement. A deux parties, je préfère la seconde augmentée à la septième diminuée, parcequ'elle est formée par un intervalle dont les deux notes sont plus rapprochées, et ont par conséquent un peu plus d'affinité harmonique. Il ne faut pas que dans un Duo, les deux parties soient trop éloignées l'une de l'autre.

Pour bien étudier la septième diminuée, on renversera simplement les exemples que nous venons de donner pour la seconde augmentée.

Lorsqu'on ne donne pas aux notes des accords, principalement à celles qui ont une marche forcée, la marche qui leur est la plus naturelle dans l'enchainement des accords, on doit faire en sorte que les intervalles nouveaux qu'on frappe soient harmonieux et réguliers. Quand un accord est déjà entendu, on doit soigner surtout l'arrivée de celui qui va suivre; on est certain, en agissant ainsi, d'écrire une bonne harmonie; car avant d'arriver sur l'accord que l'on tient, on a du prendre les précautions nécessaires pour l'écrire convenablement; mais une fois qu'il est entendu, il ne faut plus faire attention, pour ainsi dire, qu'à la manière dont on amènera l'accord suivant.

Voilà pourquoi on peut rigoureusement donner à une dissonance une résolution arbitraire, pourvu que l'accord suivant soit harmonieux et bien amené.

Il est mieux, lorsqu'on réalise l'harmonie, de faire résoudre les notes d'un accord sur celles de l'accord suivant dont elles sont le plus près; on observe ainsi les règles générales et si puissantes de l'attraction.

On trouve la seconde augmentée dans toute gamme mineure, Ex:

C'est l'intervalle qui caractérise le plus la gamme mineure.

Nous conseillons à l'élève de s'exercer sur l'emploi de toutes ces espèces de secondes et de les frapper souvent sur le Piano, afin que son oreille s'habitue à reconnaître le caractère qui les distingue.

CHAPITRE XXX.

DES TIERCES ET DES SIXTES.

La tierce renversée donne une sixte, Ex:

Ainsi, la tierce d'Ut est Mi, ce Mi, comparé à l'octave d'Ut, donne une sixte.

Pour renverser la tierce, il faut changer la place des notes, et mettre audessous celle qui est audessus. On ne renverserait pas l'intervalle, si, aulieu de transporter l'*Ut* une octave plus haut, dans cet exemple,  on l'écrivait simplement à une octave plus bas,

 on ne ferait qu'agrandir l'intervalle sans le renverser.

La tierce majeure est engendrée par le corps sonore, Ex: 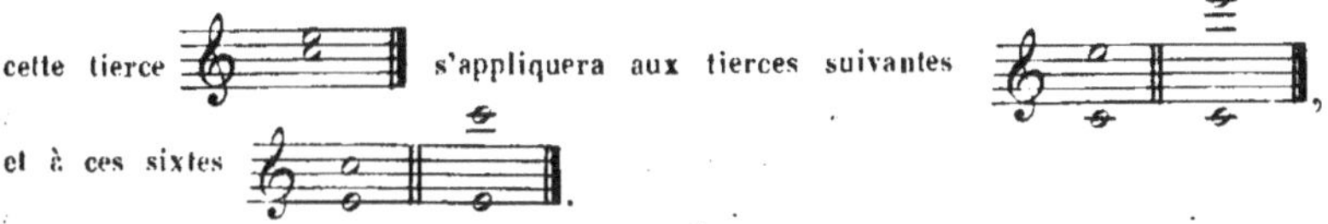

La tierce majeure ou mineure est le plus mélodieux de tous les intervalles; c'est la consonnance la plus agréable qu'on puisse entendre: la tierce fait les accords; on sait en effet que les accords se forment de tierce en tierce en montant; donc la tierce est le principe constitutif, fondamental de tout accord.

Nous avons déjà dit qu'un intervalle dissonant perdait un peu de sa gravité à mesure que ses deux notes s'éloignaient l'une de l'autre; c'est le contraire pour les consonnances; leur douceur s'affaiblit un peu lorsqu'on éloigne les notes qui les composent, Ex:

 plus doux que  qui est plus bruyant.

La sixte *Mi Ut* est un intervalle plus grand que la tierce *Ut Mi*; d'après ce que nous venons de dire, la sixte ne doit pas être harmonieuse au même degré que la tierce. Nous confondrons néanmoins tous ces intervalles en un seul, et tout ce que nous disons pour

cette tierce s'appliquera aux tierces suivantes

et à ces sixtes

Il suffira de bien savoir quel effet produisent la tierce ou la sixte, suivant l'éloignement de leurs deux notes.

On peut reconnaître de suite sur le Piano, si l'on veut, la vérité de ce que nous venons de dire, Ex:

On admet quatre espèces de tierces; les voici avec les sixtes qui en sont les renversements:

Nous allons analyser chacun de ces intervalles.

1º DE LA TIERCE DIMINUÉE.

La tierce diminuée se compose de deux demi-tons, Ex:  elle est le plus

dur de tous les intervalles dissonants; on peut dire même que c'est un intervalle discordant, parcequ'elle blesse les lois de la tonalité. En effet, la tierce diminuée se compose de deux notes qui n'appartiennent pas au même ton. Ainsi, dans *Sol* ♯, *Si* ♭: le *Sol* ♯ appartient à la gamme de *La*, et le *Si* ♭ à celle de *Re* mineur.

Un accord, consonnant ou dissonant doit être formé avec les notes d'une même et seule gamme, car faire entendre en même temps deux gammes, deux tonalités différentes, ou du moins deux notes appartenant chacune à deux gammes différentes, c'est produire un effet discordant; *on chante faux*. C'est comme si deux instrumentistes jouaient en même temps chacun dans un ton différent.

Cet intervalle s'emploie pourtant en musique, surtout lorsqu'il est renversé; mais il est bien alors de l'accompagner par d'autres intervalles; à deux parties on doit s'en servir le plus rarement possible, et en employant les plus grandes précautions. Il se fait dans une gamme mineure, avec le 4ᵐᵉ degré haussé accidentellement d'un demi-ton, et le 6ᵐᵉ degré tel qu'il existe dans la gamme, Ex:

Je crois qu'on doit nécessairement regarder le *Sol* ♯ comme une note accidentelle; car il me parait impossible que deux notes réelles, frappées en même temps, puissent appartenir à deux tons différens. Ainsi dans l'exemple suivant:

Le *Re* ♯ et le *Fa* ♯ sont nécessairement des notes accidentelles. Les notes accidentelles en effet peuvent seules appartenir à un autre ton que celui dans lequel on écrit l'harmonie réelle; évidemment cela doit être ainsi; c'est du moins ce que nous dit notre raison.

Nous avons dit que plus les intervalles dissonants étaient agrandis par l'éloignement de leurs deux notes, et moins ils étaient durs; cette observation est plus sensible pour la tierce diminuée que pour la seconde majeure. En effet, la sixte augmentée est toujours plus grande que la tierce diminuée, quel que soit l'éloignement qu'on donne aux deux notes de la tierce diminuée, Ex:

 plus dur que

Dans le premier cas, ce sont toujours des tierces plus ou moins grandes; tandis que dans le second cas, c'est une sixte qui ne peut pas devenir aussi petite qu'une tierce, et qui produit toujours à l'oreille l'effet d'une sixte, intervalle réellement plus grand que celui de la tierce. Il est à remarquer qu'un intervalle ne perd jamais son vrai caractère lorsqu'on ne fait qu'éloigner les deux notes qui le composent, sans le renverser; c'est ce qui nous fait dire qu'une tierce diminuée, quelqu'éloignées que soient ses deux notes, est toujours plus dure qu'une sixte augmentée, parcequ'elle est plus petite.

On sait que la tierce diminuée a sur le Piano, par exemple, la même distance que la seconde majeure, et peut la remplacer enharmoniquement. Ainsi, dans cet exemple écrit en *Ré* mineur *Sol* ♯ et *Si* ♭ sont très durs, tandis qu'ils sont har-

monieux dans l'exemple suivant, écrit en *Mi* ♭ majeur,

La raison en est facile à donner; dans le premier exemple, *Sol* ♯ et *Si* ♭ forment réellement une tierce diminuée; tandis que dans le second, le *Sol* ♯ remplace enharmoniquement le *La* ♭, et l'intervalle *Sol* ♯ et *Si* ♭ représente alors la seconde majeure *La* ♭ et *Si* ♭, qui n'a pas besoin de préparation et produit un effet très doux dans l'accord de septième dominante.

Ce *Sol* ♯, dans le second exemple, fait une faute d'orthographe musicale; c'est comme si on écrivait *savent* par un *e* au lieu de *savant* par un *a*. La prononciation pourrait être la même pour l'oreille, mais il y aurait faute grammaticale pour les yeux.

En général les musiciens qui n'ont pas fait de bonnes études en harmonie, écrivent souvent ces fautes d'orthographe musicale.

Il ne faut pas confondre notre genre enharmonique avec celui des Grecs; on disait dans l'antiquité que rien n'était plus pathétique que l'enharmonique; ce mot avait certainement alors une autre signification que celle qu'on lui donne aujourd'hui; d'ailleurs le système musical des Grecs ne ressemblait point à celui des modernes.

La gamme des Arabes parait être composée de 24 notes; il s'y trouve nécessairement alors des intervalles enharmoniques; c'est peut être par cette gamme qu'on pourrait expliquer le genre enharmonique des Grecs.

Ainsi, on ne doit jamais confondre la tierce diminuée avec la seconde majeure. La seconde majeure se compose d'un seul ton, tandis que la tierce diminuée renferme deux demi-tons; et il ne faut pas croire que cela soit la même chose, quoique deux demi-tons fassent la distance d'un ton; il y a entre les deux intervalles une différence morale, si je puis m'exprimer ainsi, qui résulte en effet d'une différence matérielle; je vais m'expliquer: lorsque nous sommes en *Mi* ♭, de *La* ♭ à *Si* ♭ il n'y a pas de notes diatoniques intermédiaires; en chantant la gamme naturelle de *Mi* ♭ majeur, on dit:

Le *La* ♭ va directement au *Si* ♭, tandis qu'en *Ré* mineur, entre le *Sol* ♯ et le *Si* ♭, qui ont pourtant la même distance, et se font avec les mêmes touches sur le Piano, il se trouve un *La* ♮, qui divise alors cet intervalle en deux parties et en fait par conséquent une tierce. En *Ré* mineur, pour aller du *Sol* ♯ au *Si* ♭, il y a deux demi-tons et non un seul ton.

Pour broder le *La*, en *Ré* mineur, il est plus naturel de faire un *Sol* ♯ qu'un *La* ♭.

Tout cela, je le répète, prouve bien que les intervalles et les accords, par conséquent, changent de caractère, suivant la gamme où on les emploie.

La tierce diminuée se frappe sans préparation; mais on est libre de la préparer, car on peut préparer tous les intervalles, tandis que tous les intervalles ne peuvent pas se passer de préparation, Ex:

La tierce diminuée est toujours défendue dans nos écoles; je ne conseille pas de l'employer à deux parties; dans la résolution la plus naturelle de *Sol* ♯, *Si* ♭, le *Si* ♭ descend d'un demi-ton, et le *Sol* ♯ monte d'un demi-ton aussi.

On ne peut pas frapper deux tierces diminuées de suite.

Nous avons dit que les deux notes, qui forment la tierce diminuée, entouraient toujours à distance de seconde mineure la dominante d'un ton mineur; il est facile d'après cela de voir dans quel ton conduit la tierce diminuée. En prenant la tierce diminuée, *Ut* ♯ et *Mi* ♭, on va sur le *Ré*, dominante de *Sol* mineur; entre *La* ♯ et *Ut* ♮, c'est un *Si*, dominante de *Mi* mineur.

Si on voulait employer la tierce diminuée dans un ton, celui de *La* mineur, par exemple, on prend la dominante *Mi*, et on l'entoure des deux autres notes à distance de seconde mineure,

Ex: *Ré* ♯ et *Fa* sont donc la tierce diminuée de *La* mineur.

Au Conservatoire, on proscrit avec raison, même dans une harmonie à trois ou quatre parties, la tierce diminuée qu'on remplace par la sixte augmentée. Les auteurs les plus renommés, qui rejettent la tierce diminuée, font néanmoins un grand usage de la sixte augmentée, qui n'est pourtant que le renversement de la tierce diminuée; on doit suivre leur exemple.

La tierce diminuée ne s'emploie réellement que dans un ton mineur, mais on peut la frapper en demi-modulation, dans un ton majeur, parceque rien n'est plus près d'un ton majeur, que son homonyme mineur, et *vice-versâ*.

Si, par un caprice quelconque, la tierce diminuée remplaçait enharmoniquement la seconde majeure, on devrait lui appliquer toutes les règles de cette seconde.

Dans la mélodie, la tierce diminuée est défendue pour le style sévère; ainsi, on ne pourrait pas faire ce qui suit, Ex:

Dans la musique libre on emploie quelquefois mélodiquement cette tierce diminuée; mais il vaut mieux alors que ce soit dans un mouvement vif, et avec de courtes valeurs, Ex:

La tierce diminuée est très dramatique dans la mélodie; elle est déchirante dans l'harmonie, mais elle y produit en même temps un effet plus dur que dans la mélodie.

DE LA SIXTE AUGMENTÉE.

Ainsi que nous venons de le voir, la sixte augmentée n'est que le renversement de la tierce diminuée, elle se compose de cinq tons, Ex:

On pourrait dire aussi qu'elle est formée par un ton, deux demi-tons, et deux tons et demi;

SI ♭ UT ♯	UT ♯ RÉ	RÉ MI	MI FA	FA SOL♯
1 Ton ½.	1 demi ton.	1 Ton.	1 demi ton.	1 Ton ½.

Lorsque le *Sol* ♯ remplace enharmoniquement le *La* ♭, la sixte augmentée suit les règles de la septième mineure. Autrement, le *Sol* ♯ monte au *La* et le *Si* ♭ descend au *La*.

La sixte augmentée, se forme en plaçant deux notes à distance de seconde mineure de la dominante; elle est moins dure que la tierce diminuée et s'emploie plus souvent. Tout ce que nous avons dit par la tierce diminuée s'applique à la sixte augmentée.

En écrivant à plusieurs parties, on pourrait changer tout à coup la tierce diminuée en seconde majeure, et la sixte augmentée en septième mineure, pourvu qu'on les fit appartenir alors à un accord de dominante, Ex:

La tierce diminuée et la sixte augmentée, prises comme notes accidentelles, peuvent s'employer d'une manière arbitraire; elles n'ont plus alors la même importance que si elles étaient notes réelles, Ex:

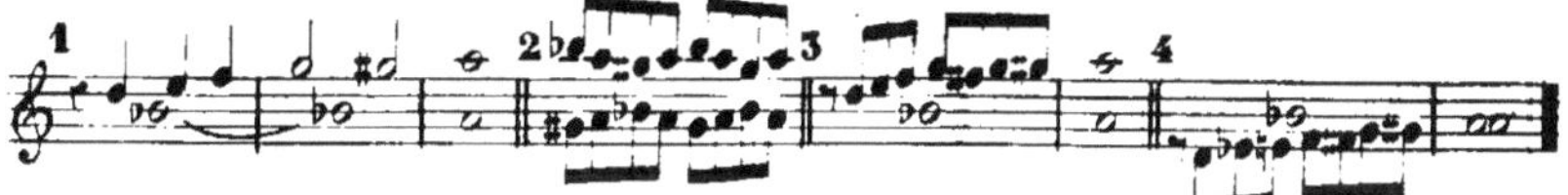

Quoique nous ayons dit que les intervalles de tierce diminuée et de sixte augmentée ne fussent que des notes accidentelles, il est des cas où ils ont la valeur de notes réelles.

D. Dans le N° 1, le *Sol* ♯, est-il note accidentelle, ou note réelle?

R. Il peut être l'un et l'autre; cependant, il a plutôt le caractère d'une note réelle.

D. Dans le N° 2, le *Sol* ♯ et le *Si* ♭ que sont-ils?

R. Ils sont notes accidentelles; on pourrait pourtant les considérer comme des notes réelles; cela dépendrait de la manière dont on les accompagnerait, Ex:

Dans l'exemple (A) le *Sol* ♯ et le *Si* ♭ sont des notes accidentelles; elles peuvent être considérées comme notes réelles dans l'exemple (B), et donner alors l'accord *Si* ♭, *Ré*, *Fa*, *Sol* ♯, tandis que dans l'exemple (A) *Ut* ♯, *Mi*, *Sol* ♯ et *Si* ♭ ne peuvent pas former un accord de sixte augmentée.

D. Comment regardez-vous le *Sol* ♯ dans le N? 3?

R. Comme une note accidentelle à cause de sa valeur si petite.

Comment prenez-vous le *Sol* ♯ dans le N? 4?

R. Comme dans le N? 3; mais le N? 4 est un peu plus dur que le précédent, parcequ'il renferme une tierce diminuée, tandis qu'il y a une sixte augmentée dans l'autre.

2? DE LA TIERCE DIMINUÉE.

La tierce mineure se compose d'un ton et d'un demi-ton, Ex:  en se renversant, elle donne la sixte majeure, Ex:

On peut, jusqu'à un certain point, trouver la tierce mineure dans le corps sonore, Ex:

Cependant le *Si* ♭, ici, doit être considéré plutôt comme la 7me d'*Ut*, que comme la 3^ce de *Sol*.

On peut arriver sur la tierce mineure par tous les mouvements; il n'est pas nécessaire de la préparer; sa résolution est arbitraire, pourvu que l'intervalle dont on la fait suivre soit régulièrement écrit.

C'est avec des tierces mineures qu'on forme l'accord si dramatique de la septième diminuée. La tierce mineure se frappe dans tous les tons comme note réelle ou accidentelle.

On peut faire une suite de tierces mineures marchant par degrés conjoints, tant en montant qu'en descendant, Ex:

Ces tierces mineures qui se suivent ainsi par degré conjoint ne détruisent pas le ton d'*Ut*, parceque les notes devant lesquelles on a placé des accidents représentent des notes accidentelles qui ne changent pas le ton dans lequel on est.

On pourrait frapper aussi des tierces mineures par degrés disjoints, Ex:

Nous venons de dire que l'accord de septième diminuée était formé par des tierces mineures, on peut faire marcher par le mouvement semblable soit en montant, soit en descendant, une suite de tierces mineures formant des accords de trois ou quatre sons, Ex:

Comme note accidentelle, la tierce mineure peut se frapper d'une manière arbitraire.

DE LA SIXTE MAJEURE.

La sixte majeure est le renversement de la tierce mineure, Ex: 

Tout ce que nous avons dit pour la tierce mineure s'applique également à la sixte majeure.

La tierce mineure, qui se fait avec la fondamentale d'un accord et sa tierce, est en général d'un caractère triste ou terrible, suivant qu'on joue doucement ou avec force; dans d'autres cas, elle peut être suave ou brillante: Ainsi en *Sol* mineur, *Sol Si♭*, ou son renversement *Si♭ Sol*, ont un caractère de tristesse bien prononcé, tandis qu'en *Mi♭* majeur, les mêmes intervalles, *Sol Si♭* et *Si♭ Sol*, sont très doux et n'ont aucun caractère de tristesse, Ex:

Nous ne saurions donc trop recommander à l'élève de s'habituer, avec le Piano, à bien reconnaître la signification de chaque intervalle, suivant le ton et la manière dont on l'emploie.

On s'exercera longtemps sur cet intervalle; on l'étudiera dans toutes les gammes. On prendra ensuite une tierce mineure, *La Ut*, par exemple, qu'on essayera dans les gammes où elle se trouve en notes diatoniques, Ex:

Il faudra, chaque fois, que le ton dans lequel on veut essayer cet intervalle soit bien déterminé; si on ne prenait pas cette précaution, toutes ces tierces auraient le même caractère, comme si on en répétait une plusieurs fois dans un même ton.

La tierce mineure peut se frapper avec tous les intervalles, soit comme note réelle, soit comme note accidentelle; il en est de même de la sixte majeure.

3° DE LA TIERCE MAJEURE.

La tierce majeure se compose de deux tons, Ex: elle est donnée par le corps sonore, Ex:

C'est le plus doux et le plus mélodieux de tous les intervalles; sans la tierce, il n'y aurait pas d'harmonie, car les dissonances de 2de 7me &, ne sont bonnes que parcequ'elles sont mêlées aux tierces majeures ou mineures.

On peut composer un morceau d'harmonie avec des tierces majeures enlacées aux tierces mineures, on ne pourrait pas le faire avec aucun autre intervalle seul.

La tierce majeure est une Consonnance, ainsi que son renversement, la sixte mineure.

Une suite de Tierces majeures, marchant par tons, est impraticable, Ex:

On pourrait frapper des Tierces majeures consécutives, si elles marchaient par demi-tons,

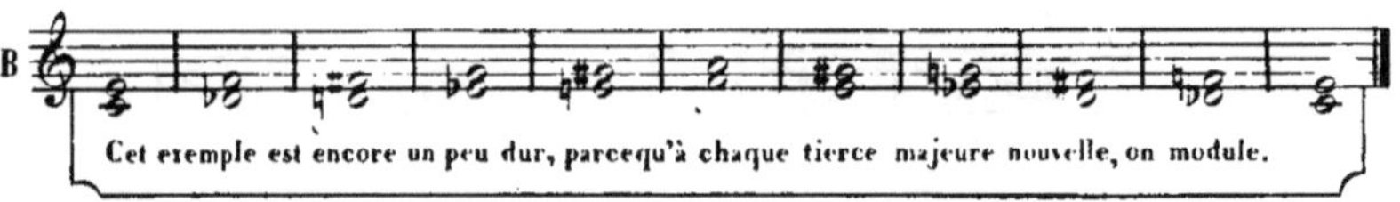

L'exemple A est mauvais, parceque, d'une mesure à l'autre, il y a toujours un intervalle de *Triton* ou *Quarte augmentée* qui décide à chaque mesure un nouveau ton, ce qui produit un effet bizarre que le sentiment rejette.

Ainsi, de la première mesure à la seconde, il y a une relation de triton de l'*Ut* au *Fa* ♯ Ex:

De la seconde mesure à la troisième, il y a encore une fausse relation de triton, Ex:

Chaque fois qu'on fait entendre entre deux mesures qui se touchent, ou dans la même mesure un intervalle de *triton*, on décide un nouveau ton, celui auquel appartient ce triton; or, on ne peut, sans chanter faux, courir de triton en triton, en ne prenant de chaque gamme que l'intervalle qui fait sa tonalité.

Il n'y a que deux tierces majeures qu'on puisse frapper de suite, ce sont celles qui appartiennent au 4me et au 5me degrés de la gamme, parcequ'elles sont faites par les notes diatoniques de cette gamme, et constituent le triton tonal, Ex:

On peut encore faire les tierces suivantes en allant par degrés disjoints, Ex:

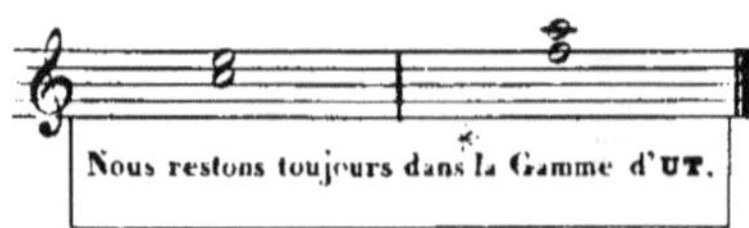

Le triton *Fa Si* ne peut pas chanter faux, parcequ'il appartient à une même gamme, dont il détermine la tonalité.

En modulant d'*Ut* en *Sol* on fait entendre aussi deux tierces majeures; mais les deux tierces appartiennent dès lors à la gamme de Sol, Ex:

Ces deux tierces majeures_appartiennent au 4me et 5me degrés de la même gamme de Sol; mais on ne pourrait pas faire une fois encore une tierce majeure, surtout en écrivant à deux parties.

Ainsi, deux tierces_consécutives, et marchant par ton, ne sont bonnes que lorsque la seconde_appartient au 5me degré de la gamme.

Les anciens Maîtres défendaient de frapper deux tierces majeures de suite sans donner les raisons de cette défense; je crois avoir prouvé qu'ils se trompaient en généralisant cette interdiction; des tierces majeures consécutives peuvent se faire si elles marchent par demi-tons, ou bien, si en marchant par tons, la seconde tierce majeure appartient_à l'accord de dominante.

On ne_parle en général, dans les ouvrages didactiques, que des quintes défendues, sans jamais faire mention de ces tierces majeures consécutives, qui produisent véritablement un effet discordant, lorsqu'elles sont mal employées.

Deux tierces majeures ne peuvent se frapper l'une sur l'autre sans former une discordance, Ex:

Deux tierces majeures ne peuvent jamais former un accord, parcequ'elles renferment une Quinte augmentée *Ut,Sol*♯, qui n'est pas un intervalle harmonique, ainsi que nous le verrons; la tierce majeure, comme note accidentelle, peut se frapper d'une manière arbitraire.

DE LA SIXTE MINEURE.

La *Sixte mineure* n'est que le renversement de la *Tierce maj:* Ex 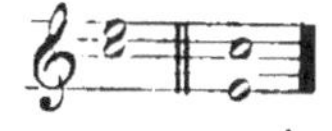 elle en suit toutes les règles.

Cette tierce majeure, ainsi que la tierce mineure, change de caractère suivant le ton dans lequel on l'emploie, Ex:

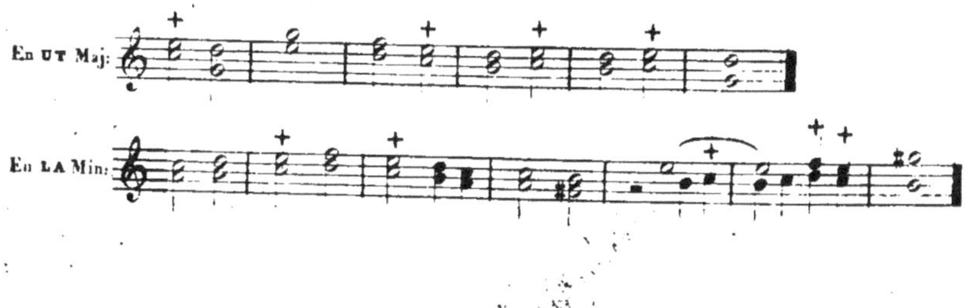

Il en est de même de la Sixte mineure, Ex:

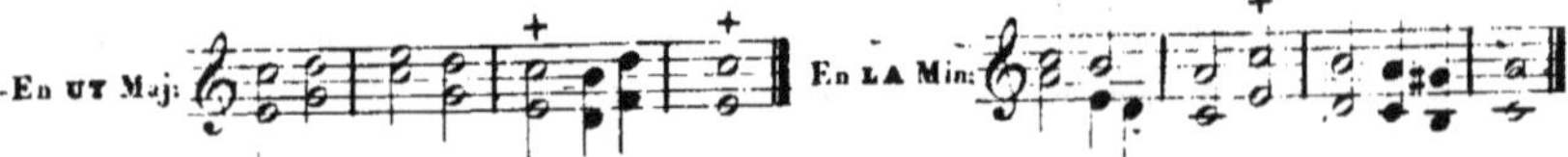

L'élève fera pour la 3ce majeure et la 6te mineure le travail que nous lui avons indiqué, page 68, pour la 3ce mineure et la 6te majeure. En voici un exemple:

En UT Majeur.	En LA Mineur.	En SOL Majeur.	En MI Mineur.	En FA Majeur.	En FA Mineur.

Il devra étudier le caractère de cette tierce dans tous les tons, puis il formera une nouvelle tierce majeure avec d'autres notes, et il refera le même exercice et les mêmes recherches.

Il recommencera le même travail pour la Sixte mineure.

Nous le redisons encore ici, nous regardons les intervalles renversés comme ceux dont ils dérivent, et nous ne leur appliquons pas de nouvelles règles.

DE LA TIERCE AUGMENTÉE.

La Tierce augmentée se compose de deux tons et demi, Ex: 

Cet intervalle, qui n'est pas harmonique, ne peut entrer dans la formation d'aucun accord. Il ne s'emploie que comme note accidentelle, Ex:

Il peut alors se frapper arbitrairement.

Le *Mi* ♯, s'il était pris enharmoniquement pour le *Fa* ♮, serait soumis aux règles qui se rapportent à la *Quarte juste*.

DE LA SIXTE DIMINUÉE.

La *Sixte* diminuée est le renversement de la tierce augmentée, Ex:

Comme la tierce augmentée, la Sixte diminuée n'est pas un intervalle harmonique.

Si le *Mi* ♯ remplaçait un *Fa* ♮, ce serait alors un intervalle nouveau qu'il faudrait traiter comme une quinte juste; mais lorsque le *Mi* ♯ est réellement un *Mi* ♯, on ne doit le frapper que comme une note accidentelle.

Nous ne pouvons donner de plus amples détails sur cet intervalle, qui ne joue qu'un rôle secondaire, et qu'on n'emploie presque jamais.

La tierce augmentée et la Sixte diminuée forment des intervalles dissonants d'un effet désagréable.

En resumé, la *Tierce majeure* et la *Tierce mineure* sont les seuls intervalles qui soient réellement harmoniques. Frappez, si vous voulez, un intervalle qui ne soit pas une dissonance de seconde, par exemple, la 4^{rte} Juste ou la 5e Juste, vous n'entendrez une harmonie véritablement agréable que lorsque vous leur adjoindrez la *Tierce*, ou son renversement la Sixte, Ex:

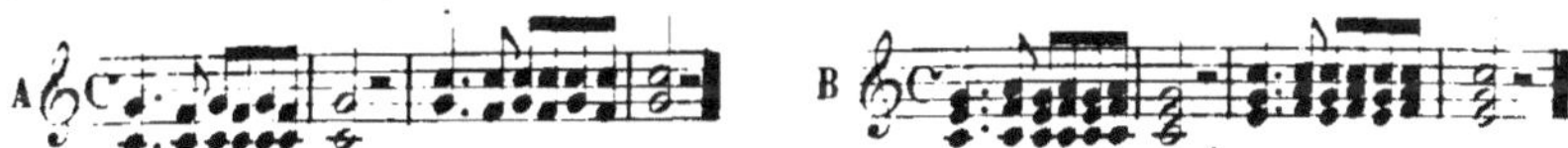

L'exemple A est d'un effet peu agréable, tandis que l'exemple B, à cause de la tierce, est très harmonieux.

Dans une Gamme majeure, dont on ne veut pas altérer les notes par des accidents étrangers, on ne peut faire, si on veut frapper des *Tierces*, ou des *Sixtes*, qu'une suite de tierces *majeures* ou *mineures* entrelacées. Nous savons quelles sont les tierces majeures qu'on peut frapper de suite.

Il est quelquefois difficile de bien savoir si l'on doit employer des tierces ou des sixtes, pour accompagner une mélodie, dans l'exemple suivant, écrit en *Ut*, il faudrait certainement accompagner le chant par des tierces supérieures, ou par des sixtes inférieures,

— Si on l'accompagnait par des tierces inférieures, on lui donnerait le caractère de *La* mineur, Ex:

Il n'est pas aussi difficile qu'on le pense de faire un choix convenable. Chacun de ces exemples a une expression particulière; c'est à nous de bien nous en convaincre sur le Piano ou sur l'Orgue, et de choisir ce qui nous flatte le plus. Le N? 2 est brillant; le N? 3 plus modeste, mais suave; le N? 4 a plutôt un caractère de mélancolie; ils sont tous bons néanmoins, quoiqu'ils aient chacun une expression différente.

CHAPITRE XXXI.

DES QUARTES ET DES QUINTES.

Le corps sonore donne la Quinte juste, qui ne devient Quarte que par rapport à la réplique de la première note, Ex:

On voit que le *Sol* n'est une *Quarte* que par rapport à l'octave de l'*Ut*.

Néanmoins, nous pourrons regarder la Quinte comme le renversement de la Quarte, sans craindre de nous éloigner de la vérité, puisque la Quinte renversée devient une Quarte, et la Quarte une Quinte.

Ainsi la Quarte renversée devient une Quinte, Ex:

De tous les intervalles c'est celui qu'il est le plus difficile d'analyser; il ne serait peut-être pas possible d'énumérer ici toutes les discussions qu'ont soulevées dans nos écoles les fautes de Quintes justes.

Nous allons analyser toutes les espèces de *Quartes*; et lorsque nous arriverons à la *Quarte juste*, et à son renversement la *Quinte juste*, nous expliquerons ce qu'il est bien utile de savoir pour l'emploi de cet intervalle.

Il y a trois espèces de Quartes, qui, en se renversant, donnent trois espèces de Quintes. Les voici:

Nous allons analyser ces intervalles.

1º DE LA QUARTE DIMINUÉE.

La Quarte diminuée se compose d'un ton et de deux demi-tons, Ex: 

Elle ne se trouve pas dans les notes harmoniques données par le corps sonore, Ex:

Il ne faut pas la confondre avec la tierce majeure, Ex:

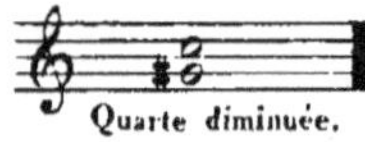

Si le *Sol* ♯ remplaçait enharmoniquement un *La* ♭, il faudrait appliquer à cet intervalle les mêmes règles qu'à la tierce majeure *La* ♭ *Ut*.

Dans la Quarte diminuée *Sol* ♯ *Ut*, le *Sol* ♯ doit être regardé comme une note accidentelle. Cet intervalle se frappe le plus souvent avec la préparation: il est alors d'un effet assez doux et demi-consonnant. On obtient cette préparation en faisant précéder le *Sol* ♯ du *Sol naturel* dans la même partie, Ex:

Dans la résolution, le *Sol* ♯ monte au *La*, Ex: cet intervalle

peut se passer de préparation; mais il devient alors un peu dur, et forme une véritable dissonance, Exemple,

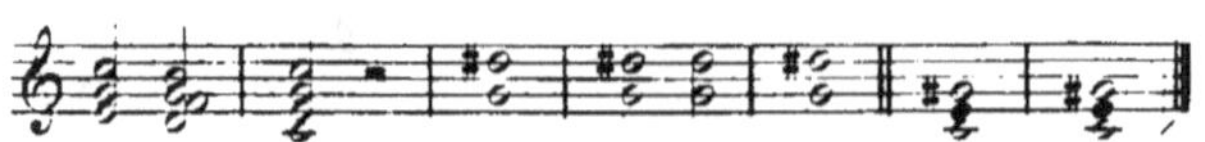

Si le *Sol* ♯ remplaçait un *La* ♭, cet intervalle *Sol* ♯ *Ut* serait très consonnant, puisqu'il tiendrait la place de la tierce majeure *La* ♭ *Ut*, Ex:

pour

La Quarte diminuée, lorsqu'elle est préparée, n'est pas désagréable à entendre; mais elle devient une véritable dissonance si elle n'est pas préparée. Ce qui fait alors que cette dissonance si étrange est acceptée par le sentiment, c'est qu'elle produit l'effet d'une note accidentelle. On peut trouver d'autres préparations et d'autres résolutions, moins naturelles, mais bonnes, Ex:

Dans les exemples 3 et 4, le *Sol* ♯ qui redescend au *Sol* ♮ semble occuper la place d'un *La* ♭.

Il n'existe pas d'accord dans lequel on trouve une Quarte diminuée; cela prouve que cet intervalle est formé par une note accidentelle, et qu'il n'est pas *harmonique*.

DE LA QUINTE AUGMENTÉE.

La *Quinte augmentée* n'est que le renversement de la *Quarte diminuée*.

Tout ce que nous avons dit pour la *Quarte diminuée* s'applique également à la *Quinte augmentée*.

Il faut se rappeler qu'à moins d'une observation expresse, en disant 2de 3me 4^{rte}, nous entendons parler aussi de leurs renversements, la 7me la 6te, et la 5te.

Il est certain que lorsque nous disons la Tierce est plus sonore que la Sixte, nous ne confondons pas la tierce avec la sixte, puisque nous établissons une différence entre ces deux intervalles; hors de là, si nous donnons des règles générales pour la 3^{ce}, ces règles s'appliquent aussi à la Sixte.

On ne peut pas faire une suite de Quintes augmentées, ni de Quartes diminuées.

DE LA QUARTE JUSTE.

Le corps sonore donne la *Quinte juste* d'abord, qui devient *Quarte juste*, lorsqu'elle est comparée à l'octave de la note fondamentale, ou 1er son du corps sonore, Ex:

La Quarte juste se compose de deux tons et d'un demi-ton, Ex: 

Cet intervalle isolé est peu harmonieux; je préfère encore les intervalles dissonans de la seconde et de la septième.

La Quarte juste n'est certainement pas une dissonance; mais frappée sans le secours de la tierce ou de la sixte, elle n'est pas non plus un intervalle harmonieux.

Quelques auteurs rangent la Quarte juste au nombre des dissonances, d'autres, au nombre des consonnances; à mon avis, elle n'est ni consonnante ni dissonante lorsqu'elle est isolée, c'est un intervalle neutre.

La Quarte juste, lorsqu'elle est frappée seule, est, pour ainsi dire, sans couleur harmonique.
Exemple,

Dans l'intervalle de seconde, il y a un effet de dissonance, car j'y vois deux notes qui se heurtent et produisent un accord dissonant; dans la tierce majeure ou mineure, on entend l'harmonie la plus suave, l'accord le plus mélodieux que puisse engendrer l'ensemble de deux notes différentes; dans la Quarte juste il n'y a certainement ni la dissonance de la seconde, ni la consonnance de la tierce; on ne peut donner à cet intervalle ni la qualité d'intervalle dissonant, ni celle d'intervalle consonnant. Cela prouve bien qu'en effet la Quarte juste, par elle-même, n'est pas un intervalle harmonique.

Si dans cet accord parfait  on retranche le *Mi*, il n'y a plus d'harmonie, car on supprime la note qui fesait la tierce *Ut Mi*, et la tierce *Mi Sol*; il ne reste plus qu'*Ut Sol*, qui est un intervalle neutre.

Si on prend cet accord dans son premier renversement , on a une tierce *Mi Sol*, et une sixte *Mi Ut*. Si on retranche la note *Mi*, il ne reste plus que la Quarte juste *Sol Ut*, qui n'est pas un intervalle harmonieux.

On sait que les accords se forment de tierce en tierce en montant; en partant d'*Ut*, l'accord de trois sons est *Ut Mi Sol*. Le *Sol* ne peut se frapper avec l'*Ut* qu'à cause du *Mi*; ce *Sol* est là sans doute comme tierce de *Mi*, plutôt que comme la quinte d'*Ut*. Mais, si en écrivant à deux parties, on retranche ce *Mi*, on détruit alors la note qui mettait en harmonie le *Sol* avec l'*Ut*, et on altère leur accord.

La Septième n'existe sans doute qu'aux mêmes conditions que la quinte, et se forme en ajoutant une tierce au-dessus de l'accord de trois sons, Ex:

Ce *Si♭* ne peut se frapper sur l'*Ut*, avec lequel il fait un intervalle de septième, que parcequ'il est lié par une tierce à la quinte *Sol* qui, à son tour, est liée elle-même à l'*Ut* par la tierce *Mi*.

Lorsqu'on écrit à deux parties, on frappe souvent la 7me ou la 2me seules, Ex:

Cet intervalle plait par sa dissonance, tandis que la *Quarte juste*, lorsqu'on la frappe seule, ne produit aucun effet, Ex:

176

Cette Quarte juste peut s'employer pourtant à deux parties, lorsqu'elle est suivie ou précédée, ou par des tierces ou par des sixtes, Ex:

Il est évident, d'après ce que nous venons de dire sur la Quarte juste, lorsqu'elle est isolée, qu'on ne pourrait pas en faire plusieurs de suite, Ex:

Cet exemple est inadmissible à deux parties; on ne l'emploie à trois parties qu'en plaçant à la basse une note qui fasse tierce avec la première partie, et sixte avec la seconde, Ex:

Telle est la puissance des tierces et des sixtes; l'oreille n'entend plus ici l'effet si peu agréable des Quartes justes, qui se perdent au milieu de cette harmonie suave des tierces et des sixtes.

On défend toujours le cas suivant, Ex:

On défend cette disposition d'accords, parceque la note qui fait Quarte juste est trop faible et trop peu harmonieuse pour faire une partie aussi grave, aussi importante que la basse.

On a imaginé, pour ne pas exclure tout à fait la Quarte juste de la basse, de la préparer et de la résoudre comme une dissonance.

On la prépare en faisant rester en place dans la même partie une des deux notes de la Quarte juste, Ex:

On la résout en faisant rester en place une de ces deux notes, Ex:

Dans ces deux cas, la basse ne peut que rester en place ou marcher par degré conjoint, il y a des cas pourtant, où l'on peut frapper sans préparation cette Quarte juste sans que l'oreille en souffre; cela se fait souvent dans une formule de cadence parfaite, Ex:

On rencontre quelquefois, même dans les meilleurs auteurs, la Quarte juste employée sans préparation et sans résolution; on pourra voir dans mes *Études harmoniques du Conservatoire*, au chapitre du second renversement des accords, quelle est mon opinion sur cette licence.

Comme note accidentelle, la Quarte juste peut s'employer arbitrairement; il est inutile de la préparer alors.

DE LA QUINTE JUSTE.

La Quinte Juste est le renversement de la quarte juste, Ex:

Comme la quarte juste, elle n'est pas très mélodieuse, Ex:

Elle n'est ni Dissonante, ni tout a fait Consonnante; elle ne devient réellement harmonieuse que lorsqu'elle est frappée avec une *Tierce*, ou une *Sixte*, Ex:

On l'emploie quelquefois après une *Tierce*, ou une *Sixte*, Ex:

Elle ne peut se reproduire par degrés conjoints et par mouvement semblable, Ex:

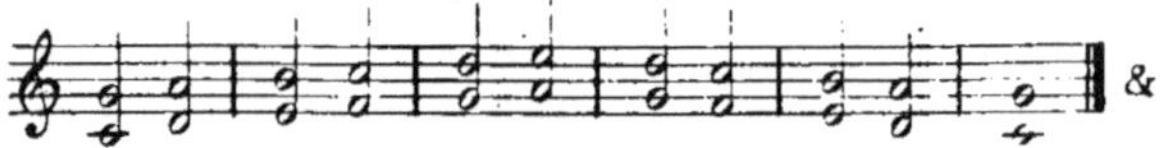

Cet exemple est mauvais, ainsi qu'on peut s'en convaincre en le jouant sur le Piano. La quinte, comme nous venons de le dire, est un intervalle peu harmonieux; chaque fois qu'on le reproduit, on fait entendre un accord désagréable, et l'oreille en est blessée; c'est ce qu'on appelle *fautes de Quintes*.

On ne pourrait même, comme pour la quarte juste, corriger cette dureté au moyen de la tierce, ou de la *Sixte*, parceque la Quinte a plus de force que la quarte juste, de sorte que malgré les tierces et les sixtes dont on l'accompagne, elle conserve sa dureté, surtout si on la frappe par un mouvement semblable, Ex:

Pour corriger ces duretés, on a d'abord imaginé tout naturellement de ne pas frapper deux Quintes justes de suite par degrés conjoints; ainsi, dans une partie qui vient de frapper une Quinte juste, on place une tierce, une sixte, une octave, enfin tout autre intervalle que la *Quinte juste*; de cette manière, on adoucit son mauvais effet.

De plus, par un excès de prudence, sans doute, on a pensé qu'il fallait ne jamais arriver sur cet intervalle par mouvement semblable, de sorte que, dans la musique sévère, on ne pourrait le frapper que par le mouvement contraire ou oblique, Ex:

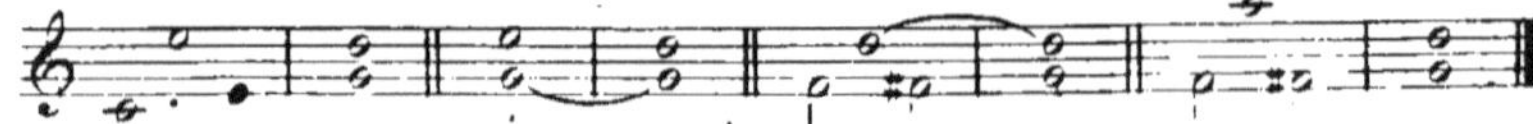

On a même défendu deux Quintes consécutives même par le mouvement contraire, Exemple:

Cette défense ne peut pas rigoureusement s'appliquer à la musique libre dans laquelle il suffit que les deux Quintes justes ne se suivent pas de cette manière, Ex:

Mais on peut arriver de plusieurs manières sur une Quinte juste par le mouvement semblable; voici dans quel ordre nous plaçons chacun des cas qui se présentent alors, Ex:

1er Cas — La partie supérieure marche par degrés conjoints, et la partie inférieure par degrés disjoints, soit en montant soit en descendant.

2me Cas — Les deux parties marchent par degrés disjoints.

3me Cas — La partie supérieure marche par degrés disjoints, et la partie inférieure par degrés conjoints.

4me Cas — On va d'une Octave sur une Quinte.

5me Cas — On marche par degrés disjoints d'une quinte juste, sur une Quinte juste.

Cependant, il ne faut pas abuser de ces licences; il est toujours mieux de frapper la Quinte Juste par mouvement contraire ou oblique, et de ne pas en écrire 2 de suite dans la même partie.

Si on veut frapper quelquefois la Quinte juste par le mouvement semblable, nous conseillons le cas suivant qui est très usité, même à deux parties, Ex:

Celui-ci est bon aussi,

Le cas suivant me plait beaucoup moins, surtout à deux parties,

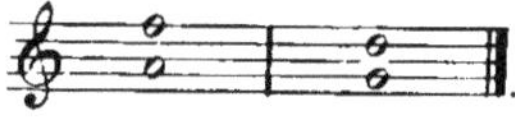

Celui-ci peut s'écrire; même à deux parties, Ex:

Dans le Duo, l'exemple suivant est dur, Ex:

Observation Générale: Lorsqu'on écrit un intervalle d'un effet dur et un peu hazardé, on évite de le placer aux deux parties extrêmes du morceau d'harmonie, c'est-à-dire, à la partie la plus haute et à la plus basse. On le met de préférence dans les parties intermédiaires, afin qu'il s'entende moins.

DE LA QUARTE AUGMENTÉE.

La Quarte augmentée se compose de trois tons, Ex:

C'est parcequ'elle se compose de trois tons qu'on la nomme ordinairement *triton*, intervalle de *triton*.

Le corps sonore donne la *quinte diminuée* qui est le renversement de la Quarte augmentée, Ex:

C'est par la Quarte augmentée, surtout, qu'on peut moduler. En altérant ce triton par un accident quelconque, on change la tonalité de la gamme, et l'on passe d'un ton dans un autre.

Pour la Résolution naturelle de la Quarte augmentée, *Si Fa*, le *Si* monte à l'*Ut* et le *Fa* descend au *Mi*, Ex:

Outre cette Résolution, qui est la meilleure et la plus naturelle, on peut laisser à la même place le *Fa* et le *Si*, ou faire monter le *Fa* et descendre le *Si*; ou bien encore les faire marcher à volonté par degrés conjoints ou disjoints ensemble ou séparement sur un autre intervalle, pourvu que ce nouvel intervalle ainsi frappé soit d'un bon effet.

EXEMPLE.

La Quarte augmentée n'a pas besoin de préparation; on peut en faire une suite par le mouvement semblable, Ex:

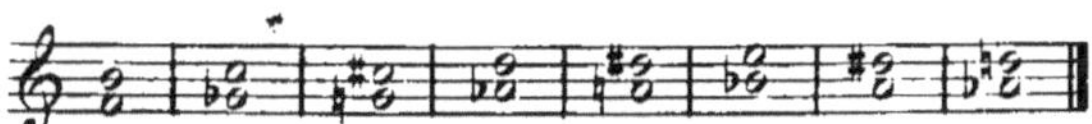

On pourrait aussi les faire suivre par le mouvement contraire. La Quarte augmentée se confond avec la quinte diminuée qui n'est que son renversement; mais il y a une autre coïncidence assez curieuse, c'est qu'en changeant enharmoniquement une des deux notes de la Quarte augmentée, on obtient la quinte diminuée, Ex:

Mais cette nouvelle quinte diminuée appartient alors à un ton très éloigné. Dans l'exemple Nº 1, *Fa Si* appartiennent à la gamme d'*Ut*, et *Mi♯ Si* à la gamme de *Fa♯*; dans le Nº 2, le premier triton *Fa Si* est toujours en *Ut*, tandis que son homonyme enharmonique, qui est ici la quinte diminuée *Fa Ut♭*, est en *Sol♭*.

Il est curieux que l'intervalle qui décide la tonalité d'une gamme, qui fait qu'une gamme est plutôt dans un ton que dans un autre, puisse représenter un autre intervalle enharmoniquement, de sorte qu'en frappant la *Quarte augmentée Fa Si*, on est en *Ut*, ou en *Fa♯*, ou enfin en *Sol♭*. C'est là un moyen de moduler qui nous est indiqué par la nature et dont nous devons profiter.

Cependant *Mi♯ Si* et *Fa Ut♭* ne sont pas les véritables renversements de *Fa Si*. Car,

Fa Si renversé donne *Si Fa*, Ex:

Dans ce dernier exemple on est toujours en *Ut*, tandis qu'avec *Fa Ut♭*, on est en *Sol♭*.

La *Quarte augmentée*, ou *Triton*, est toujours formée par le 4.ͤ degré de la gamme, uni à la note sensible, ou 7.ͤ degré; donc, *Fa Si* appartiennent à la gamme d'*Ut*, mode majeur ou mode mineur.

On trouve certainement ce triton *Fa Si*, ou plutôt son renversement *Si Fa*, dans la gamme de *La* mineur, Ex:

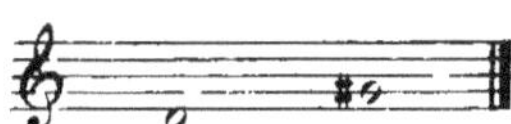

Mais on doit se rappeler qu'en *La* mineur le *Fa♮* remplace le *Fa♯*, qu'on a altéré pour convertir la gamme majeure en *La* mineur.

D'après cela, on peut avancer qu'en *La* mineur *Si Fa* n'est pas un intervalle primitif, puisqu'il est formé pour ainsi dire par une note chromatique; aussi, ce n'est point à cause de cet intervalle *Si Fa* que nous sommes en *La*, mais parceque le *Sol♯* forme le triton tonal avec le *Ré*, Ex:

Il ne peut y avoir deux tritons, formés avec des notes diatoniques, dans une même gamme; c'est pourquoi, dès qu'on introduit un intervalle formant un nouveau *triton*, on module; il suffit de placer un accident devant une note quelconque pour former un nouveau triton.

Prenons la gamme d'*Ut*, sur quelque note qu'on place un ♯ ou un ♭, on crée un nouveau triton, qui détruit nécessairement celui d'*Ut*, et nous fait moduler, Ex:

Ut♯ ferait un triton avec la note *Sol*, et l'on modulerait, Ex:

Ré♯ et *La* feraient le triton de *Mi*, et détruiraient nécessairement celui d'*Ut* qui est *Fa Si*, puisqu'en *Mi* le *Fa* est diésé. De même, si on module en *Ré* mineur, le *Si♭* reçoit un ♭, tandis que le *Fa* reçoit un ♯ si on module en *Ré* majeur. De toutes les manières, le triton tonal d'*Ut*, *Fa Si*, se trouve détruit. Il est bien entendu que dans tous les cas, les notes qui forment ces tritons doivent être des notes réelles de l'harmonie.

Comme note accidentelle, la Quarte augmentée peut se frapper arbitrairement, de toutes les manières.

DE LA QUINTE DIMINUÉE.

La Quinte Diminuée est donnée par le corps sonore; elle forme le renversement de la Quarte augmentée, Ex:

Tout ce que nous avons dit pour la Quarte augmentée s'applique à la Quinte diminuée.

Nous avons donné à présent des explications assez détaillées sur chaque intervalle. Si l'élève à bien suivi nos conseils, il doit comprendre la force et le caractère de chacun de ces intervalles.

Voici maintenant le tableau des intervalles que j'ai donné page 314 de ma *Panharmonie musicale*; il est pour ainsi dire le résumé de tout ce que nous venons de dire sur chaque intervalle.

TABLEAU HARMONIQUE DES INTERVALLES.

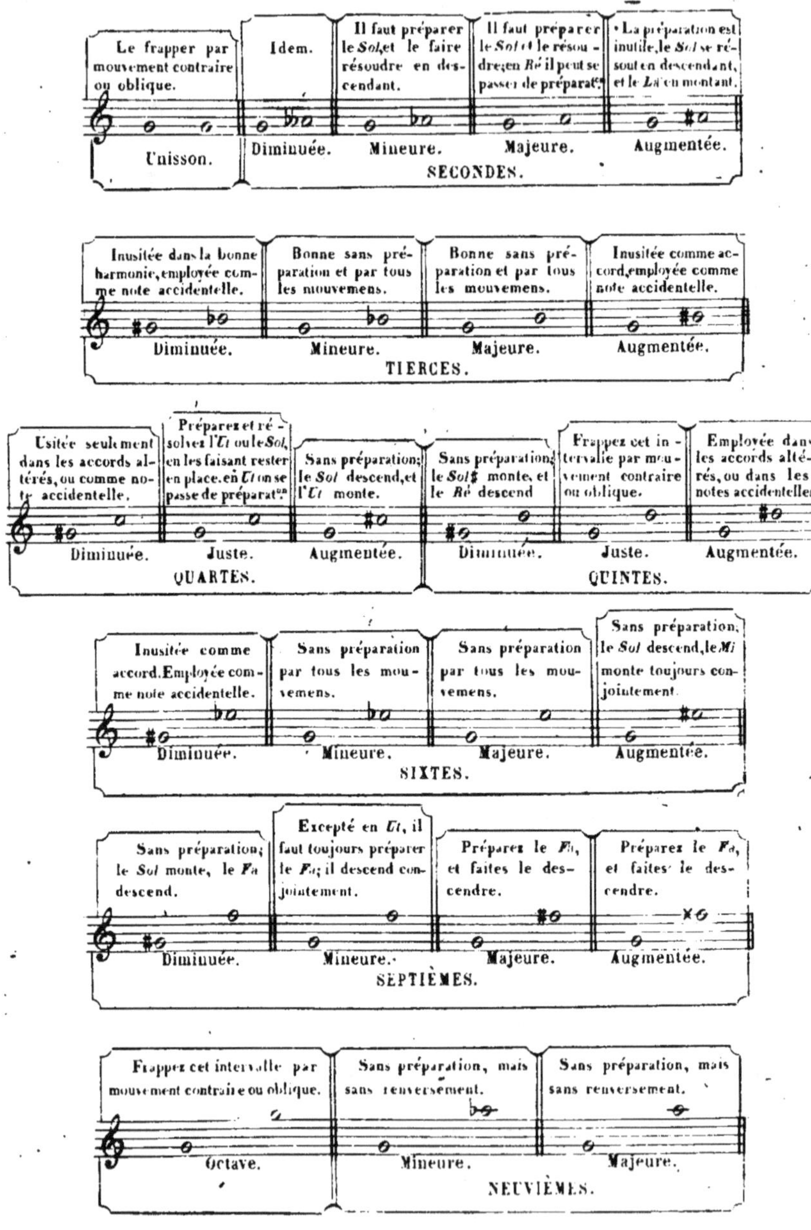

CHAPITRE XXXII.

CONSIDÉRATIONS GÉNÉRALES SUR L'HARMONIE.

On appelle harmonie la réunion d'un ou plusieurs intervalles frappés en même temps,

Exemple, 

Si l'élève a bien compris l'analyse que nous venons de faire de chaque intervalle, il connait à fond l'harmonie.

Deux ou plusieurs intervalles frappés ensemble, et qui donnent un résultat harmonique, qui satisfait le sentiment, forment un *accord*.

Un accord est donc la réunion simultanée de plusieurs tons, dont l'ensemble est plus ou moins harmonieux.

Nous allons donner à l'élève une règle générale qui lui apprenne à former tous les accords possibles, renversés ou non renversés, mutilés ou entiers.

Règle Générale: *On peut frapper ensemble tous les intervalles dont le contact est harmonieux et régulier.*

Demande. Peut-on frapper l'une sur l'autre deux Tierces majeures? 

Réponse. Les deux Tierces majeures, prises isolément, sont très harmonieuses; il n'y a donc rien à dire pour chacune d'elles, lorsqu'elles sont isolées; mais frappées ensemble, elles donnent naissance à une quinte augmentée dont l'effet est très dur, Ex: 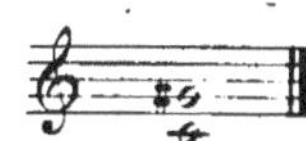

Il faudra donc appliquer à cet intervalle toutes les règles que nous avons données au sujet de la *Quinte augmentée.*

Cet accord, pour être harmonieux, devrait surtout s'employer de la manière suivante, à cause de sa Quinte augmentée, Ex:

D. Deux Tierces, l'une mineure et l'autre majeure, sont-elles harmonieuses, lorsqu'on les frappe l'une sur l'autre? Ex:

R. Oui. l'intervalle nouveau qui en résulte est une Quinte juste, et l'on sait que cet intervalle peut se frapper sans préparation, et qu'il produit un bon effet, lorsqu'il est uni à une tierce. Nous avons dit qu'on ne devait pas frapper deux Quintes justes par mouvement semblable.

D. Quel est le plus parfait des deux accords précédents?

R. C'est le premier.

D. Pourquoi?

R. Parceque sa première tierce est majeure, Ex: *Ut Mi Sol.* En effet, il est à remarquer qu'en disposant les notes de tierce en tierce en montant, la première tierce est celle qui détermine la nature de l'accord, et qui le rend majeur ou mineur.

D. Peut-on employer l'accord suivant? 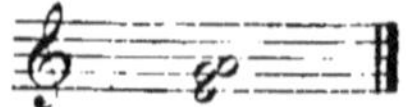

R. Oui.

D. Dans quel ton?

R. Dans tous les tons où ces notes sont diatoniques ou naturelles.

D. N'existe-t-il pas un ton dans lequel cet accord serait plus harmonieux que dans les autres gammes?

R. C'est le ton de *Ré*.

D. Pourquoi?

R. Parcequ'en *Ré*, la seconde *Sol La*, qui est formée avec la 4me note et la 5me, peut se frapper sans préparation, parcequ'elle est donnée alors par le corps sonore,

Exemples:

En **UT.**    En **RÉ.** 

D. Lequel des deux exemples est le plus harmonieux?

R. Le deuxième, parceque la seconde *Sol La* y est plus naturelle. Outre cette seconde, il y a un autre intervalle de *Quarte juste* qu'on doit employer avec la préparation. On y trouve aussi une tierce *Mi Sol* qu'on peut employer arbitrairement.

D. Peut-on faire de suite deux accords composés de deux tierces majeures, Ex:

R. Non.

D. Pourquoi?

R. Parceque nous avons dit qu'il fallait préparer et résoudre la Quinte augmentée, et qu'ici, cette double condition n'est point observée. D'ailleurs, ces deux tierces majeures ne peuvent pas exister dans le même ton; or, il est impossible d'écrire plusieurs intervalles consécutifs dont chacun appartient à un ton différent. Nous savons, en outre, que la Quinte augmentée et la Quarte diminuée ne peuvent pas faire partie de l'harmonie réelle. On peut donc frapper tel accord qu'on voudra pourvu que chacun des intervalles dont il est composé soit employé d'une manière correcte.

Les intervalles Consonnans conservent cette qualité lorsqu'ils ne sont pas unis à des intervalles Dissonants, mais lorsqu'un intervalle dissonant se mêle à un ou deux intervalles consonnants, l'accord qui en résulte est admissible en harmonie.

Si, au lieu d'un intervalle dissonant, on se sert d'un intervalle discordant, l'accord devient faux, parcequ'il renferme un élément étranger à l'harmonie.

Lorsqu'on unit des intervalles dissonants et consonnants, ils perdent chacun un peu de leur caractère, ou plutôt ils s'altèrent si légèrement, les uns les autres, que l'oreille les adopte comme faisant une même famille; mais le caractère prédominant est celui de la dissonance. Nous pouvons le prouver par un exemple,

L'accord du N.º 1 est très harmonieux; celui du N.º 2 est très dur, et pourtant c'est le même accord avec l'addition d'une seule note.

Mais cette note *Si* forme une dissonance si dure contre l'*Ut* quelle suffit pour troubler la suave harmonie de l'accord *Ut Mi Sol*. Plus les intervalles qu'on réunit ont de rapport entr'eux, et plus l'accord qui en résulte est harmonieux.

On dit que deux intervalles ont un grand rapport entr'eux lorsque l'effet qu'ils produisent est concordant. Les dissonances ne seraient pas tolérables sans les Tierces et les Sixtes majeures ou mineures; ainsi les Quintes consécutives qu'on trouve dans Guillaume-Tell seraient tout à fait inadmissibles sans les Tierces qui les accompagnent. On pourrait même à la rigueur, en bien observant les règles de la tonalité, employer tous les intervalles au moyen de la tierce ou de la sixte; ce qui le prouve jusqu'à un certain point, c'est qu'une suite de Quintes justes est presque possible au moyen des Tierces et des Sixtes.

La marche que nous avons suivie pour enseigner l'harmonie nous parait la meilleure et la plus naturelle qu'on puisse adopter; car enfin, l'harmonie se compose de la réunion d'intervalles; il faut donc, pour bien comprendre l'expression de chaque accord, connaître d'abord la valeur de chaque intervalle qui peut concourir à sa formation. Ce n'est que par les détails qu'on peut faire comprendre l'ensemble qui doit en résulter. On pose d'abord les pierres, les unes sur les autres, et après un certain temps l'édifice existe; il en est de même de l'harmonie.

L'élève créera un chant, qu'il accompagnera en duo de plusieurs manières différentes. On lui donnera ensuite un accord sur lequel il cherchera plusieurs mélodies; enfin, il désignera lui-même les notes accidentelles dans les mélodies que nous placerons sur les accords. Quand il saura bien écrire et bien accompagner un chant à deux voix, il réalisera des leçons à plusieurs parties.

Le travail que nous proposons ici sera facilement compris et exécuté par le Maître.

CHAPITRE XXXIII.

REMARQUES GÉNÉRALES SUR LES NOTES ACCIDENTELLES.

Ainsi que nous l'avons dit, les notes accidentelles dépendent du goût, du caprice, et surtout du caractère qu'on veut donner à la mélodie qu'on invente. Chaque auteur accompagne une même phrase d'une manière qui lui est propre, suivant le genre de musique auquel il veut qu'elle appartienne, et le sentiment dont il est animé lui-même.

Haydn, Weber, Beethoven, Rossini ont tous une manière différente d'accompagner la mélodie; il ne faut donc pas que l'élève s'effraie parcequ'il n'aura pas accompagné un chant comme l'aura fait un auteur Célèbre. Cette inovation peut être au contraire une inspiration du génie, et une preuve que tout système exclusif est dangereux pour les véritables progrès de l'art.

La marche que je suis dans cet ouvrage, pour enseigner l'harmonie, au lieu de jeter des entraves, ouvre au contraire une route large, et que tout le monde peut parcourir à son gré sans craindre de s'égarer. Ce ne sont point des lois absolues, mais des conseils que je donne. Ces conseils, je les discute avec l'élève, je les analyse, en m'appuyant sur l'expérience, l'habitude d'enseigner, et surtout sur des faits que chacun peut modifier selon son organisation et son sentiment. Il ne faut pas, cependant, chercher toujours à innover; il est souvent plus prudent de s'en tenir aux expériences approuvées par l'art, et consacrées par l'usage qu'en ont fait les grands maîtres.

On ne doit pas aussi regarder irrévocablement comme une beauté nouvelle, originale, les fautes contre les règles, parceque ces règles n'ont pas prévu ce cas. Nous devrions mieux connaître notre néant; pour m'appuyer sur des exemples d'une grande autorité, je citerai les révolutions qui s'accomplissent chaque jour dans les sciences naturelles; la Chimie, la Physique, abandonnant les fausses directions qu'elles suivaient, se sont jetées dans les voies d'analyse et de synthèse; la lumière a changé de théorie, l'acoustique est une science nouvelle, une mécanique moléculaire; l'électricité a détruit les anciennes théories par une foule de découvertes nouvelles; toute l'ancienne physique a pour ainsi dire disparu devant la nouvelle.

La découverte presque cabalistique de Galvani avait remué tous les savans d'Europe; on croyait avoir trouvé le principe de la vie; Volta vint détruire ces belles illusions par un nouveau système. Ptolémée avança que la terre était immobile, et Copernic a prouvé victorieusement qu'elle marchait au contraire autour du soleil.

Ce serait donc une grande présomption de croire que nous pouvons donner des règles infaillibles; d'ailleurs, l'art est l'esclave du génie, sans lequel il n'existerait pas; le génie invente, l'art régularise. Le génie est une force créatrice, dont la puissance ne s'éteint jamais. Les règles n'ont pas le droit de l'entraver; il faut qu'elles le suivent et se soumettent à ses inspirations.

Ainsi, lorsqu'un artiste produit un chef-d'oeuvre que nous admirons, nous aurions tort souvent, pour nous en rendre raison, de vouloir l'analyser avec les règles du Contre-point, par exemple; car alors, nous dirions que cette musique, qui produit un effet si remarquable, est écrite pourtant d'une manière incorrecte, et nous jeterions notre esprit dans des tourmens affreux. Les règles n'arrivent qu'après les créations du génie; or, chaque fois que le génie invente, il faut que les règles se modifient et marchent avec lui.

Il faut donc, chaque fois qu'il parait des chefs-d'oeuvres nouveaux, les analyser dans l'intérêt de l'art, au lieu de les critiquer, parcequ'ils ne se conforment pas toujours aux règles adoptées.

Les notes accidentelles ont bien plus subi de changemens que les accords.

Il ne peut y avoir qu'un certain nombre d'accords. Leur physionomie est variée au moyen des renversemens, des modulations, de leur enchainement; mais ce sont toujours les mêmes accords.

En comparant les partitions anciennes aux modernes, on trouve que la mélodie change plus par les notes accidentelles que par les notes réelles.

Cela se conçoit en effet; la nature nous a donné une certaine harmonie, dont on ne peut s'écarter; mais la mélodie est notre ouvrage; c'est le produit de nos sensations; elle peut donc, comme ces sensations, être variée à l'infini; c'est principalement par les notes accidentelles qu'on peut arriver à ce résultat.

Prenons, par exemple, trois notes dont l'ensemble soit harmonieux; nous pourrons décrire une foule de figures avec ces trois notes pour en former différentes mélodies, mais l'oreille n'entendra jamais que ces trois notes, sous des formes diverses, Ex:

Après un certain temps, toutes les formes mélodiques qu'on aura créées avec les seules notes de cet accord seront épuisées. Il y aura pourtant un moyen de les rajeunir, en les entourant de notes accidentelles qui ne seront soumises, pour ainsi dire, qu'à l'arbitraire soutenu par le goût; et voilà précisément ce qui fait la différence de l'école ancienne et de l'école moderne, et ce qui apporte des modifications importantes dans le caractère principal des compositions musicales.

Si nous comparons une mélodie de Bellini à une mélodie de Méhul, nous ne trouverons dans le Compositeur français que des chants simples, et formés presque toujours avec les seules notes réelles des accords, tandis que dans Bellini, les mélodies reçoivent leur force et leur effet plutôt de notes accidentelles que des notes réelles, bien moins nombreuses du reste que les notes passagères.

Ces notes accidentelles étonnent quelquefois par leur hardiesse; l'oreille les aime. Elles embellissent le chant, le rendent souvent élégant, original, de trivial qu'il était.

- *Règle Générale:* Lorsqu'on a des notes réelles, on peut placer autour de ces notes réelles une foule d'autres notes qui n'appartiennent pas à l'accord, et qu'on nomme *notes accidentelles.*

On pourrait, au moyen des notes accidentelles, obtenir avec cette phrase....  les figures mélodiques qui suivent:

EXERCICES.

Nous allons faire maintenant l'application de tout ce que nous avons dit sur les accords.

DE LA GAMME.

En général, ce que nous dirons pour la gamme majeure s'appliquera aussi à la gamme mineure; nous ferons toujours les observations qui seront indispensables lorsque ce que nous aurons dit pour l'une des deux gammes ne pourra pas s'appliquer à l'autre.

Prenons comme type et pour exemple la gamme d'*Ut*,

$$Ut - Ré - Mi - Fa - Sol - La - Si - Ut.$$

Nous prendrons dans cette Gamme les notes les plus essentielles, et celles qui déterminent le ton, ou le font pressentir.

Ut est sans contredit la note la plus importante; c'est la seule par laquelle on puisse terminer le morceau; c'est sur cette note que se fait le repos absolu.

On ne trouvera pas, quand on reste dans le ton d'*Ut*, par exemple, une autre note avec laquelle on puisse terminer le morceau d'une manière absolue.

Mais si la note *Ut* peut terminer le morceau, elle doit recevoir cette qualité, cette puissance d'une autre note. Quand même nous frapperions à l'unisson un *Ut*, sans le faire précéder d'un autre accord, nous ne lui donnerions pas le caractère de repos absolu qu'il doit avoir dans la gamme qui porte son nom. Nous avons trouvé qu'il fallait placer la dominante *Sol* avant l'*Ut* pour donner à ce dernier le caractère de repos parfait, Ex:

On doit se rappeler, en effet, qu'en parlant du Corps sonore, nous avons dit que le *Sol*, (qui engendrait l'accord *Sol Si Ré Fa*,) demandait à se résoudre sur la note *Ut*, (qui donnait l'accord *Ut Mi Sol*.)

Or, la note *Ut* n'arrive après le *Sol* que par la puissance génératrice de cette dernière note, qui lui donne sa qualité de repos parfait. Si nous frappons maintenant à plusieurs reprises ces deux notes sur le Piano, Ex:

Nous devinerons facilement, pour peu que nous ayons le sentiment de l'harmonie, quels accords elles doivent porter: après avoir essayé sur les notes *Sol* et *Ut* plusieurs accords, nous devrons nous arrêter définitivement sur les deux derniers exemples,

Ces deux derniers exemples sont certainement les meilleurs, les plus naturels, les seuls vrais.

Il existe donc dans la gamme deux notes qui ont la plus grande importance, c'est la *Tonique* et la *Dominante*.

Je pense qu'on ne devrait commencer un morceau que par la *dominante*; la raison en est simple; la dominante engendre la tonique, et la tonique constitue le ton. Si nous voulons qu'un morceau soit dans le ton d'*Ut*, il faut le faire précéder d'une note qui l'engendre; ainsi, en frappant la note *Sol*, on entend *Sol Si Ré Fa*, qui demande nécessairement l'accord *Ut Mi Sol*, comme nous l'avons déjà prouvé. On n'est donc véritablement en *Ut*, que lorsqu'on a frappé la note *Sol*, ou son accord *Sol Si Ré Fa*. Si au commencement du morceau on frappe subitement la note *Ut*, on décide le ton de *Fa*; Car avec *Ut* il faudra *Ut Mi Sol Sib*, qui engendrera ensuite l'accord *Fa La Ut*.

C'est tellement vrai que lorsqu'on frappe sur le Piano l'accord *Ut Mi Sol*, il faut, si on veut rester en *Ut*, faire entendre immédiatement l'accord *Sol Si Ré Fa*, Ex:

Il y a réellement modulation au second accord *Sol Si Ré Fa*. En frappant *Ut*, ou bien *Ut Mi Sol*, on entend toujours une note harmonique *Sib*; le sentiment musical la devine, lors même qu'on ne la frappe point. Pour revenir en *Ut*, on est obligé de jouer l'accord *Sol Si♮ Ré Fa*, et l'on module alors, puisqu'on fait entendre un *Si♮*, tandis que le premier accord nous avait donné l'impression d'un *Sib*.

Mais si le morceau est en *Ut*, et qu'on frappe d'abord les notes *Sol Si Ré Fa*, lorsque nous arrivons sur les notes *Ut Mi Sol*, on ne sent plus l'impression de *Si♭*, et l'on est réellement dans le ton d'*Ut*. Nous allons donc nous servir d'abord de ces deux accords, qui sont les plus vrais, les plus naturels de tous.

1er EXERCICE.

Nous placerons plusieurs mélodies sur les accords de la tonique et de la septième dominante; l'élève cherchera et désignera les notes accidentelles, Ex:

On prendra dans les bonnes partitions quelques unes des mélodies qui ont été faites sur ces deux accords, on les analysera de la même manière.

CHAPITRE XXXIV.

REMARQUE SUR LES ACCORDS BRISÉS, ET SUR LES ACCORDS PLAQUÉS.

L'harmonie est représentée par les *Accords plaqués*, Ex:

La Mélodie est représentée par les *Accords brisés*, Ex:

C'est principalement avec les *Accords brisés* qu'on peut se servir des notes accidentelles; nous pouvons le prouver par les deux exemples que nous venons de donner.

Dans le N.º 1 on ne peut employer convenablement que la suspension, Ex:

Dans le N.º 2 on peut employer toutes les notes accidentelles, Ex:

Ainsi, dans l'accompagnement, on brise presque toujours les accords au lieu de les plaquer; mais il faut bien se persuader que l'accord brisé reste soumis aux mêmes règles que l'accord plaqué dont il dérive, et qu'il rend le même effet harmonique: Voyez à ce sujet ma *Panharmonie* et mes *Études harmoniques*.

Ou se sert des accords brisés pour donner plus de variété à l'harmonie, ou pour la rendre plus complète, lorsqu'on écrit pour deux flûtes, par exemple, qui ne pourraient faire entendre que deux notes, d'un accord plaqué, tandis qu'elles peuvent rendre les accords complets, lorsqu'ils sont brisés, Ex:

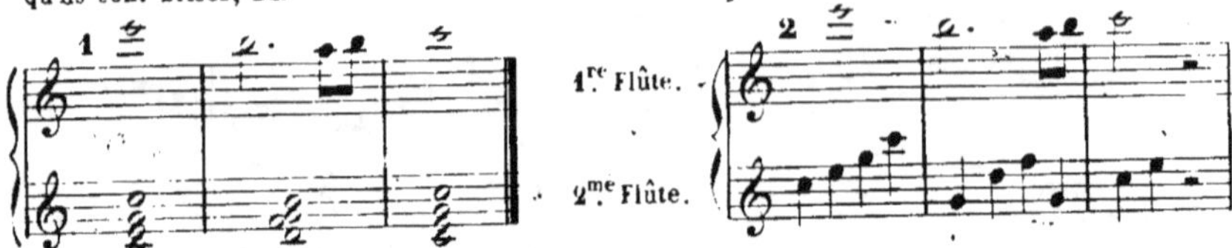

Dans le N.º 1, il serait impossible qu'une flûte fit entendre en harmonie plaquée les accords qu'elle peut rendre au moyen de l'arpègement, ainsi que nous l'avons fait dans le N.º 2.

On donnera des exemples de mélodies avec des accompagnemens en accords brisés, afin d'habituer l'élève à reconnaître les notes réelles et les notes accidentelles, Ex:

On tracera des chants sous lesquels on placera une harmonie brisée; l'élève en jouant cette mélodie devra plaquer les accords qui seront brisés.

2.ᵉ EXERCICE.

L'élève cherchera des mélodies sur les accords de tonique et de dominante donnés par le maître dans différents tons; il y mêlera les accords brisés et les notes accidentelles. Il fera ce travail sur le Piano et sur le papier, Ex:

190

Il s'exercera à briser les accords comme nous venons de le faire; il devra analyser ensuite ses mélodies, comme il l'a fait pour celles qui ne lui appartiennent pas.

On peut avec ces deux accords *Sol Si Ré Fa* et *Ut Mi Sol* créer des mélodies complètes.
Nous avons déjà parlé du Rhythme et de la phrase; c'est ici qu'il faut en faire l'application.
Nous savons que la phrase de 4 ou de 8 mesures est la plus naturelle de toutes. C'est donc
cette phrase qu'il faut étudier d'abord avec ces deux accords. On indiquera les mesures par
des chiffres, afin de ne point se tromper. N'oubliez pas que la demi-Cadence arrive ordinairement à la 4e mesure, et la Cadence parfaite à la 8e. Ex:

En essayant ces accords sur le Piano, on sent que l'oreille est satisfaite par leur symétrie; nous pouvons donc nous en servir pour créer différentes mélodies en accords plaqués ou brisés, d'abord sur le Piano, et sur le papier ensuite, Ex:

Il y a encore plusieurs manières de frapper ces deux accords dans cette phrase de
8 mesures, Ex:

¹ Ces deux dernières Basses ne servent à indiquer ici que les accords qu'on veut prendre.

L'élève cherchera d'autres combinaisons dans la phrase de 4 ou 8 mesures, mais avant d'inventer la mélodie, il frappera plusieurs fois les accords sur le Piano, et lorsqu'il sera bien pénétré de leur Rhythme de leur harmonie, les phrases mélodiques naîtront pour ainsi dire d'elles-mêmes.

On tracera ici plusieurs exemples tirés des bonnes partitions.-

L'élève fera les mêmes exercices en modulant dans les tons relatifs; il suivra la marche que nous allons lui indiquer; il est bien entendu qu'il ne doit se servir que des deux accords dont nous avons parlé, qu'il retrouvera dans toutes les gammes. Ainsi en *Sol*, ces deux accords sont *Sol Si Ré* et *Ré Fa♯ La Ut*; en *Fa* ce sont *Fa La Ut* et *Ut Mi Sol Si♭*; ainsi de suite.

Nous avons dit, au chapitre des modulations, que la septième dominante suffirait pour moduler; nous pouvons donc, avec les deux accords de tonique et dominante, parcourir non seulement les tons relatifs, mais encore ceux qui sont éloignés.

CHAPITRE XXXV.

3ᵉ EXERCICE.

1° MODULATIONS DANS LES TONS RELATIFS.

Les Cinq tons relatifs d'*Ut* majeur sont:

Sol Majeur.

Fa Majeur.

La Mineur.

Ré Mineur.

Mi Mineur.

Nous modulerons d'abord d'*Ut*, ton primitif, dans un de ses relatifs, et puis nous reviendrons de ce relatif dans le ton primitif, Ex:

Cette dernière phrase de 16 mesures est aussi régulière que celle de 8 mesures, puisque c'est le même nombre doublé.

L'élève, après avoir cherché plusieurs manières de répéter les accords, modulera d'*Ut* en *Fa* et de *Fa* en *Ut*, puis d'*Ut* en *La* et de *La* en *Ut*; il ira toujours du ton primitif dans un de ses relatifs, et de ce relatif dans le primitif. Le maître lui donnera beaucoup d'exemples.

On peut renverser arbitrairement les notes des deux accords dont nous nous servons, et mettre à la basse celle que l'on veut choisir, Ex:

Il existe un ordre dans lequel ces deux accords doivent se succèder, on sait que les notes d'un accord doivent toujours se résoudre sur celles de l'accord suivant dont elles sont le plus près; il n'y a que la fondamentale qui puisse convenablement marcher par degrés disjoints, Ex:

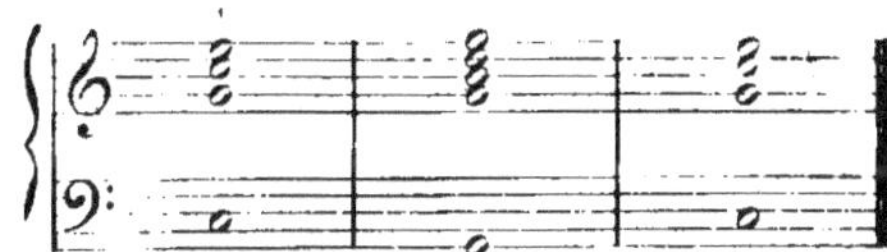

On consultera ce que nous avons dit à ce sujet dans la *Panharmonie*, et dans les *Études harmoniques du Conservatoire*. On lira dans ces deux Ouvrages le chapitre qui traite de la septième dominante; tant que l'accord ne change pas, on peut briser arbitrairement ses notes; mais dès qu'on va d'un accord à un autre, ce n'est que par ellypse, si je puis m'exprimer ainsi, qu'il est permis de faire résoudre une de ses notes supérieures par degrés disjoints, Ex:

Il y a ellypse du *Mi* au *Si*, et la note sous entendue est l'*Ut* que j'indique par une +,

Nous savons que les fondamentales *Ut Sol* procèdent naturellement par degrés disjoints tant qu'elles sont à la basse, tandis que placées dans les parties supérieures, elles peuvent marcher par degrés conjoints ou bien rester en place.

Nous avons dit qu'on modulait surtout par la dominante. Ces transitions peuvent se faire aussi par la tonique, en partant de la tonique ou de la dominante du ton que l'on quitte.

On donnera les manières de moduler dans les tons relatifs avec ces deux accords, en partant toujours du ton primitif, et en y retournant de suite.

Le Maître tracera des Basses sur lesquelles l'élève cherchera des mélodies; on devra se conformer à ce que nous venons de dire pour la marche à suivre dans les modulations. L'élève devra aussi créer des basses avec des modulations, dont il se servira, lorsqu'elles auront été corrigées. Lorsque cet exercice paraitra satisfaisant, on modulera des relatifs dans les relatifs d'un même ton primitif.

EXEMPLES,

Le maître donnera plusieurs exemples de ces modulations, en ayant soin que les phrases soient carrées, et que les cadences soient régulièrement placées. L'élève devra ensuite chercher différentes mélodies sur ces basses.

Dans l'harmonie, il n'y a pas d'autres accords que ceux de 7me *dominante* et de *tonique*, qu'on peut modifier par les renversements.

Par l'accord de *septième dominante*, nous voulons parler aussi de l'accord de *neuvième*, *Sol Si Ré Fa La* qui est donné par le corps sonore, et qu'on emploie le plus souvent sans sa fondamentale, surtout en mineur.

Les accords se forment de tierce en tierce en montant. L'accord de tonique, dans la gamme mineure, doit être un accord composé d'une tierce mineure et d'une quinte juste, c'est à dire, un accord mineur, puisque la gamme est mineure. Mais l'accord de septième dominante reste le même dans les deux gammes; car sa première tierce est formée par la note sensible qui ne change jamais, ainsi que nous l'avons vu, lorsque nous avons parlé de la gamme majeure et de la gamme mineure. L'on conçoit, en effet, que l'accord de septième dominante, qui détermine une gamme, qui l'engendre, ne soit formé qu'avec les notes de cette gamme.

Il n'y a donc, dans la nature, que deux accords, celui de septième dominante, et celui de *tonique;* pourtant, il arrive souvent que, sans sortir de la gamme d'*Ut,* (ou du moins sans paraître en sortir), on fait entendre les accords de *Ré Fa La, Fa La Ut, La Ut Mi, Mi Sol Si.* C'est facile à expliquer: on fait alors des espèces de modulations passagères qu'on emprunte très accidentellement aux tons relatifs, et qui sont *diatoniques,* au lieu d'être *chromatiques.*

En effet, les modulations passagères sont de trois espèces:

1.° Celles qu'on emprunte aux tons relatifs, et qui restent pourtant notes diatoniques de la gamme d'*Ut,* Ex:

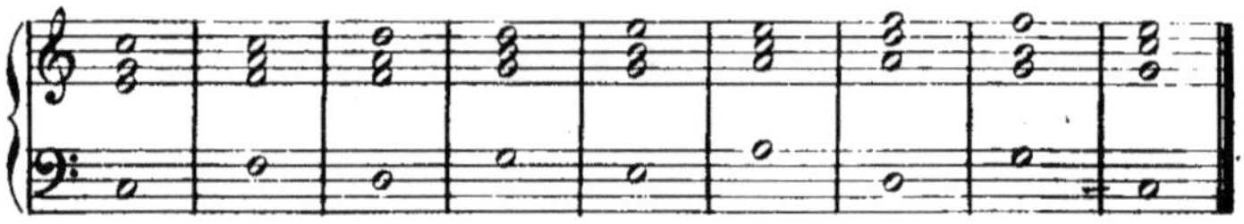

2.° Celles qu'on emprunte aux tons relatifs et dans lesquelles on fait entendre une ou deux notes chromatiques, Ex:

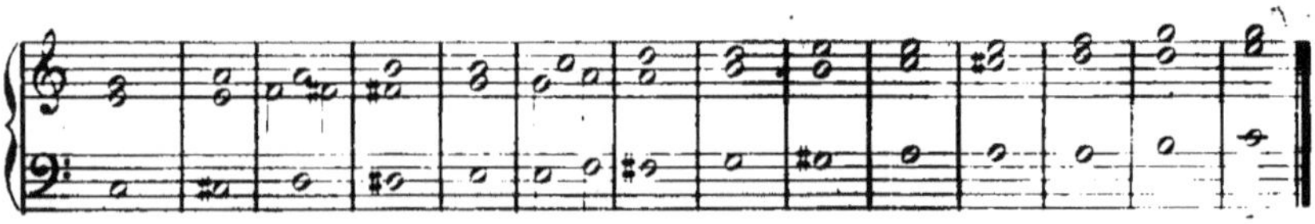

3.° Celles qu'on emprunte aux tons éloignés, Ex:

194

Ainsi, chaque fois qu'en *Ut*, par exemple, on fait entendre un autre accord que celui de la *tonique* ou de la *dominante*, c'est une harmonie étrangère qu'on emprunte à un ton relatif ou à un ton éloigné, et qu'on emploie en demi-modulation.

Pour la réalisation, on fait résoudre les notes d'un accord sur celles de l'accord suivant dont elles sont le plus près; les notes communes aux deux accords restent en place: celles qui ont été altérées par un ♯ se résolvent en montant conjointement; celles qui ont reçu un ♭ se résolvent au contraire en descendant conjointement;(on donnera des exemples de réalisations.)

4.me EXERCICE.

L'élève composera des phrases avec les accords de tonique et de dominante, pris tantôt dans le ton primitif, et empruntés quelquefois aux tons relatifs. On lui donnera aussi des suites d'accords sur lesquels il cherchera plusieurs mélodies, Ex:

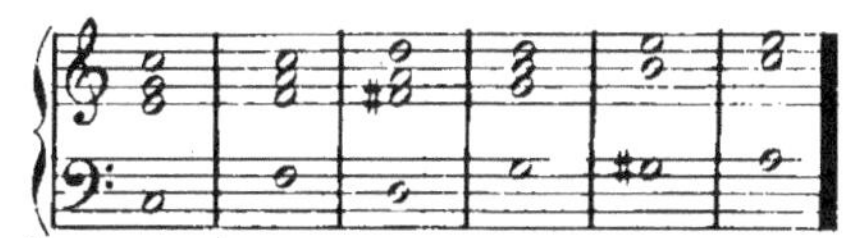

On lui tracera ensuite des mélodies sous lesquelles il créera des accords, Ex:

On choisira des exemples dans les bons auteurs:l'élève les analysera;puis il créera lui-même les accords et les mélodies.

5.me EXERCICE.

2.º MODULATIONS DANS LES TONS ÉLOIGNÉS.

L'élève lira dans la *Panharmonie* et dans les *Etudes harmoniques* ce que je dis au sujet des modulations dans les tons éloignés; j'en ai parlé aussi dans cet ouvrage; On lui donnera une suite d'accords, sur lesquels il composera plusieurs mélodies; puis, on lui tracera des mélodies sous lesquelles il créera des accords pris surtout dans les tons éloignés.

Lorsqu'il aura bien exécuté ce travail, il créera en même temps les suites d'accords et les mélodies. Il est essentiel, pour bien faire ces exercices, de lire beaucoup de partitions, et de les analyser avec soin.

6.me EXERCICE.

On réunira plusieurs mélodies avec les accords qui doivent les accompagner; l'élève devra disposer convenablement les notes de ces accords, d'abord, sur le Piano, et ensuite sur le papier, afin de bien apprendre à réaliser purement. Il variera autant que possible les figures de ses accompagnements.

Ces exercices sont de la plus grande importance pour apprendre à se servir des accords: on placera sous une mélodie des accords qui conviennent, mais on ne cherchera pas à les écrire selon les règles de l'harmonie, Ex:

L'élève devra arranger les notes de la basse, de manière qu'elles s'enchainent purement, tantôt en accord brisés, tantôt en accords plaqués, avec ou sans notes accidentelles: on ne lui donnera ensuite que la mélodie, sous laquelle il créera ses accords. On veillera à ce qu'il y ait une bonne réalisation.

7me EXERCICE.

ÉTUDE POUR LA BONNE RÉALISATION DES NOTES DES ACCORDS.

On prendra les gammes majeures et mineures dans tous les tons; la main gauche jouera la gamme et la main droite complètera les accords. L'élève variera toujours ses accords; puis la main droite jouera les gammes, et la main gauche les accords.

On modulera par les modulations passagères; on emploiera les notes accidentelles. On devra varier le plus possible les accords. Il sera bon de consulter souvent mes *Partimenti*.

8me EXERCICE.

La main gauche jouera la gamme et les accords, tandis que la main droite inventera une mélodie, tantôt avec des valeurs simples et tantôt en doubles, triples et quadruples croches, avec le mélange de toutes les notes accidentelles.

La main droite jouera ensuite la gamme avec les accords plaqués, tandis que la main gauche fera les accords brisés, on alternera.

On trouvera dans mes *Partimenti* des basses nombreuses dont je me sers pour l'enseignement de ma classe.

CHAPITRE XXXVI.

9me EXERCICE.

DES NOTES ACCIDENTELLES.

On fera des exercices,
1º. Avec les broderies seules;
2º. Avec les appogiatures seules;
3º. Avec les notes de passage seules;
4º. Avec ces trois espèces de notes accidentelles réunies.

On devra lire avec la plus grande attention la 3me partie de ma *Panharmonie* et de mes *Études harmoniques*.

10me EXERCICE.

On fera des exercices,
1º. Avec toutes les suspensions ou retards;
2º. Avec la pédale;

On consultera aussi la 3me partie des deux ouvrages que je viens de citer.

Nous allons parler des accords formés par analogie, et dérivés de ceux de tonique et de dominante; on devra constamment consulter ce que je dis de ces accords dans la Panharmonie, dans mes Partimenti, et dans mes Études du Conservatoire. Je recommande au maître de faire travailler ces exercices avec le plus grand soin.

CHAPITRE XXXVII.

DE L'ACCORD APPELÉ SEPTIÈME DIMINUÉE,

En *LA* Mineur. 

Après les accords de *tonique* et de 7.me dominante, l'accord le plus doux est celui de 7.me *diminuée*.

En cherchant dans la gamme majeure ou dans la gamme mineure un assemblage d'intervalles, il nous est impossible, après les accords de la tonique et de la dominante, d'en trouver qui soient plus agréables que celui de la septième diminuée; Nous exceptons naturellement l'accord diminué *Si Ré Fa*, qu'on trouve dans la septième dominante avec laquelle il se confond. On peut réunir trois tierces mineures, et obtenir un accord très agréable, tandis que deux tierces majeures sont insupportables. Ex:

On a formé l'accord de septième diminuée en supprimant la fondamentale dans l'accord de neuvième mineure. Ex:

1.er EXERCICE.

1.º Cet accord ne se rencontre que dans une gamme mineure;

2.º Il est composé de trois tierces mineures;

3.º Il a ses trois renversements;

4.º Sa fondamentale est toujours la note sensible de la gamme mineure. Voyez ce que nous en disons à la page **94**.

Voici la résolution la plus naturelle de ses notes, Ex:

Le *Fa* va au *Mi*, le *Ré* à l'*Ut*, et le *Sol* ♯ au *La*; le *Si* a une marche libre.

L'élève, dans une leçon qu'il composera et qui modulera dans plusieurs gammes mineures, emploiera cet accord avec tous ces renversements dans chacune de ces gammes; une main fera les accords, et l'autre la mélodie.

2.me EXERCICE.

On peut, en demi-modulation, employer cet accord dans les gammes majeures. Ex:

Voyez la *Panharmonie* et les *Études harmoniques*.

L'élève créera des mélodies dans lesquelles il emploiera cet accord en *demi-modulation* dans les tons relatifs, tantôt dans la gamme majeure et tantôt dans la gamme mineure. Le maître lui tracera les premiers exemples. Nous donnerons plus tard dans un complément tous les exemples nécessaires à la parfaite intelligence et à l'étude de tous ces exercices.

3.ᵐᵉ EXERCICE.

On peut, au moyen de cet accord, moduler dans les tons éloignés, en changeant enharmoniquement chacune de ses notes; voyez la Panharmonie, à la page 79.

On donnera à l'élève quelques exemples; il créera ensuite lui-même ses mélodies, qui devront moduler dans les tons éloignés, le plus souvent au moyen de la 7ᵐᵉ diminuée prise enharmoniquement; il fera des suites de septièmes diminuées.

Les quatre accords dont nous venons de parler sont les plus harmonieux de tous et les seuls qui puissent réellement se frapper sans préparation; les autres en dérivent par analogie. On doit excepter les deux neuvièmes dominantes qui sont aussi des accords naturels, ainsi que nous l'avons dit.

Les accords sont modifiés souvent par les suspensions, les appogiatures, les broderies, les notes de passage et par la Pédale; nous allons les analyser comme nous l'avons fait pour les quatre accords précédents. Nous parlerons d'abord de la neuvième dominante.

CHAPITRE XXXVIII.

ACCORD DE NEUVIÈME MAJEURE.

On forme cet accord en ajoutant une tierce au-dessus de la dernière note de l'accord

de septième dominante, Ex:

Voyez tout ce que nous en avons dit dans la *Panharmonie* et dans ce traité. Voici la meilleure manière de l'employer:

Dans la neuvième majeure *Sol Si Re Fa La*, par exemple, il y a un accord de septième dominante et une espèce d'appogiature, qui est le *La*, qu'on place le plus souvent dans la partie la plus haute.

Le maître tracera des exercices sur cet accord comme il a dû le faire pour le précédent.

EXERCICE.

DE L'ACCORD DE NEUVIÈME MINEURE.

L'accord de neuvième mineure se place sur l'accord de septième dominante prise dans une gamme mineure, Ex:

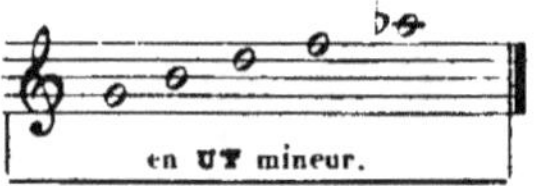

La seule différence dans la réalisation de cet accord avec le précédent, c'est que la neuvième peut se placer seulement au-dessus de la tierce *Si* cet accord de neuvième mineure est très dur lorsqu'il n'est pas employé sur une Pédale. Tout ce que nous avons prescrit pour la neuvième majeure s'applique à la neuvième mineure, Ex:

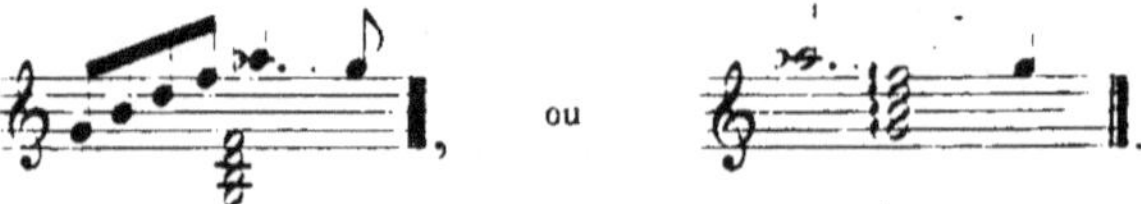

Le maître écrira des exercices pour l'étude de cet accord.

CHAPITRE XXXIX.

EXERCICE.

ACCORD DE SEPTIÈME DE SECONDE ESPÈCE.

On obtient l'accord de septième de 2de espèce en baissant d'un demi-ton la tierce de l'accord de septième dominante, Ex:

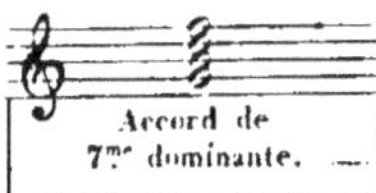

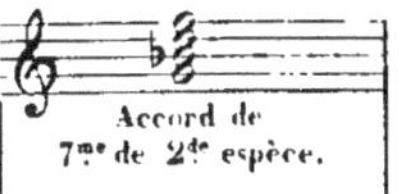

Les règles restent les mêmes; seulement on doit préparer le *Fa*, et la tierce *Si* ♭ qui n'est plus note sensible se résout à volonté.

Cet accord se trouve sur le 2^d degré de la gamme de *Fa majeur*, sur le 4me de *Re mineur*, sur le 6me de *Si* ♭ *majeur* et sur le 3me de *Mi* ♭ *majeur*. Son emploi le plus ordinaire et le plus heureux se fait dans la gamme de *Fa majeur*.

Les auteurs les plus estimés, Mozart, Haydn, Weber, Beethoven l'ont quelquefois employé sans préparation, c'est un véritable accord dissonant, car le *Si* ♭ altère l'harmonie si douce, si agréable que le *Si* ♮ lui donnerait en en faisant un accord de septième dominante: sa meilleure résolution est la suivante, Ex:

On donnera toutes les autres résolutions qu'on trouvera dans la *Panharmonie* et dans les *Études harmoniques* aux pages qui traitent de cet accord. L'élève fera des exercices. On lui donnera des exemples pris dans les bons auteurs.

OBSERVATION.

La fondamentale de tout accord dissonant fait sa résolution la plus naturelle en montant de quarte ou en descendant de quinte sur la fondamentale d'un accord pris dans la même gamme, Ex:

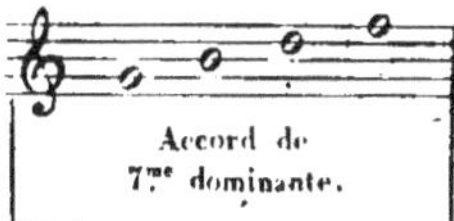

Les notes dissonantes descendent conjointement, restent en place, ou montent et descendent chromatiquement, elles peuvent aussi changer enharmoniquement. Cette observation se rapporte à tous les accords dissonants.

CHAPITRE XL.

EXERCICE.

DE L'ACCORD DE SEPTIÈME DE TROISIÈME ESPÈCE.

Si on baisse d'un demi-ton la tierce et la quinte de la septième dominante, on forme l'accord de septième de 3me espèce, Ex:

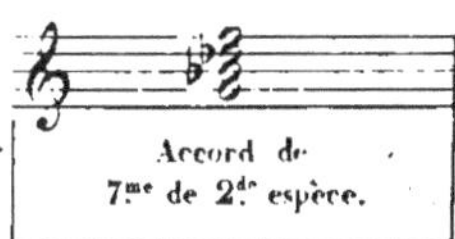

Tout ce que nous avons dit pour l'accord précédent est applicable à celui-ci.

La septième de 3.me espèce se place sur le 2.^d degré de la gamme mineure *Fa mineur*, sur le 7.me de la gamme majeure, *La* ♭ *majeur*.

Dans la gamme de *La* ♭ *majeur*, cet accord dérive de la neuvième majeure prise sans sa fondamentale et en suit toutes les règles, on le nomme alors accord de septième sensible. Voyez ce que nous en disons dans ce livre. Cet accord s'emploie également dans les deux gammes.

On donnera des exemples sur lesquels l'élève fera des exercices.

CHAPITRE XLI.

EXERCICE.

DE L'ACCORD DE SEPTIÈME DE QUATRIÈME ESPÈCE.

Cet accord peut se former en plaçant un dièse devant la note *Fa* de l'accord de septième dominante, Ex:

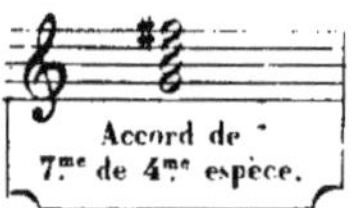

Il est plus dur que les septièmes de 2.de et 3.me espèces; il suit les mêmes règles; il se place sur le 1.er degré de la gamme de *Sol* majeur, et sur le 4.me de *Ré* majeur.

OBSERVATION.

En bien examinant ces trois derniers accords de septièmes, on sent que la dissonance est une espèce de note étrangère à l'accord, et qu'elle n'en fait pas partie comme note harmonique.

Elle est là par notre volonté; elle n'existe pas naturellement. Ainsi, en comparant les quatre accords suivants, il n'y a que le premier qui soit réellement harmonieux: on sent dans les trois autres la présence d'une note étrangère, d'une note qui gène presque, et qui semble devenir, suivant la manière dont on l'emploie, ou note passagère, ou broderie ou appogiature, ou suspension, sans cesser d'être une note étrangère à l'accord, Ex:

On peut donc, jusqu'à un certain point, employer les trois derniers accords, en traitant la dissonance comme une note accidentelle. Quant aux trois premières notes, elles suivent ce que nous avons dit pour les accords de trois sons.

Remarque. Dans l'accord de septième de 3.me espèce, *Sol*, *Si* ♭, *Re*, *Fa*, il y a un accord diminué *Sol Si* ♭ *Ré* ♭; nous aurions dû en parler après *l'accord mineur*; mais comme il se trouve renfermé dans l'accord de septième dominante, nous avons cru qu'il était inutile de lui consacrer un chapitre à part: il existe pourtant sur le second degré d'une gamme mineure comme accord fondamental; il se résout alors d'une manière arbitraire; cependant, sa marche la plus régulière se fait sur l'accord de dominante de sa gamme.

On pourra faire des exercices en employant cet accord.

CHAPITRE XLII.

EXERCICE.

DES ACCORDS ALTÉRÉS.

Il est facile de faire un *accord altéré;* il suffit de monter ou de baisser d'un demi-ton la quinte d'un *accord parfait majeur:* on fait résoudre ordinairement cette quinte en montant, si l'altération a été faite en montant; on la fait descendre, si l'altération a été faite en descendant, Ex:

L'altération se fait dans tous les accords dont les trois premières notes forment un accord parfait majeur: on évite dans cet accord l'intervalle de tierce diminuée, qu'on remplace par son renversement, la *sixte augmentée.*

L'accord parfait majeur devient accord dissonant dès qu'on altère sa quinte; il est soumis alors aux mêmes observations que nous avons faites pour les accords dissonants.

Voici la manière la plus usitée de faire l'altération en descendant,

On baisse d'un demi-ton la quinte de ces accords qui est toujours le *Ré,* quoique la fondamentale soit retranchée quelquefois; Car un accord reste toujours le même quoiqu'on retranche une ou deux de ses notes. On place le plus souvent cette quinte diminuée à la basse.

On écrira des exemples dans lesquels l'élève cherchera à reconnaître les accords altérés: il fera ensuite des exercices en ayant soin d'y employer ces accords. On lui donnera une note dans un ton déterminé, et on lui demandera s'il peut placer un accord altéré sur cette note: cette quinte de l'accord devient une espèce de note accidentelle, au moment où on l'altère.

Voici les meilleurs conseils que nous puissions donner en finissant ce livre. Il faut composer le plus tôt et le plus souvent possible. On doit étudier constamment l'effet des accords. On analysera les bonnes partitions, et on les entendra souvent. On imitera, en commençant les meilleurs morceaux des grands maîtres, et, bientôt, on deviendra créateur. Nous engageons l'élève à travailler avec soin, d'abord les trois premières parties de la *Panharmonie* et de mes *Études harmoniques,* et ensuite mon traité spécial de contrepoint, et la quatrième partie de la Panharmonie.

FIN.

TABLE DES MATIÈRES
CONTENUES DANS CE TRAITÉ.

Fin de la Table.

9 782329 274133